Vasil Bilak

Wir riefen Moskau zu Hilfe

Der »Prager Frühling« aus der Sicht eines Beteiligten

Herausgegeben und übersetzt von Klaus Kukuk

edition ost

ISBN-10: 3-360-01076-0
ISBN-13: 978-3-360-01076-6

Neue Grünstraße 18, 10179 Berlin

Titel: ansichtssache – Büro für Gestaltung, Berlin
Druck und Bindung: Salzland Druck, Staßfurt

Fotos: Archiv Vasil Bilak

Die Bücher der edition ost und des Verlags Das Neue Berlin
erscheinen in der Euenspiegel Verlagsgruppe

www.edition-ost.de

Das Buch

Das Jahr 1968 war nicht nur für die ČSSR, sondern auch für Europa ein besonderes. Sowohl im Westen als auch im Osten standen Reformen auf der Tagesordnung. Im kapitalistischen Westen – nicht zuletzt inspiriert vom Krieg der USA gegen Vietnam – entlud sich der Konflikt in Studentenrevolten (»68er«). In den sozialistischen Staaten mußte das politische und wirtschaftliche System ebenfalls modernisiert werden. Der Reformprozeß in der ČSSR lief jedoch zunehmend aus dem Ruder. Daran hatte besonders der Westen Interesse, weil die Kommunisten vertrieben werden sollten. »Der Begriff der Reform war ein Zugeständnis an die Machtverhältnisse«, räumte Ota Šik, einer der Prager Strategen, 1990 ein. Es kam zu einer Staatskrise. Diese führte, nachdem sich die Prager Führung zur Lösung als unfähig und unwillig erwies, zur Intervention der Verbündeten.
Bilak spielte in der Prager Politik damals eine Schlüsselrolle. Als exklusiver Zeitzeuge berichtet er erstmals über die konterrevolutionären Vorgänge, die damals noch gemeinsam abgewiesen worden waren. Die Wiederholung Ende der 80er Jahre hingegen war erfolgreich.

Der Autor

Vasil Bilak, Jahrgang 1917, Slowake, gelernter Schneider, kämpfte gegen die faschistische Besatzungsmacht. Mitglied der KP seit 1945 und Funktionär seit 1949. 1968 Erster Sekretär des ZK der KP der Slowakei, von 1968 bis 1987 Sekretär des ZK der KPTsch, danach Rentner. Auch nach 1990 war er in der KP der Slowakei aktiv.
Vasil Bilak, Witwer, Vater zweier Kinder, lebt in Bratislava.

Der Herausgeber

Klaus Kukuk, Jahrgang 1933, geboren und aufgewachsen in Merseburg, gelernter Rohrschlosser, ABF Halle, Studium der tschechischen Sprache und Literatur an der Philosophischen Fakultät der Karls-Universität Prag, Absolvent des Instituts für Internationale Beziehungen in Potsdam. 1967 Eintritt ins Außenministerium. 14 Jahre diplomatischer Dienst, davon acht Jahre an der DDR-Botschaft in Prag.
Lebt in Berlin und beschäftigt sich mit tschechischer Zeitgeschichte.

Inhalt

Vasil Bilak, 1985

Vorwort

Vasil Bilak, langjähriger Sekretär des Zentralkomitees der KPTsch, jahrzehntelang einer der aktiven Gestalter der Politik in der sozialistischen Tschechoslowakei, erinnert sich. Die in den Jahren 1984/85 unter dem Titel »Meilensteine meines Lebens« zu Papier gebrachten Zeugnisse, die hier erstmals publiziert werden, sind ein einzigartiges Zeitdokument. Sie sind Lehrstück des Kalten Krieges.

Seit dem Untergang des frühen Sozialismus wird den Menschen glauben gemacht, daß die einen stets gut und die anderen stets nur böse waren, und folgerichtig, wie in jedem Märchen, siegte am Ende das Gute über das Böse. Deshalb sollte heute zuweilen daran erinnert werden, daß die tatsächliche Geschichte sich ein wenig anders zugetragen hat. Zum Beispiel daß am Ende von Krieg und Faschismus die Hauptmächte der Antihitlerkoalition beschlossen, in Deutschland Besatzungszonen und in Europa Einflußsphären einzurichten. Im Schutze der Siegermächte und mit deren Unterstützung etablierten die in den jeweiligen Einflußgebieten herrschenden Klassen ihre politische Macht. Im Windschatten Moskaus, mit Zustimmung und Unterstützung der Sowjetunion, entstanden sogenannte Volksdemokratien. Eine war die von Tschechen und Slowaken gebildete Republik, die von 1919 bis 1939 schon einmal existiert hatte. Sie war mit Hilfe der Henleinfaschisten und gemäß Münchner Abkommen – an dem Deutschland, Italien, Frankreich und Großbritannien beteiligt waren – zerschlagen worden. Am 5. April 1945, nach der Vertreibung der deutschen Okkupanten, konstituierte sich die »Zweite Republik«. 1960 wurde aus dieser ČSR die ČSSR, die Tschechoslowakische Sozialistische Republik.

Die Tschechoslowakei gehörte dem östlichen Bündnis an, seine westliche Staatsgrenze war zugleich die Grenze des Warschauer Paktes, mithin: die Frontlinie des Kalten Krieges. Und als traditionelles Industrieland gehörte sie zu den wirtschaftlichen Stützen des Ostblocks. Das muß man sich in Erinnerung rufen, um den politischen Kontext der 60er Jahre, auf die sich die nachfolgenden Auszüge der Memoiren Bilaks beziehen, zu verstehen.

Etwa zwei Jahrzehnte nach dem Krieg, nachdem die Trümmer beseitigt und der Wiederaufbau nahezu abgeschlossen waren, begannen in vielen europäischen Staaten Diskussionen über die weitere Entwicklung der Gesellschaft. In beiden politischen Systemen wurde heftig gestritten und gehandelt. Im Westen kulminierte das in Studentenrevolten; als Stichwort sei hier nur die 68er Bewegung genannt. Im Osten standen ebenfalls Reformen auf der Tagesordnung. Das sowjetische Gesellschafts- und Wirtschaftsmodell erwies sich als nur bedingt tauglich in den Industriestaaten. In der DDR hatte 1963 der VI. Parteitag der SED mit dem Neuen Ökonomischen System der Leitung und Planung eine umfassende Reform begonnen. Auch in der ČSSR liefen analoge Entwicklungen an.

Diese inneren Prozesse wurden sowohl im Westen wie auch im Osten kritisch verfolgt. Im Westen in der Sorge, der Sozialismus bekäme durch seine Modernisierung und Demokratisierung wirklich jenes »menschliche Antlitz«, das ihm angeblich fehlte, womit die Gründe wegfallen würden, ihn zu verteufeln – und in der Hoffnung, daß man ein Bein in die Tür bekäme, die bislang verschlossen blieb. Denn man wollte keinen besseren Sozialismus, sondern keinen: Der Realsozialismus störte und mußte darum weg. Veränderungen aber waren immer eine Gelegenheit für die Reaktion, sich aktiv einzubringen: mit Ideen, mit Protagonisten, mit Geld.

Und in Moskau sah man die Entwicklung ebenfalls kritisch. Denn selbstbewußte Bundesgenossen sind nicht eben das, was eine Großmacht braucht. Im Kreml wollte man wie immer das Heft des Handelns in der Hand behalten. Und darum verfolgte man alle Schritte in Berlin, Prag, Warschau, Budapest nicht nur mit Wohlgefallen, sondern auch mit – bisweilen begründetem – Argwohn.

Dort aber war man sich des Drahtseilaktes bewußt. Die jeweilige Führung stand gegenüber dem eigenen Volk in der Pflicht, zugleich galten jedoch auch Bündnistreue und -räson in der globalen politischen Auseinandersetzung. Erst später allerdings sprach man aus, was man damals zu spüren bekam. Insbesondere die DDR und die ČSSR standen in einem Zweifrontenkrieg: vor sich den Imperialismus und hinter sich die Führungsmacht des Bündnisses, ohne die man objektiv nicht existieren konnte, die aber nicht minder quälte.

Vasil Bilak gehörte 1967 zum Kreis jener, die die Ablösung Antonín Novotnýs betrieben. Novotný führte die KPTsch seit 1953 und war zugleich, seit 1957, auch Staatspräsident. Er blockierte eine

Erneuerung der Partei sowie den gesellschaftlichen Reformprozeß. Überdies hatte er ein gestörtes Verhältnis zum slowakischen Brudervolk. Sein Nachfolger Alexander Dubček, ein Slowake, erwies sich jedoch bald dieser gewaltigen Aufgabe nicht gewachsen. Die Entwicklung begann aus dem Ruder zu laufen. Das Drehbuch wurde zunehmend woanders, aber nicht mehr in Prag geschrieben. Bilak, der in diese Prozesse involviert war, berichtet kenntnisreich.

Ohne seinen eigenen Anteil an einer verhängnisvollen Entwicklung zu verschweigen, legt er das Lavieren Alexander Dubčeks bloß und dokumentiert die Genesis des Abrückens vom Sozialismus. Bilaks selbstkritische und kritische Reflexionen machen oft die Widersprüche deutlich, die die politischen Geschehnisse jener turbulenten Zeit in sich bargen und die dem Außenstehenden verborgen blieben. Viele Darstellungen werden mit Fakten und Hintergründen angereichert, die noch nie veröffentlicht worden sind. Dazu gehören die ausführlichen Berichte über die Treffen der Repräsentanten der sozialistischen Länder in Dresden (März 1968) und in Bratislava (August 1968) sowie über Gespräche zwischen der tschechoslowakischen und der sowjetischen Partei- und Staatsführung in Čierná nad Tisou (Mai 1968) und in Moskau (August 1968).

Mit Fakten zerstört Bilak Mythen und Legenden, die sich seit 1968 um den sogenannten »Prager Frühling« ranken. So nennt sich seit 1946 ein Musikfestival an der Moldau. Die Bezeichnung ging in den Wortschatz des Kalten Krieges ein, als Chiffre für den angeblich menschenverachtenden Sozialismus, als Ausdruck seiner Hilflosigkeit, die sich in Barbarei flüchtete, wenn er es für erforderlich hielt.

Doch es ging, wie in jedem politischen System, um die Sicherung der Macht und damit wohl auch um die Sicherung des Friedens. Bleibt Prag im Ostblock, oder wird es vom Westen aus dem Bündnissystem herausgebrochen? So stellte sich Bilak damals die Frage. Und die Folgen bedenkend, sahen er und Gleichgesinnte nur eine Lösung: Sie baten die Verbündeten um Hilfe. Warum Moskau kam, wissen wir heute besser als damals. Warum die DDR militärisch nicht intervenierte, wußte man schon seinerzeit: Deutsche Kommunisten hatten ein feines Gespür für Geschichte – dreißig Jahre zuvor waren schon einmal deutsche Soldaten nach Prag marschiert. Das durfte sich nie wiederholen!

Und weil nicht sein kann, was nicht sein darf, wird bis heute die Mär verbreitet: Die NVA der DDR war mit dabei.

Sie war es nicht.

Aber Vasil Bilak war es.

Der Historiker Harald Neubert, der für die Veröffentlichung der Memoiren Bilaks plädierte, begründet dies nicht nur mit dem Faktum, daß Bilak Tatsachen schildert, über die keine anderen Quellen existieren, die aber zum Verständnis damaliger Ereignisse auch in ihrer internationalen Dimension notwendig sind. Sie würden zugleich die ideologische Verfaßtheit jener Kräfte, zu denen Bilak gehörte, offenbaren, ihre politischen Positionen und die Motive ihres Handelns. Sie waren dem Sozialismus treu ergeben und verteidigten ihn selbstlos, als er in Gefahr war. Jedoch sahen sie nicht, so Harald Neubert, daß sich der Sozialismus in den 60er Jahren in einer Krise befand und Reformen darum dringend notwendig waren. »Für Bilak und die meisten Kommunisten jener Zeit existierten nur zwei Kräftegruppierungen: die echten, prinzipienfesten Kommunisten – und die Verräter, zu denen auch alle Reformorientierten sowie alle Revisionisten gehörten. Da Bilak nirgends auf die Ursachen der tschechoslowakischen Krise eingeht und vermeidet, Argumente und Gegenargumente der damaligen Debatten zu benennen, beweist er de facto, daß er nicht begriffen hatte, daß es zurecht eine dritte Kräftegruppierung gab, die mit Reformen einen Ausweg aus der hausgemachten Krise suchte, die aber zwischen den Fronten zerrieben wurde. Diese Reformkräfte (Radovan Richta u. a.) ahnten – ähnlich wie Walter Ulbricht –, daß der Sozialismus ohne Reformen nicht den Herausforderungen der Zeit gewachsen sein würde.«

In diesem Zusammenhang glaubt Harald Neubert auch ein anderes Defizit auszumachen. Bekanntlich hat Moskau »nicht nur die Reformen in der ČSSR vereitelt, sondern auch die in der DDR unter Ulbricht. Es läge also nahe, neben den konkreten Inhalten der tschechoslowakischen Reformüberlegungen auch jene unter Ulbricht in der DDR zu erwähnen, welche allerdings anders als die der Tschechoslowaken ausgerichtet waren. Für Bilak scheint dies aber kein Thema zu sein.«

Harald Neuberts Kommentaren ist auch in jenem Punkt zuzustimmen, daß der sowjetische Einmarsch im August 1968 »letztlich alternativlos« war, »sollte die sozialistische Macht in der ČSSR erhalten bleiben. Doch es handelte sich lediglich um die machtpolitische Absicherung der sozialistischen Existenz, um ein Verdrängen der

Ursachen der Krise, um einen Aufschub ihrer Wirkungen, bis diese Ursachen Ende der 80er Jahre zum Scheitern führten.«

Menschen handeln immer unter konkreten Umständen. Das, was Politiker wollen, läßt sich selten so durchsetzen, wie sie sich es dachten oder wie später Historiker wünschten, daß es hätte geschehen müssen. Und darum ist Vasil Bilak gegen bestimmte Vorhaltungen – so berechtigt sie im einzelnen vielleicht sein mögen – grundsätzlich in Schutz zu nehmen. Er und seinesgleichen handelten in einer schweren innenpolitischen und internationalen Krise verantwortungsbewußt. Und Bilaks Fokus richtet sich ausschließlich auf dieses Jahr 1968. Sein Thema ist nicht mögliches Versagen davor und danach, sondern die Konterrevolution.

Aus seiner Darstellung läßt sich viel lernen. Für die Gegenwart wie für die Zukunft. Die aufgeworfenen Fragen, bei denen Bilak Auskünfte schuldig bleibt, müssen andere beantworten, sofern sie dazu in der Lage sind.

Etwa die nach der militärischen Operation. Die Truppen sind plötzlich da. Aber man sieht sie nicht, man hört sie nicht. Es scheint keinen Plan zu geben, nach dem sie vorgehen. Und wer befehligt, wer sind die Ansprechpartner, wo befindet sich das Hauptquartier? Gewiß, darüber ist einiges bekannt, und man muß nicht alles wiederholen, was anderenorts dokumentiert ist. Aber unbefriedigend bleibt es trotzdem, daß Bilak dies alles nur am Rande erwähnt.

Verständlich hingegen, daß Bilak seinen persönlichen Beitrag im Kontext der Operation, sofern er überhaupt darauf zu sprechen kommt, hinter dem kollektiven »Wir« verbirgt. Dafür gibt es eine eindeutige Erklärung. Die Verbindung zu Moskau wird in der nunmehr antikommunistisch beherrschten Slowakei als Hochverrat juristisch verfolgt. Bilak würde sich belasten, beschriebe er im Detail, was er tatsächlich unternahm.

Nur zwischen den Zeilen vermag der geübte Leser zu entdecken, was Bilaks tatsächliche Rolle zwischen Prag und Moskau war. Und er handelte getreu dem Grundsatz, daß es ohne die Sowjetunion keinen Sozialismus in der ČSSR gebe, und tat darum alles, daß diese lebenswichtige Beziehung nicht von seinen Landsleuten einseitig zur Disposition gestellt wurde.

Der Countdown für die Konterrevolution beginnt

Auch wenn von Oktober 1967 bis zum Januar 1968 viel diskutiert worden war – die Parteibasis wußte von den Debatten im Präsidium und im Zentralkomitee nichts. Insofern kam für viele die Wahl Alexander Dubčeks zum Ersten Sekretär des Zentralkomitees überraschend. Darum hätte unverzüglich das Präsidium des ZK der KPTsch einberufen werden müssen, um das weitere Vorgehen festzulegen. Man hätte die 1. Sekretäre der Bezirksleitungen und die ZK-Abteilungsleiter zusammenrufen, sie informieren und Aufgaben verteilen müssen: Was ist jetzt zu tun! Warum wurde Antonín Novotný abgelöst, welche Fehler wurden begangen und was mußte getan werden, damit die eingestandenen Irrtümer nicht von den Feinden des Sozialismus mißbraucht werden?

Doch Alexander Dubček kehrte nach Bratislava zurück, als ob nichts Besonderes geschehen und der Wechsel an der Spitze der Partei etwas Alltägliches wäre.

Niemand kam an jenem 5. Januar 1968 auf die Idee, ohne Verzug und so früh wie möglich die tschechoslowakische wie die Weltöffentlichkeit über die ZK-Tagung zu informieren. Daß es sinnvoll wäre, wenn Dubček und Novotný gemeinsam im Fernsehen und im Rundfunk das ganze Volk darüber informierten, welche Beschlüsse das höchste Parteiorgan gefaßt habe.

Stattdessen berichtete die jugoslawische Agentur *Tanjug* noch vor der tschechoslowakischen Nachrichtenagentur *CTK* über den Wechsel. Die Bürger der Tschechoslowakei erfuhren eine so wichtige Veränderung also nicht einmal aus einheimischer Quelle, sondern aus ausländischen Nachrichten.

Allein an diesem Detail zeigte sich, daß wir die Lage nicht beherrschten. Wir dachten nicht zu Ende, wie man vorhersehbare Fehlern vermeiden oder ihnen begegnen könnte.

Überdies unterlagen wir der Illusion, es würde genügen, Novotný von der Funktion des Ersten Sekretärs abzuberufen, dann werde alles gut werden. Für Augenblicke hatten wir aufgehört, nüchtern abzuwägen. Wir verwechselten Ideologie und Idealismus. Ich selbst bin dem auch erlegen.

Die Ernüchterung trat noch am selben Tag ein. Am Abend landeten wir auf dem Flugplatz in Bratislava. Dort erwarteten uns etwa hundert slowakische Funktionäre. Über die Hälfte von ihnen war erheblich alkoholisiert und davon couragiert. Das war keine Begrüßung, in der sich Ernsthaftigkeit und das Bewußtsein großer politischer Verantwortung widergespiegelten. Das war so, als begrüßten entfesselte Fans ihre Mannschaft, die ein wichtiges Spiel gewonnen hatte. Im Rausch der Begeisterung wurden die populären Spieler auf den Schultern getragen.

Eine lange Autokolonne folgte uns auf dem Weg vom Flugplatz zum Gebäude des Zentralkomitees der Kommunistischen Partei der Slowakei. Dort wurden wir fast vom gesamten Apparat des Zentralkomitees willkommen geheißen. Wer es schaffte, quetschte sich in den großen Sitzungssaal. Ein improvisiertes Meeting nahm seinen Lauf. Es wurden viele feierliche, darunter nicht wenige peinliche Trinksprüche ausgebracht. Niemand leitete, alles verlief spontan.

In meinem Charakter tritt mitunter ein Zug zutage, den die Mehrzahl der Menschen meiner Umgebung nicht kennt, der mir aber mehr als einmal Unannehmlichkeiten bereitet hat: Ich konzentriere mich selten auf das, was hinter mir liegt, was sozusagen fertig ist. Ich enteile in Gedanken und beginne die nächsten Probleme zu erkunden. Ich nehme kaum wahr, was um mich herum geschieht. Das läßt den Eindruck entstehen, ich sei abwesend bis mürrisch.

Nach dem fünften oder siebten Redner, der »den historischen Augenblick« und »unsere Verdienste« daran hervorhob, ermannte ich mich und bat, die Feier zu beenden, weil wir alle müde seien.

Ich begleitete Dubček in sein Arbeitszimmer. Als wir beide allein waren, warf er sich mir an die Brust und fing an zu heulen. Er bedankte sich unter Tränen für meine Unterstützung und Hilfe.

Er tat mir leid. Dubček benahm sich wie ein Kind, das ein Spielzeug bekommen hatte, von dem es lange nur träumen konnte.

»Genosse Dubček, Saschenko, beruhige dich!«, redete ich auf ihn ein. »Das, was wir angestrebt haben, liegt nun hinter uns. Jetzt muß daran gedacht werden, was morgen sein wird. Im Flugzeug habe ich darüber nachgedacht, wie es weitergehen soll. Ich denke, es wird notwendig werden, eine Delegation zusammenzustellen und die Genossen in Moskau zu bitten, uns zu empfangen.«

Ziemlich lange bemühte ich mich, Dubček klarzumachen, warum ich Sorge hatte, daß nicht nur eine Welle berechtigter Kritik aufschäumen, sondern es auch Bestrebungen geben könnte, die Kritik gegen die Partei und den Sozialismus zu mißbrauchen. Und deshalb müßten wir uns mit den sowjetischen Genossen beraten. »Wir sollten Breshnew die Ursachen für die Veränderungen erläutern und darlegen, wie wir weitermachen wollen. Manchmal muß man einen Schritt zurück tun, um die Kräfte zu konsolidieren und zusammenzuschließen. Wir sollten den sowjetischen Genossen deutlich machen, daß wir auch gefährliche Erscheinungen wahrnehmen und wissen, wo die Grenzen für Zugeständnisse sind. Breshnew hat zwar gesagt, daß das unsere Sache sei, aber letzten Endes ist das nicht allein unsere Sache. Es betrifft alle sozialistischen Länder.«

Dubček richtete sich auf. In seinem Blick war ein merkwürdiger Ausdruck von Abwesenheit, so, als nähme er mich nicht wahr.

»Nein, nein, ich bin kein Novotný. Ich muß nicht nach Moskau gehen, um mir Rat zu holen.«

Ich erschrak. Hatte er nicht alle seine Sinne beieinander? Ich erklärte mir seine Reaktion, daß er müde und nicht mehr ganz nüchtern war, vielleicht hatte er mich auch nicht richtig verstanden.

Ich wiederholte meinen Vorschlag nicht. Ich wünschte ihm eine Gute Nacht und verabschiedete mich.

Ich war auch müde, aber schlafen konnte ich nicht. Ständig suchte ich nach irgendeiner Rechtfertigung für Dubčeks erstaunliche Reaktion. Ich wollte mir nicht eingestehen, daß er so dachte, wie er das gesagt hatte, daß er das bei vollem Bewußtsein von sich gegeben hatte. Wir, die wir Dubček kannten, wußten gut, daß seine Fähigkeiten nicht auf solchem Niveau waren, daß er für die Funktion des Ersten Sekretärs der Partei hinlänglich qualifiziert war. Er war nicht fähig, Dinge zu analysieren, und zur Synthese fehlte ihm das Potential ganz und gar. Aber wir sagten uns: Wichtiger ist, daß er die Linie der Partei hält, ein gutes Verhältnis zur Kommunistischen Partei der Sowjetunion, zur Sowjetunion und zum Sowjetvolk pflegt. Das übrige werden wir schon machen. Wir waren entschlossen, alle Kraft einzusetzen, damit sich die Lage verbessert, um so zu beweisen, daß die Veränderung richtig war.

Ich habe mit niemandem über das Gespräch in Dubčeks Arbeitszimmer gesprochen, obgleich es mich sehr belastete. Dafür gab es Gründe. Erstens wollte ich kein Mißtrauen gegenüber Dubček aufkommen lassen, was ihn beschädigt hätte. Zweitens hätte es Zweifel geweckt, daß wir den Falschen gewählt haben. Drittens setzte ich mich selbst dem Verdacht aus, daß ich ihm dieses Amt neidete und mich nun als schlechter Verlierer präsentierte. Das hätte mich wiederum beschädigt.

Aber gesagt war gesagt. Und ich war zu feige, ihm den Vorschlag noch einmal zu machen, weil ich mich vor der Wahrheit fürchtete, nämlich jener, daß es sich nicht um eine zeitweilige Verwirrung der Sinne handelte, sondern daß Dubček es ernst meinte: »Ich muß nicht nach Moskau, um mir Rat zu holen.«

Arbeit ist die beste Medizin gegen jeglichen seelischen Schmerz. Gleich morgens mußte der Parteiapparat des ZK der KPS informiert und mit den Vorbereitungen für die Tagung des Zentralkomitees begonnen werden. Am 8. Januar vormittags referierte ich auf der Tagung der Stadtleitung in Bratislava, nachmittags in der westslowakischen Bezirksleitung der KPS. Ich gewann positive und negative Einsichten.

Positiv war der allerorts spürbare gesunde Stolz, daß die Partei das Personalproblem mit demokratischen Mitteln und ohne dramatische Komplikationen gelöst hatte. Negativ war der nationalistische Rausch: Dubček war Slowake.

Gefährlich waren auch die harten Forderungen nach persönlicher Abrechnung. Wer den Kampf gegen Novotný nicht voll und ganz unterstützte, wurde zum Feind der Partei und des Sozialismus gestempelt. Es existierte keinerlei Toleranz. Plötzlich waren alle prinzipientreu und nicht gewillt, irgend etwas zu verzeihen.

Am 9. Januar registrierte ich auf einer Hochschulaktivtagung antitschechische Stimmungen. Gleichzeitig erhielten wir Informationen aus Prag, daß in tschechischen Bezirken die Wahl des Slowaken Dubček ablehnend beurteilt wurde.

Das war ein gefährliches Signal.

Am 10. Januar tagten die Kreisleitungen der Partei. Die Vorbereitungszeit war kurz, der Verlauf wurde ideologisch nicht beherrscht. Jeder informierte so, wie er es verstanden hatte. Manche Mitglieder des Zentralkomitees lehnten es allerdings ab, zu den Ursachen der Ablösung Stellung zu nehmen, und waren bestrebt, das Problem zu vereinfachen. Andere erzählten, was sie wußten oder gehört oder sich ausgedacht hatten, um die Neugier zu befriedigen. Neue Leute traten auf die politischen Bühne, die bislang unbekannt waren. Etwa der aus Bukarest zurückgekehrte Botschafter.

Am 16. Januar stimmte das Präsidium des ZK der slowakischen KP dem Vorschlag zu, daß ich die Nachfolge von Dubček in seiner Funktion als Erster Sekretär des ZK der KPS antreten sollte. In der Woche darauf, am 22./23. Januar, trat das Zentralkomitee der KPS zusammen.

In meiner Rede dankte ich dem scheidenden Dubček für seine Tätigkeit im Zentralkomitee der Kommunistischen Partei der Slowakei und schrieb ihm Eigenschaften zu, von denen ich hoffte, daß sie irgendwo in seinem Innern schlummerten.

Dubček dankte und erklärte, er habe in unserem Kollektiv viel gelernt. Er sei sich bewußt geworden, wie schädlich der Individualismus sei, und versicherte, alle guten Erfahrungen, die er sich in unserem Kreise angeeignet habe, auch in der neuen Funktion zum Tragen zu bringen.

Nach seinem weitschweifigen und etwas verschwommenen Vortrag schlug Dubček mich zur Wahl vor.

Danach war ich nicht mehr Herr meines eigenen Zeitplans. Ich mußte Dutzende Delegationen empfangen, einige waren sogar aus Prag angereist. Es gingen Hunderte Telegramme von Persönlichkeiten und Kollektiven ein, sie kamen aus Betrieben, Dörfern, aus slowakischen und tschechischen Regionen. Alle schienen es gut und aufrichtig mit mir zu meinen. Ein Glückwunsch, der mir das Herz außergewöhnlich wärmte, kam aus Krajná Bystrá und ich glaube, daß alle aus meinem Heimatdorf das Telegramm unterschrieben hatten. Darin lag Stolz, aber auch Anteilnahme und Besorgnis. Ich hatte mein Geburtshaus vor Augen, unseren Hof, vernahm die besorgte Stimme der Mutter, das Rauschen der heimatlichen Wälder, spürte den steinigen Boden und den Duft der Wiesen, Walderdbeeren und Himbeeren … Ein armer Junge aus einer armen Gegend war zum Ersten Sekretär des ZK der KPS gewählt worden.

Für eine kurze Zeit ging mir mein Realitätssinn verloren, und ich verfiel der Illusion, daß meine Wahl etwas ganz Außergewöhnliches sei. Ich vergaß die alte Volksweisheit von der Vergänglichkeit des Ruhmes, daß das heute Außergewöhnliche schon morgen klein und nichtig sein werde.

Am 25. Januar 1968 nahm ich zum ersten Mal als Erster Sekretär des ZK der KPS an einer Beratung des Präsidiums des ZK der KPTsch teil. Es herrschte eine besondere, angespannte Atmosphäre. Ich bin heute überzeugt, daß alle mehr oder weniger schon ahnten, daß diese Parteiführung nicht mehr aktionsfähig war.

Novotný gab mir mit großer Selbstüberwindung die Hand, als begrüßte ein amerikanischer Plantagenbesitzer einen Schwarzen. Er tat so, als wisse er nicht, daß ich zum Ersten Sekretär des ZK der KPS gewählt worden war.

Die Beratung verlief sehr oberflächlich. Obgleich ein neues Sekretariat des ZK gewählt und das weitere Vorgehen festgelegt werden mußte – es standen wichtige innenpolitische Entscheidungen an, zudem gab es Stimmen, die einen Außerordentlichen Parteitag forderten –, wurden kaum Entscheidungen getroffen.

Am 28. Januar teilte mir Dubček mit, daß er sich nun doch entschlossen habe, nach Moskau zu reisen. Ich fragte ihn, wer mit ihm fliegen werde.

Er erwiderte, er fahre allein. Nur Ivan Synek, ein Mitarbeiter aus der internationalen Abteilung, werde ihn als Dolmetscher begleiten, sowie sein Fahrer Bryndzík, der später Mitglied seines Personenschutzes werden sollte.

Ich war zufrieden, daß Dubček überhaupt fuhr und davon überzeugt, daß er gefestigt und entschlossen zurückkehren und wir das nachholen würden, was wir bisher versäumt hatten.

Nach seiner Rückkehr informierte er uns nur kurz. Er habe im ZK der KPdSU alles erläutert und den Eindruck gewonnen, daß man ihn verstanden habe. Er sei überzeugt, daß die ganze Kommunistische Partei der Sowjetunion hinter ihm stehe.

Das Parteiaktiv der KPTsch nahm den Besuch und seine Ergebnisse, die wir nach der Moskauvisite präsentierten, mit Befriedigung auf.

Am 9. Februar kam Oldřich Černík nach Bratislava. Dubček, Černík, Barbírek und ich fuhren zu einem Gästehaus in den Weißen Karpaten. Der Sinn ihres Besuches bestand darin, wie ich bald merkte, mich für eine Veränderung an der Spitze der Regierung zu gewinnen. Černík bestand darauf, daß Jozef Lenárt die Funktion des Ministerpräsidenten abgeben müsse – und zwar an ihn. Das habe ihm nämlich Dubček für den Fall seiner Wahl als Erster Sekretär des ZK der KPTsch versprochen.

Ich verstand, daß – im Interesse der Gleichberechtigung der beiden Völker – neben einem slowakischen Parteichef ein tschechischer Regierungschef amtieren mußte. Aber ich konnte nicht akzeptieren, *wie* darüber gesprochen wurde. Es entspann sich eine unappetitliche Diskussion, die mich am Ende völlig desillusionierte. Černík wiederholte unablässig, daß das tschechische Volk diese Veränderung erwarte.

Woher nahm er dieses Wissen?

Ich hatte noch immer nicht begriffen, daß bei uns eine neue Periode der Politik insofern angebrochen war, daß wir jetzt Postenschacher betrieben, wie es bei bürgerlichen Parteien gängige Praxis ist. Ich war so antiquiert zu meinen, daß so etwas in einer kommunistischen Partei und in einer sozialistischen Republik nichts zu suchen habe.

Es wurde auch die Einberufung eines Außerordentlichen Parteitages im März diskutiert. Dubček trat ungewöhnlich souverän auf, reagierte ohne nachzudenken, obgleich er fortgesetzt erklärte: »Ich denke, ich erwäge, ich sehe, ich bin nicht einverstanden … Ich … Ich … Ich …«

Mir schien, daß er das Problem des Parteitages bereits mit jemandem besprochen haben mußte. Abends notierte ich in mein Tagebuch: »Ich fürchte, sofern Dubček seine Politik allein macht, wird es schlimmer als unter Novotný.«

Am 17. Februar verlangte ich ein Treffen mit Dubček. Es wurde ein langes und offenes Gespräch. Ich versuchte ihn zu überzeugen, mit dem Wechsel in der Funktion des Ministerpräsidenten nichts zu überstürzen. Ich sagte ihm, daß ich nicht vom Wahrheitsgehalt der Behauptung überzeugt sei, daß es »die Tschechen« seien, die die Abberufung des Slowaken Lenárt forderten. Es war kein Geheimnis, daß Jozef Lenárt in der Partei wie in der Öffentlichkeit Böhmens und Mährens großes Ansehen genoß. Es war ziemlich klar, daß dieser Druck von anderen Kreisen ausging und keineswegs von unten.

Dubček teilte meine Auffassungen ganz und gar nicht. Er begann mich anzuschauen wie einen Menschen, der von der »großen Politik« nichts verstünde. Der Vorsitzende der Regierung müsse schnell ausgewechselt werden, weil das die Unzufriedenheit auf dem Gebiet der Versorgung dämpfen helfe, erklärte er.

Also das war gemeint. Er sollte geopfert werden.

Ich hielt das für eine billige Geste.

Im Februar 1948 war in Prag die Bildung einer neuen Regierung unter Klement Gottwald und später auch der Rücktritt des bürgerlichen Präsidenten Benes erzwungen worden. Der 20. Jahrestag des Februarsieges sollte im Beisein von ausländischen Gästen gefeiert und zur Nagelprobe gemacht werden: Wie sahen die politischen Positionen der aktuellen Parteiführung aus? Wie stand sie zur Geschichte, wie zur Gegenwart?

Die erste Version der Dubček-Rede lief auf eine klare Revision der Politik der Kommunistischen Partei der Tschechoslowakei hinaus. Im Präsidium wurde ausgiebig darüber diskutiert, aber jene Kräfte, die auf marxistisch-leninistischen Positionen standen, wurden zur endgültigen Abfassung der Rede nicht mehr hinzugezogen. Die Rede des Ersten Sekretärs wurde auch nicht vom Präsidium des ZK bestätigt, weil sie nicht von ihm eingereicht wurde.

Es reisten die von Ersten und Generalsekretären geleiteten Delegationen an. Es war Brauch, Reden in die entsprechenden Sprachen zu übersetzen und sie den Delegationsleitern vorher auszuhändigen.

Nach der Ankunft der sowjetischen Delegation wurde die russische Fassung Leonid Breshnew übergeben. Zeitgleich bekam auch ich sie und war völlig entsetzt. Ich rief Dubček an und machte ihn darauf aufmerksam, daß es einen internationalen Skandal geben werde, wenn er die Rede so vortragen werde.

Dubček forderte mich daraufhin auf, zu ihm ins Hotel Praha zu kommen, wo er wohnte, um den Text gemeinsam durchzugehen.

Gegen 22 Uhr rief Breshnew im Hotel an. Er äußerte sich sehr zurückhaltend zu einer Vielzahl von Formulierungen und gab einer gewissen Beunruhigung Ausdruck.

Dubček nahm die Hinweise sehr bereitwillig auf und sagte, daß er gerade mit mir zusammensäße, um die Rede zu überarbeiten.

Das geschah dann bis morgens 6.30 Uhr.

Wir redigierten und paßten den Text einigermaßen dem Anlaß und der konkreten Situation an. Es war gerettet worden, was zu retten war. Ich erinnere mich, daß mir beim Rasieren noch einfiel, daß am folgenden Tag auch der Jahrestag der Gründung der Sowjetarmee war und es politisch unhöflich wäre, nicht darauf einzugehen. So formulierte ich noch kurz vor dem Auftritt eine knappe Passage über die Entstehung und die Bedeutung der Sowjetarmee.

Die Festsitzung im Spanischen Saal nahm einen würdigen Verlauf. Die Tatsache, daß daran die höchsten Repräsentanten der Bruderparteien der sozialistischen Länder teilnahmen, wurde zugleich zu einer großen Demonstration der Unterstützung, die sie der Kommunistischen Partei der Tschechoslowakei und Alexander Dubček persönlich angedeihen ließen. Alle Delegationsleiter brachten das in ihren Statements auch klar zum Ausdruck.

Wir hätten aus dieser Bekundung politisch Nutzen ziehen können. Aber es bestand kein Interesse daran. Heute meine ich, daß es viele lieber gesehen hätten, wenn wir den Jahrestag ohne ausländische Beteiligung begangen hätten.

Davon zeugt auch das, was den Reden folgte.

Das festliche Abendessen war im »neuen Geiste« organisiert. Es verlief ohne Protokoll. Es war wie im Restaurant. Jede Delegation saß an einem eigenen Tisch mit einem Mitglied des Präsidiums des ZK der KPTsch als Gastgeber. Mir war die polnische Delegation zugeteilt worden. Ich nahm dort unverhohlene Verlegenheit wahr. Jede Delegation schaute um sich, um zu sehen, was an den Nebentischen vor sich ging. Alle warteten darauf, das etwas geschah.

Aber es passierte nichts.

Der Jahrestag wurde auch mit einem öffentlichen Meeting auf dem Altstädter Ring gefeiert. Dubček wandte sich – entgegen der ursprünglichen Planung, die nur Präsident Novotný als Redner vorsah – mit einer kurzen Ansprache an das Volk. Es war keine gute Rede. Dubček gab sich anbiedernd, prinzipienlos, volkstümlich.

Das war vermutlich der Moment, wo die Feinde des Sozialismus ihn als ihren Mann erkannten. Sie begannen ihn fortan als Volkstribun aufzubauen. Dubček bekam die Aura des großen Erneuerers und Reformers verliehen.

Man erklärte ihn zum Typ des modernen Politikers.

Und er fiel wie eine alte Jungfer oder eine naive Witwe, die einem Brautwerber gern Glauben schenkt, auf diese Einflüsterungen herein. Schritt für Schritt entfernte er sich von all jenen, die ihm helfen wollten, die es aufrichtig mit ihm meinten. Er begann zunehmend denen sein Ohr zu leihen, die mit der Partei und dem Sozialismus nichts im Sinn hatten. Er wollte vielleicht noch einen anderen Sozialismus – sie vermutlich von Anfang an dessen Liqudierung.

In der nun heftiger werdenden Personaldebatte trat man auch eine Kampagne zur Abberufung Novotnýs von der Funktion des Präsidenten der Republik los. Ich hatte nichts gegen seine Demission, aber die Art und Weise, wie sie vorangetrieben wurde, deutete darauf hin, daß die Prinzipien des demokratischen Zentralismus und der innerparteilichen Demokratie aufs Gröblichste verletzt wurden.

Der Präsident trat schließlich ohne Kenntnis oder Zustimmung des ZK der KPTsch zurück, nachdem das ZK-Präsidium ihm diesen Schritt nahegelegt hatte. Die Lage im Lande war keineswegs so dramatisch, daß es nicht möglich gewesen wäre, das ZK der KPTsch und die Nationalversammlung vorher zusammentreten zu lassen, um die Abberufung des Staatsoberhauptes zu beraten.

Nicht einmal den anständigen ZK-Mitgliedern wurde bewußt, daß die rechten Kräfte mit diesem Akt – Rücktritt ohne Votum der wichtigsten Gremien – die Legitimität des höchsten Parteiorgans zwischen den Parteitagen und des höchsten legislativen Organs in Frage stellten.

Das war es eigentlich, was sie anstrebten: Sie probierten aus – und wir gestatteten ihnen das. Sie kämpften gegen die sogenannte »Kabinettspolitik« und taten nichts anderes: In einem kleinen elitären Zirkel trafen sich Parteifunktionäre, Wissenschaftler, Journalisten und Intellektuelle und besprachen taktische Schritte, wie die legalen Institutionen auszuhebeln waren.

Ich gehörte zu den Genossen, die sich bewußt waren, daß der Umgang mit dem Präsidentenamt nicht in Ordnung war. Aber ich hatte keine Ahnung, wie ich anders hätte reagieren sollen. Mir war kein vergleichbarer Fall bekannt.

Vor allem jedoch: Mir kam überhaupt nicht in den Sinn, daß die Rechten mit uns ein Kräftemessen begonnen hatten. Daß sie testeten, wie weit sie gehen könnten, ehe massiver Widerstand von unserer Seite einsetzte.

Mit jedem Tag nahmen ihre Verwegenheit zu. Ich aber war noch immer so naiv zu glauben, daß die Abberufung Novotnýs dazu beitragen würde, die gereizte Stimmung im Lande zu beruhigen.

Der Rücktritt des Präsidenten wurde als Sieg des Erneuerungsprozesses ausgegeben. Nach der Verfassung der ČSSR amtierte nunmehr Regierungschef Lenart als Staatspräsident.

Das geschah unmittelbar vor dem Gipfeltreffen in Dresden mit den Führungen der verbündeten Parteien und Staaten, auf dem die Vertiefung der Zusammenarbeit im Rat für Gegenseitige Wirtschaftshilfe (RGW) erörtert werden sollte.

Das Treffen in Dresden am 22. März 1968

Unserer Delegation gehörten Alexander Dubček, Jozef Lenárt, Oldřich Černík, Drahomír Kolder und ich an. Wir wußten nicht, was uns erwartete. Wir hatten uns auch keine Gedanken gemacht, weshalb diese Beratung stattfand, die ohne vorherige Konsultationen einberufen worden war. Es sollte über die Vertiefung der Zusammenarbeit im Rahmen des Rates für gegenseitige Wirtschaftshilfe und des Warschauer Vertrages gesprochen werden, hatte es vage geheißen.

Die Begrüßung verlief normal. Wir übernachteten in einem schönen Erholungsheim, das eine Autostunde von Dresden entfernt lag. Die Tagung selbst fand im Dresdner Rathaus statt. Jede Delegation hatte im Souterrain des Gebäudes Räume für Besprechungen zugeteilt bekommen.

Ich nahm an einer solchen Beratung zum ersten Mal teil und probierte erstaunt und vergnügt die nach Prag geschaltete Standleitung und den Fernschreiber aus.

Vor Beginn der Zusammenkunft besuchte uns die sowjetische Delegation in unseren Arbeitsräumen. Ziemlich schnell ergaben sich scheinbar zufällige Gesprächspaare. Breshnew sprach mit Dubček, Kossygin mit Černík, und Suslow interessierte sich für Lenárt und mich. Suslows Fragen überraschten mich derart, daß ich es nicht fertigbrachte, zusammenhängend zu antworten. Ob wir uns der schwierigen Lage bewußt seien, in der sich unsere Partei und unser Land befänden? Wir würden uns mit nebensächlichen Fragen beschäftigen, statt den Kampf um die Einheit der Partei und des Staates zu führen. Er glaube nicht, daß etwa die Debatte um den Föderalismus hilfreich sei undsoweiter.

Ich versuchte unser Handeln zu rechtfertigen, fühlte aber, daß meine Argumente wenig überzeugten.

Ähnlich diskutierte Breshnew mit Dubček. Er brachte seine Verwunderung darüber zum Ausdruck, was sich im Zentralorgan *Rudé*

Právo tue. Dort war zum Beispiel, ohne daß man Novotný namentlich nannte, die Verletzung der Verfassung in seiner Amtszeit erörtert worden, und Josef Smrkovský, Minister für Forst- und Wasserwirtschaft sowie ZK-Mitglied, hatte im Zentralorgan gefordert: »Wir müssen eine neue Art von Sozialismus ohne irgendein Modell schaffen, und zwar auf der Höhe der Probleme einer Industriegesellschaft.«

Auf dem Gang zum Sitzungssaal tauschten wir uns rasch über diese merkwürdigen Fragen aus. Wir waren alle einigermaßen nervös, weil uns klar geworden war, daß die sowjetischen Genossen sich offenkundig beträchtliche Sorgen machten angesichts der Entwicklung in unserer Partei und in unserem Lande.

Die Tagung eröffnete Walter Ulbricht. Bereits aus seinen einleitenden Worten wurde klar, daß die Beratung einen anderen Charakter als den von uns angenommenen haben würde. Es gäbe nur einen Tagesordnungspunkt, erklärte er: die politische Situation in der Tschechoslowakei.

Der Staats- und Parteichef aus Berlin betonte, daß jede kommunistische Partei das Recht habe, über die eigenen Angelegenheiten zu befinden, aber keiner Bruderpartei wäre es gleichgültig, wenn es zu einer Schwächung einer anderen Partei komme. Er schlug vor, die Lage einzuschätzen. Dies sei augenblicklich wichtiger, als die Arbeitsmethoden des Rates für gegenseitige Wirtschaftshilfe zu diskutieren, was ursprünglich auf der Tagesordnung gestanden habe.

Nach Abstimmung über die Tagungsleitung kam der Vorschlag, daß im Saal nur die Delegationsmitglieder verblieben. Die Experten und Mitarbeiter sollten den Sitzungssaal verlassen. Dubček wurde gefragt, ob er damit einverstanden sei. Er war zwar überrascht, tat aber so, als habe er das erwartet, wenngleich ich unverändert überzeugt bin, daß dem nicht so war.

Dubček sagte einige Sätze und schloß mit der Bemerkung, die Lage in der Kommunistischen Partei der Tschechoslowakei und in der Tschechoslowakei dürfe nicht anhand einiger extremer Erscheinungen eingeschätzt werden. Man solle danach urteilen, was das Zentralkomitee unserer Partei sage und welche Standpunkte das ZK einnehme.

Leider konnte Dubček mit keinem Dokument belegen, welche Auffassung das Zentralkomitee vertrat, denn das ZK war seit dem Januarplenum, seit zweieinhalb Monaten also, nicht einmal zusammengetreten. Es gab keinen Standpunkt. Im Gegenteil: Die sich widersprechenden Verlautbarungen einzelner Mitglieder des ZK und des Präsidiums des ZK der KPTsch lieferten den Beweis, daß weder im Präsidium noch im Zentralkomitee eine einheitliche Linie existierte.

Dubček spürte, daß er der Diskussion eine Richtung geben mußte. So informierte er die Anwesenden über die Vorbereitung des XIV. Parteitages. Er versuchte, ein in Vorbereitung befindliches Aktionsprogramms zu erläutern, dessen Inhalt nicht einmal uns bekannt war, weil es noch nicht beraten worden war. Offenkundig arbeitete er bereits mit Černík, Smrkovský und Mlynář daran. Den Kern, so wurde aus seinen Ausführungen ersichtlich, bildete der schrittweise Rückzug der Partei aus dem Staatsapparat und der Wirtschaft sowie eine Wirtschaftsreform. Dubček erklärte mehrmals, daß die wirtschaftliche Lage in der Tschechoslowakei sehr kompliziert sei und wir gezwungen wären, auf neue Weise zu arbeiten und die Wirtschaft anders zu leiten.

Zugleich versprach er, daß wir nie zulassen würden, daß die Einheit mit den sozialistischen Ländern und die Freundschaft mit der Sowjetunion litte. »Die führende Rolle der Partei«, sagte er mit Nachdruck, »wird noch mehr gefestigt und nicht geschwächt!« In der ČSSR seien keine Bedingungen für feindliche Tätigkeit gegeben, fuhr er fort. Deshalb müßten unsere Verbündeten sich keine Sorgen machen. Er werde Diskussionen in und außerhalb der Partei nicht gestatten, die die Rolle der Partei in Zweifel zögen.

Im weiteren ließ er sich über Novotný aus. Die Hauptaufgabe bestünde darin, dessen Fehler zu korrigieren. Ein Fehler habe darin bestanden, so Dubček, daß über viele Jahre die 1. Bezirkssekretäre nicht ausgewechselt worden seien. Das geschehe jetzt.

Überrascht von dieser Mitteilung waren nicht nur die Genossen der Bruderparteien, sondern auch Lenárt, Kolder und ich. Üblicherweise wurde die Frage einer Ablösung immer mit der Qualität der Arbeit und weniger mit der Verweildauer im Amt begründet. Doch Dubček behauptete, es gebe einen großen Druck von unten. Vor allem verlange die Parteibasis nach geheimen Wahlen, weil die Sekretäre nicht in geheimer Wahl gewählt worden seien. Da diese Forderung schon lange auf der Tagesordnung stehe, das ZK sie aber nicht respektiert habe, müßten wir die Bezirkskonferenzen und die Wahlen neu vorbereiten.

Sodann versicherte er den Beratungsteilnehmern, daß wir verschiedene extreme Strömungen keineswegs unterschätzten. Wir seien uns bewußt, daß nicht jeder, der die neue Politik unterstützte, auch für den Sozialismus sei. Aber man müsse keine Befürchtungen hegen: Wir hätten die Lage im Griff.

Dubček hatte eine besondere Art, sich auszudrücken. Wer seine Denkweise nicht kannte, konnte ihm unter Umständen eine Stunde zuhören, ohne etwas zu verstehen. Wenn er keinen geschriebenen Text vor sich hatte, sprach er bruchstückhaft und nicht zusammenhängend. Selten führte er einen Gedanken zu Ende. Nur derjenige, der sich an seine Denk- und Redeweise gewöhnt hatte, vermochte zu entschlüsseln, was er eigentlich sagen wollte.

Dubček ging noch auf den proletarischen Internationalismus, auf Probleme unter der Jugend und auf alte Fehler ein. Sodann lobte er zum Abschluß Smrkovský über den grünen Klee. Alle Mitglieder der Delegation einschließlich Černík erstarrten. Smrkovský sollte also mit Hilfe dieser einen internationalen Beratung in das Himmelsgewölbe des tschechoslowakischen Sozialismus gehoben werden. Das war unbegreiflich und peinlich.

Walter Ulbricht begrüßt Alexander Dubček, zwischen beiden als Dolmetscher Klaus Kukuk, Karlovy Vary, August 1968

Nach Dubčeks Ausführungen war uns allen nicht wohl zumute. Wir waren in einer verzwickten Lage: Zu Hause wurden wir von der extremen Rechten wie von der extremen Linken bedrängt. Aber wir hielten es für unsere Pflicht, vor dem internationalen Forum Geschlossenheit zu präsentieren. In Pausengesprächen entschuldigten wir ihn damit, daß er indisponiert gewesen sei und keine Zeit zur Vorbereitung gehabt hättee. Wir seien auf wirtschaftliche, nicht auf innenpolitische Fragen vorbereitet gewesen und so weiter.

Nach Dubček sprach Breshnew. Ruhig, bedächtig, scheinbar jedes Wort wägend, forderte er uns auf, ihn zu verstehen, wenn er anderer Meinung sei als Dubček. Er bitte deshalb um Verzeihung. Wiederholt betonte er, daß er nur deshalb widerspreche, weil die KPdSU und der sowjetische Staat ein Interesse daran haben, daß die Lage sich in der Tschechoslowakischen Sozialistischen Republik zum Besseren entwickeln möge, daß die Autorität der Kommunistischen Partei der Tschechoslowakei wachse, damit unser Bruderbund sich festige.

Ich zitierte ihn hier aus meinen eigenen Aufzeichnungen, von denen ich nie glaubte, daß ich sie jemals verwenden würde.

Leonid Breshnew berichtete sodann von seinem Besuch in Prag im Dezember, als ihn Novotný eingeladen hatte. Man habe in Moskau keine Ahnung gehabt, was in der KPTsch vor sich gehe. Er merkte darum durchaus kritisch an, daß niemand von uns die Feiern zum Jahrestag der Großen Sozialistischen Oktoberrevolution in Moskau genutzt habe, sie zu informieren. Ihn habe im Dezember folglich überrascht, als ihm im ZK der KPTsch zu Ohren kam, daß einige gefragt hätten, warum er nach Prag gekommen sei.

Das habe er als ein Symptom gesehen, daß in der Partei etwas nicht stimme. Sowjetische Menschen seien noch nie mit bösen Absichten gekommen. Dieses ungewöhnliche Signal habe er jedoch mit Schweigen übergangen.

Breshew betonte, daß Moskau keinerlei Einwände gegen Veränderungen in der Partei- und Staatsführung habe, auch keine gegen bereits vollzogene. Das habe er auch mit der Teilnahme an den Feierlichkeiten zum 20. Jahrestag des Februarsieges deutlich machen wollen. Moskau habe Geduld bewiesen und geschwiegen, auch wenn viele Erscheinungen darauf hindeuteten, daß sich KPTsch und ČSSR nicht zu ihrem Vorteil entwickelten.

Breshnew erinnerte daran, daß Dubček während der Beratung in

Sofia Anfang März versprochen habe, man solle zwei bis drei Monate abwarten. Alles käme noch in die richtigen Bahnen. Auch sie, die sowjetischen Menschen, haben geglaubt, daß das Übergangserscheinungen seien. Aber die Entwicklung weise etwas ganz anderes aus. Die Lage verschlimmere sich von Tag zu Tag.

Worte und Taten klafften sichtlich auseinander.

Breshnew bekannte, daß die sowjetischen Kommunisten verschiedene Verlautbarungen nicht begreifen würden. Etwa jene Erklärung, daß es erst nach dem Januar 1968 zu einer Demokratisierung des Lebens gekommen sei. Habe es bislang in der ČSSR und in der KPTsch etwa weder Demokratie noch Ordnung gegeben?

Er richtete die Frage an uns, ob wir hauptsächlich geheime Wahlen als Ausdruck von Demokratie verstünden?

Und wie solle man verstehen, wenn einerseits behauptet wird, daß wir die führende Rolle der Partei festigten – gleichzeitig aber Angriffe auf die Partei und ihre Geschichte duldeten? Unwidersprochen dürfe die ehrliche Arbeit der Partei und des ganzen Volkes geschmäht werden.

Wie sei es zu verstehen, wenn wir erklärten, wir würden den Sozialismus verteidigen, und gleichzeitig tolerierten wir Verleumdungen und Angriffe auf die Armee, die Sicherheitsorgane, die Volksmiliz, auf die Außenpolitik?

Selbst die engsten Verbündeten würden attackiert. Gleichzeitig jedoch werde die untergegangene bürgerliche Republik und Präsident Masaryk (1918-1935) idealisiert. (Breshnew sprach in diesem Kontext von »Masarykismus«.)

Er bat uns, zur Besinnung zu kommen und uns bewußt zu werden, daß der Feind nicht schlafe. Die Welle, die anwachse, gehe in Richtung Konterrevolution.

Er mahnte uns, nicht durch Verschweigen und Wegsehen Angriffe auf das Zentralkomitee, die Partei und den Sozialismus zu übergehen. Diese gefährliche Haltung nachlassender Wachsamkeit zeige sich nicht in irgendwelchen bedeutungslosen Grüppchen, sondern auch im Organ des ZK der Kommunistischen Partei der Tschechoslowakei, in *Rudé Právo*. Leonid Breshnew fragte rhetorisch: »Wer leitet eigentlich das *Rudé Právo*? Ist das überhaupt noch die Zeitung des Zentralkomitees?« Es falle ihm schwer, unser Handeln zu begreifen. Dann blickte er wieder auf seinen Zettel.

Es würden Vorschläge zur Gründung einer sozialdemokratischen

Partei veröffentlicht, und das Zentralkomitee bezöge dazu keine Stellung.

Ob wir nicht wahrnähmen, daß die oppositionellen Kräfte für die Tschechoslowakei einen »neuen« Sozialismustyp suchten, daß bereits die Frage der Zweckmäßigkeit des Warschauer Vertrags und die Mitgliedschaft der Tschechoslowakei aufgeworfen werde?

Im schiene, daß die wirtschaftlichen Schwierigkeiten aufgebauscht würden. Die Ursachen für diese Probleme suche man zudem in der Zusammenarbeit mit der Sowjetunion und den Ausweg in der Vertiefung der Zusammenarbeit mit den kapitalistischen Staaten. Das sei eine sehr gefährliche Demagogie.

»Das Schlimmste jedoch ist«, hob Breshnew hervor, »es ist keine andere, wahrhaftige Stimme – die Stimme der Arbeiterklasse, der werktätigen Menschen – zu hören, weil die Massenkommunikationsmittel von Feinden beherrscht werden, die alles Gesunde unterdrückten. Hauptsächlich höre man die Stimme des Klassenfeindes, die Stimme der oppositionellen Kräfte. Gerade darin besteht die große Gefahr, daß die Menschen desinformiert werden.«

Breshnew führte weiter aus, daß sich die konterrevolutionäre Welle stoppen lasse, aber die Parteiführung dürfe nicht passiv bleiben. Sofern wir es wollten und für richtig hielten, Fehler der Vergangenheit zu korrigieren, dann müsse dabei das Zentralkomitee an der Spitze stehen und nicht irgendeine selbsternannte Elite von Schriftstellern, Journalisten, zwielichtigen Philosophen und Politikern wie Jan Procházka, Eduard Goldstücker, Karel Kosík, Josef Smrkovský und andere.

Leonid Breshnew verlieh seinem Erstaunen Ausdruck, daß wir Smrkovskýs Treiben positiv sähen. Ob wir dessen Interview für westdeutsche Zeitungen kennen? Habe er sich vorher im Zentralkomitee konsultiert?

Wir kannen Smrkovskýs Text nicht und mußten schweigen. (Ich habe mich nach meiner Rückkehr mit dem Presseinterview vertraut gemacht. Darin stellte er die Entwicklung in der ČSSR als beispielhaft für alle sozialistischen Länder hin. Gleichzeitig mahnte er an, daß man der sowjetischen Soldaten, die während der Befreiung der Tschechoslowakei starben, weitaus intensiver gedenke als der Tschechen und Slowaken, die aus dem gleichen Grunde gefallen seien. Dieser Hinweis war peinlich und dumm. Smrkovský hatte »bewußt« vergessen, daß nicht nur auf unserem Territorium für die

Befreiung der Tschechoslowakei gekämpft worden war, sondern auch vor Moskau, bei Stalingrad, am Kursker Bogen, am Dnjepr und in den Karpaten. Ohne die sowjetischen Siege und ohne die Opfer der Sowjetunion hätte auch das tschechoslowakische Volk nie seine Freiheit erlangt.)

Breshnew erinnerte uns daran, daß im Zentralkomitee Einigkeit herrschen müsse, daß wir nicht zulassen dürften, daß jedes ZK-Mitglied von sich geben könne, was es wolle.

»So wie Smrkovský redet«, betonte Breshnew, »so tritt nur ein Konterrevolutionär auf!«

Er könne nicht begreifen, daß man eine derart parteifeindliche Kundgebung gestattete, wie es sie zu Monatsbeginn im Fučík-Park in Prag gegeben habe. Wer mochte, konnte sich ans Mikrofon begeben und Anschuldigungen erheben. Jedem war gestattet, auf alles zu spucken, was ihm mißfiel.

Auf Dubčeks Einwurf, daß diese Veranstaltung nicht vom Zentralkomitee organisiert worden sei, fragte Breshnew zurück, wie es dann möglich gewesen sei, daß diese Ungeheuerlichkeit ohne Wissen des Zentralkomitees geschah und dies obendrein vom staatlichen Rundfunk übertragen wurde. Das bestätige ihm doch nur, daß nicht das Zentralkomitee der KPTsch, sondern Smrkovský und seinesgleichen die Initiative in der Hand hätten. Wir sollten uns endlich bewußt werden, daß sich ein Strom gegen die Partei, gegen den Sozialismus formiere.

Ich erinnerte mich an jene unselige Veranstaltung im Park für Kultur und Erholung »Julius Fučík«, die der Rundfunk tatsächlich bis spät in die Nacht übertrug. Es war unvorstellbar absurd, was sich dort abgespielt hatte. Das war mehr, als nur Dampf ablassen.

Es fielen auch kritische Worte zur Kaderpolitik. Breshnew wiederholte, daß sie keine Einwände gegen die Abberufung Novotnýs haben, aber er fragte, warum wir es zugelassen hätten, daß der Präsident ohne Zustimmung des Zentralkomitees abberufen wurde? Damit sei die führenden Rolle der Partei in Zweifel gezogen worden.

Mehrfach erinnerte er uns daran, wie die Konterrevolution vorgehe, welche Methoden sie wähle. Er bat uns, kein Anwachsen des Chaos und der Unordnung zuzulassen, sondern die Partei, die Arbeiterklasse, alle ehrlichen Menschen gegen die Konterrevolution zu mobilisieren, solange Zeit dafür sei.

Wir müßten der Konterrevolution einen tödlichen Schlag versetzen und kommunistischen Mut zu beweisen, rief er aus. Wenn wir Hilfe brauchten, dann sollten wir das offen sagen, und sie würden uns bereitwillig zur Seite stehen.

Nach meiner Wahrnehmung war Breshnews Rede Ausdruck von Fürsorge und aufrichtiger Bereitschaft zu helfen. Er wollte uns ermutigen, nicht entmutigen.

Die Logik seiner Rede war unerbittlich, seine Ansprache hat sich mir auch so ins Gedächtnis eingegraben, daß ich sie präsent habe.

Nach Breshnews Rede folgte die Mittagspause. Uns schmeckte das Essen nicht, seine ernsten Worte waren uns auf den Magen geschlagen, obgleich Lenárt, Kolder und ich ihm zustimmten.

Dubček und Černík hingegen meinten, daß das übertrieben sei.

Die Experten hatten zwar nicht im Sitzungssaal gesessen, wurden aber von Dubček und Černík informiert und übernahmen folglich deren Einschätzung. Diese versuchten, der Kritik die Schärfe zu nehmen und die Argumente abzuschwächen.

Dubček forderte alle Anwesenden auf, nicht mit Prag zu telefonieren und niemanden zu informieren, bevor die anderen Parteichefs gesprochen hätten. Er lebte augenscheinlich in der vagen Hoffnung, daß sich die anderen Repräsentanten nicht mit der bisherigen Einschätzung identifizieren würden.

Nach der Mittagspause trat als erster Wladyslaw Gomulka, der Erste Sekretär des ZK der Polnischen Vereinigten Arbeiterpartei (PVAP), ans Mikrofon. Er redete sehr scharf. Im Unterschied zu Leonid Breshnew fragte er nicht oder meldete Bedenken an, sondern er attackierte frontal. Er sagte, das Grundproblem bestehe darin, daß die KPTsch die Gefahr nicht erkenne. Wir sollten uns nicht einbilden, daß das nur eine innere Angelegenheit der KPTsch und der ČSSR sei.

Der Ton, in dem er seine Vorhaltungen vortrug, war beleidigend. Er behauptete, die KPTsch wolle keine Lehren aus den Ereignissen in Polen und Ungarn ziehen, auch dort hätten die Schriftsteller und die Journalisten angefangen. Die polnischen Studenten würden nur darauf warten, wie es in der Tschechoslowakei weitergehe, damit sie auch in Polen wieder Unruhe stiften könnten. Zu keiner Zeit habe es in Polen so viele antisowjetische Resolutionen gegeben wie derzeit in der Tschechoslowakei. Die polnische Arbeiterklasse hätte das nie zugelassen.

Gomulka gab uns die Schuld, daß polnische Journalisten, Schriftsteller und Studenten gegenwärtig die KPTsch als Vorbild hinstellten. Er warf uns vor, wir würden die Gefahren bagatellisieren, wenn Dubček behauptete, daß keine konterrevolutionäre Gefahr drohe. »Ihr habt Glück«, sagte er ironisch, »daß es bei euch keinen so starken Katholizismus gibt, wie wir ihn in Polen haben«.

Der Pole schüttete einen ganzen Haufen von Beschuldigungen über uns aus, etwa daß in der Tschechoslowakei der Marxismus-Leninismus an den Hochschulen verfälscht werde. An der Spitze dieser konterrevolutionären Strömung sah er den Minister für Schulwesen. »Vergeßt nicht Ungarn und Indonesien«, schrie er, »wie der Feind vorgeht, konnte man dort erleben. In einer Hand das Kreuz und in der anderen das Messer. Bildet euch nicht ein, daß die Reaktion bei euch weniger brutal ist als anderswo.«

In scharfen Worten warf er uns vor, daß wir mit unserer vermeintlichen Toleranz die sozialistische Gemeinschaft schwächten. Es schien, daß er vergessen hatte, wo er sich befand. Seine Stimme ging in immer höhere Oktaven: »Ihr wollt uns einen neuen Typ des Sozialismus bescheren? Das, was ihr uns anbietet, ist bürgerliche Demokratie, kein Sozialismus. Das bietet auch Radio *Freies Europa* an! Wenn ich jung wäre«, fuhr er fort, »würde ich das vielleicht auch glauben, aber gestandene Kommunisten könnt ihr nicht täuschen. Das Zentralkomitee der KPTsch hat nichts in der Hand, weder die Regierung noch die Massenkommunikationsmittel. Bei euch tritt der Terror an, und ihr seht das nicht!

Novotný und seine Abberufung, das ist eure Sache. Aber das, was ihr zulaßt, ist eine Niedertracht. Die Geschichte wird es noch zeigen, wer mehr Unheil angerichtet hat: Novotný in zehn Jahren oder ihr in zehn Monaten.

Ihr zersetzt die Partei, die Armee, die Disziplin, habt keinerlei Demokratie. Ihr entfacht den Nationalismus. Seht ihr nicht, daß der Zerfall der ČSSR droht? Solange ihr nicht mit uns zusammenarbeitet, ist euer Modell eine Nullnummer, merkt euch das. Eure Programme sind nicht durchdacht.«

Das war ein großer Schwall von Warnungen, Beschimpfungen und Beleidigungen. Sein Auftritt endete mit dem Appell, ein Kommuniqué herauszugeben und gemeinsam vor der Welt zu erklären, daß die Konterrevolution in der Tschechoslowakei nicht durchkommen werde.

Seine Worte und Argumente waren so unsensibel vorgetragen, daß sie bei uns – selbst wenn sie im Detail zutrafen – Widerstand provozierten. Ich anerkenne auch heute, daß Gomulka in vielem recht hatte, und habe mich oft daran erinnern müssen, als er die Prognose stellte, daß wir in zehn Monaten mehr Fehler machen werden als Novotný in zehn Jahren. Aber es war nicht hinnehmbar, es sich von ihm so um die Ohren hauen zu lassen. Er sagte das so barsch, so wenig kameradschaftlich, mit so böser Zunge, daß er uns in die Verteidigung und zur Solidarität mit Dubček trieb.

Darüber hinaus konnte ich persönlich Gomulka nur sehr schwer ertragen. Er trat immer sehr selbstbewußt und herablassend auf. Er wollte immer recht bekommen. Widerspruch ertrug er nicht.

Der nächste Diskussionsredner war János Kádár. Mit sanfter Stimme bemühte er sich, uns davon zu überzeugen, daß das, was in der Tschechoslowakei vor sich geht, nicht nur eine tschechoslowakische Angelegenheit sei. »Die Ereignisse sind die euren«, sagte er, »aber wir sind mit euch solidarisch. Wir sind hier als eure Verbündeten und Kampfgenossen.«

Er sprach davon, daß er darüber nachdenke, was sich eigentlich in der Tschechoslowakei abspiele. Er glaube, daß sich die Lage nicht gut entwickle, sie entwickle sich sogar so, daß sie kritisch werden könnte.

Uns erfreute sehr, als Kádár feststellte, er sehe nicht, daß in der ČSSR schon die Konterrevolution tobe, womit er Breshnew widersprach. Er mahnte uns jedoch, auf sogenannte »gute Leute« zu achten, die vorgaben, als Beschützer des Sozialismus Fehler wiedergutmachen zu wollen, aber in Wirklichkeit die Vergangenheit kritisierten, weil sie der Partei und dem Sozialismus Böses wollten.

Ganz direkt fragte er uns, ob wir schon wüßten, wer der tschechoslowakische Imre Nagy werde. Nagy habe nämlich auch nichts Schlechtes gewollt, aber die Logik der Dinge habe ihn in das Lager des Feindes getrieben. Er rief uns die grundlegende Wahrheit ins Gedächtnis, daß die Partei die Massen nicht führen und die Lage nicht meistern könne, wenn im Zentralkomitee und seinem Präsidium keine Geschlossenheit bestünde. Er gab auch seiner großen Verwunderung Ausdruck und stellte zugleich die Frage, ob wir denn nicht sähen, daß im Bestreben, schlechte Methoden abzuschaffen, eine Praxis eingeführt würde, die noch schlimmer sei als die zu Zeiten Novotnýs.

Er machte darauf aufmerksam, daß in unserem Tun viel Unlogisches sei. Wir sprächen zwar von demokratischem Zentralismus und innerparteilicher Demokratie, ließen aber zu, daß dieses wichtige Prinzip von allen Seiten verletzt werde. Es existiere keine Partei- und keine Staatsdisziplin, keine abgestimmte Informationspolitik, jeder gebe von sich, wonach ihm der Sinne stehe. »Das ist keine Demokratie, sondern Anarchie, was bei euch entsteht«, sagte Kádár.

Er wundere sich, daß in der vom Januarplenum des ZK angenommenen Resolution Novotný gelobt werde. Es wurde seine Arbeit als Erster Sekretär gewürdigt, er wurde in den Funktionen als Staatsoberhaupt und des Mitglieds des Präsidiums des ZK der Partei belassen – und gleichzeitig gestatteten wir es jedem, ihn als Staatsoberhaupt anzugreifen. Das sei doch ein Widerspruch.

Er könne auch nicht begreifen, warum wir die Abberufung des Präsidenten von seiner Funktion ohne Votum des Zentralkomitees gestattet hätten. »Wenn das Präsidium des Zentralkomitees unter dem Druck der Straße arbeitet und entscheidet, dann muß ich sagen, daß das Präsidium die Lage nicht im Griff hat. Das ist sehr gefährlich und gibt keinerlei Garantie für die Zukunft«, erklärte Kádár. Und damit hatte er recht. Seine Argumente waren überzeugend. Er trug sie so vor, daß sie nicht beleidigend wirkten. »Ich bitte euch, Genossen, nehmt das, worüber wir hier sprechen, sehr ernst!«

Als nächster bat Walter Ulbricht ums Wort. Wir wußten, daß er auf die Ereignisse in der Tschechoslowakei eine sehr kritische Sicht hatte, und wir warteten ungeduldig und mit gewissen Befürchtungen darauf, was er sagen würde.

Ulbricht identifizierte sich mit dem, was von seinen Vorrednern gesagt worden war und führte uns vor Augen, wie die Ereignisse in der Tschechoslowakei den antikommunistischen Zentralen und der ganzen bürgerlichen Propaganda Argumente lieferten. Er verwies darauf, daß die tschechoslowakischen Massenmedien bemüht seien, die inneren Probleme der Tschechoslowakei zu internationalisieren. Daß sie überhaupt keine Anstrengungen unternähmen zu erläutern, worum es in der Tschechoslowakei gehe, sondern daß sie vielmehr bestrebt seien, Fehler aufzubauschen, die Wahrheit zu verschleiern und die Kritik »von unten« nicht als Kritik gegen Fehler zu formulieren, sondern gegen die Partei, den sozialistischen Staat und den Sozialismus überhaupt wie auch gegen die Verbündeten zu richten.

Die Massenkommunikationsmittel der ČSSR, so Ulbricht, polemisierten gegen die Deutsche Demokratische Republik. Sie werfen der DDR vor, sie würde die Bevölkerung nicht ausreichend über die sogenannte Demokratisierung in der Tschechoslowakei, über die neuen Formen des Aufbaus des Sozialismus informieren. Das gleiche wiederhole täglich auch die Propaganda aus der BRD.

Walter Ulbricht unterstrich, daß die Propaganda aus der BRD ihre Argumente gegen den Sozialismus nicht mehr erfinden müsse, es genüge, die Nachrichten der tschechoslowakischen Massenmedien zu übernehmen. An etlichen Beispielen wies er nach, wie die Wahrheit verfälscht und schädliche Ansichten verbreitet würden. Er machte uns darauf aufmerksam, daß man im Falle des Andauerns dieser Desinformation in der Deutschen Demokratischen Republik angemessen reagieren müsse. Wenn wir nicht in der Lage sein würden, Ordnung in der Presse, in Rundfunk und Fernsehen zu schaffen, könne man nicht tatenlos zusehen.

Ulbricht forderte Dubček auf, ernsthaft darüber nachzudenken, welchen Weg wir eingeschlagen hätten. Auch ohne es zu sagen, begriffen wir, was er meinte: Er hielt uns für reichlich naive Politiker, die nicht abzuschätzen vermochten, was sie mit ihrem Handeln bewirkten. Nun würden auch schon Minister von ihrer Funktion abberufen, weil das Mitarbeiter aus dem Ministeriums verlangten, höhnte Ulbricht. Das sollen also die neue Methoden des Erneuerungsprozesses sein, ja? Er bestreite keineswegs, daß Kaderveränderungen unvermeidlich seien, aber sie dürften nicht auf die Weise erfolgen, wie das gegenwärtig bei uns der Fall sei.

Walter Ulbricht unternahm den Versuch, die Ursachen unserer Unzulänglichkeit zu analysieren. Er habe die Kommunistische Partei der Tschechoslowakei schon immer für theoretisch schwach gehalten. Im Jahre 1960 habe die Partei den Übergang zum Kommunismus verkündet, ohne dabei den Entwicklungsstand der Produktivkräfte und die reale Situation zu bedenken. Das habe folgerichtig zu Problemen geführt.

In diesem Punkt widersprach er sich. Dafür hätte er Novotný kritisieren müssen – nicht uns. Denn nicht die jetzige Führung hatte diese Erklärung damals zu verantworten.

Im weiteren warf uns Ulbricht vor, daß wir zu den anderen Bruderparteien kein gutes Verhältnis auf der Basis des sozialistischen Internationalismus aufgebaut hätten.

Vieles würden wir zu eng sehen und entsprechend angehen.

Wir hätten uns zwar reale Ziele gesteckt, würden diese jedoch mit administrativen Methoden verwirklichen wollen. Da wären wir kaum besser als jene, die wir kritisierten. Wir glaubten, mit Hast und Eile zum Sozialismus gelangen zu können wie schon unsere Vorgänger. Damit bekämen wir aber auch die gleichen Probleme. Und warum sei das so? »Weil ihr theoretisch schwach seid! Die entscheidenden Kettenglieder zur Leitung der Volkswirtschaft und anderer Bereiche habt ihr den reinen Theoretikern überlassen, die aus dem Elfenbeinturm kommen. Ihr habt zugelassen, daß ihr von Ota Šik vertreten werdet. Dieser – und nicht das ZK, die politische Führung – verkündet, wie der Sozialismus auszusehen habe.«

Wir würden die Fehler nicht nach den Prinzipien des Marxismus-Leninismus korrigieren, sondern auf der Basis der bürgerlichen Losung von Freiheit und Demokratie.

Abschließend faßte er sein Urteil zusammen: Die Lage in der Tschechoslowakei sei schlimm. Wir würden die Kommunistische Partei der Tschechoslowakei und den sozialistischen Staat schwächen und lieferten dem Westen antisozialistische Argumente. Mit Seminaren und Konferenzen über Franz Kafka und ähnlichem würden wir die Republik beschädigen und ideologisches Chaos verbreiten. Er riet uns, eine gründliche Analyse der Entwicklung vorzunehmen, diese dem Zentralkomitee zur Beratung vorzulegen und die Konterrevolution zu isolieren.

Allen Anwesenden rief er zu, aus der Taktik des Feindes, die er damals in Ungarn praktizierte und heute in der Tschechoslowakei anwende, Lehren zu ziehen. Anders als 1956 agiere der Klassenfeind in der Tschechoslowakei langfristig und weniger offen und brutal. Ulbricht zitierte in diesem Zusammenhang aus einem Beitrag im *Spiegel*, in welchem über ein Treffen tschechoslowakischer und westdeutscher Historiker berichtet wurde. Den Auftritt unserer Historiker nannte der Berliner Staats- und Parteichef ausgesprochen würdelos. Ihnen und uns warf er vor, eine »Masaryksche Demokratie« wiedererwecken zu wollen, weil Smrkovský die Losung herausgegeben habe: »Die Bürger werden allein entscheiden.«

»Ich frage den Vorsitzenden der Regierung«, wandte sich Ulbricht an Lenart: »Warum gestatten Sie, daß Ihr Minister so auftreten kann? Smrkovský organisiert die Konterrevolution, und Sie sehen das nicht?«

Und nach einer dramaturgischen Pause fügte er an: »Entweder

ihr tut etwas dagegen. Oder wir müssen darüber nachdenken, was zu tun ist.« Und an alle im Saal gewandt: »Ich selbst stelle mir die Frage: Kann Dubček die Lage meistern?«

Und lieferte gleich selbst die Antwort: »Ja, das kann er, wenn er auf der Grundlage einer Analyse wirksame Maßnahmen ergreift. Es ist notwendig, die revisionistischen Ausfälle zurückzuweisen, sich an die Arbeiterklasse zu wenden und klar zu sagen, worum es in der Tschechoslowakei geht. Die Reaktion tut alles, um die Kommunistische Partei der Tschechoslowakei, die Armee, die Sicherheitsorgane, die Justiz, den sozialistischen Staat zu diskreditieren.

Überhaupt ist es erforderlich, sich mehr um die Arbeiterklasse, um ihr Leben, ihre Ansichten zu kümmern. In der Tschechoslowakei wird das vernachlässigt. Viel mehr wird über die Jugend geredet. Die Jugend muß es lernen zu arbeiten und sich nicht den Unsinn Goldstückers und seinesgleichen anzuhören.« Und Ulbricht fügte eindringlich hinzu: »Ihr dürft nicht zulassen, daß der Jugendverband zerschlagen wird und mehrere Verbände entstehen.«

Bevor er endete, wiederholte Ulbricht, was sich wie ein roter Faden durch seinen Beitrag gezogen hatte: daß sie in der DDR durch die Entwicklung in der ČSSR beunruhigt seien und es erforderlich wäre, Schlüsse zu ziehen. Die tschechoslowakischen Genossen müßten sich bewußt sein, daß es nicht um ihre inneren Angelegenheiten gehe, sondern um den Sozialismus als Ganzes.

Gewiß, Ulbrichts harte Kritik war begründet und zutreffend.

Aber sehr geholfen hat sie uns nicht.

Für die bulgarische KP sprach Stanko Todorov, Mitglied des Politbüros und Sekretär des ZK. (Ich erinnere mich nicht mehr, warum Todor Shiwkov nicht an der Beratung teilnahm.)

Stanko Todorow dankte der KPdSU, daß sie über die Situation in der KPTsch und in der Tschechoslowakei informiert habe, und brachte die Überzeugung zum Ausdruck, daß Dubček die Probleme lösen wolle. Das setze jedoch voraus, daß er die Gefährlichkeit der Situation begreife.

Auch der bulgarische Genosse zeigte sich beunruhigt darüber, daß in der Tschechoslowakei die Dinge chaotisch gelöst werden würden. Diese Methoden deformierten die marxistisch-leninistischen Prinzipien des Parteiaufbaus. Die Kritik führe zu Verleumdungen des Sozialismus, der Partei, zur Schmähung von Errungenschaften und Erfolgen, die in zwanzig Jahren erreicht worden seien.

»In der Tschechoslowakei gibt es so viel Anormales«, sagte er, »das ist schwer zu begreifen. Das, was Smrkovský macht, würde keine andere Regierung, kein anderes Zentralkomitee dulden.«

Einen sehr interessanten Beitrag lieferte Kossygin. Er begann damit, daß in der Tat die ganze Welt auf die ČSSR schaue, Freunde wie Feinde. »Uns, die Freunde der Tschechoslowakei«, sagte er mit klarer Stimme, »beunruhigen viele Erscheinungen. Bei den Gegnern rufen sie Begeisterung hervor. Der Imperialismus hat auf die Tschechoslowakei gesetzt, hat nicht geringe Mittel investiert und erwartet nun Ergebnisse. Heute ist schon klar, daß der Rundfunk, die Presse, das Fernsehen, alle Massenmedien, im wesentlichen in der Hand des Gegners sind.«

Er könne nicht begreifen, warum das Präsidium des ZK der KPTsch und die Regierung, die vor den Völkern für die sozialistische Entwicklung, für Ordnung, für objektive Information verantwortlich seien, duldeten, daß die Wahrheit über den Sozialismus verfälscht, Tatsachen über die gegenseitigen Beziehungen verzerrt und Lügen verbreitet würden. »Es ist eine so schnelle Hinwendung Richtung Westen und eine unkritische Übernahme alles dessen eingetreten, was man vom Westen abgucken kann, daß das sogar die bürgerlichen Regierungen überrascht.

Über die Beziehungen zwischen der Tschechoslowakei und der Sowjetunion etwa wird ausgesprochen bösartig geschrieben.« Kossygin äußerte die Vermutung, daß wahrscheinlich ein Artikel keine Chance habe, von einer tschechoslowakischen Zeitung veröffentlicht zu werden, der die brüderlichen Beziehungen wahrhaftig darstellte. Aber nicht deshalb würde er ungedruckt bleiben, weil es in den Redaktionen nicht genügend anständige Leute gäbe, die das ebenso sähen, sondern weil inzwischen ein solcher Druck herrsche – er verwandte den Begriff »Psychoterror« –, der sie um ihre berufliche Zukunft bangen ließ, wenn sie ihrer Überzeugung folgten.

Wirkliche Kommunisten fänden im Präsidium des ZK der KPTsch keine Unterstützung, nur Feinde des Sozialismus und der Zusammenarbeit zwischen den sozialistischen Ländern fänden in den Medien Gehör. Wissenschaftler, darunter Ökonomen, verfaßten verschiedene Pamphlete, um die tatsächlichen Zusammenhänge zu verzerren. Sie täten so, als habe die tschechoslowakische Wirtschaft bisher nichts geleistet. Ein Ausweg aus der vermeintlichen Misere böten nur Auslandskredite im Westen, heiße es.

Damit, so Kossygin, würden jedoch keine Probleme gelöst werden, im Gegenteil. Kredite führten zu Abhängigkeiten und würden die tschechoslowakische Wirtschaft an den Westen binden.

Es schien mir, daß manche seiner Bemerkungen nicht nur an uns adressiert waren, sondern allgemeingültig waren. »Die Wahrheit ist nun mal so, daß auf lange Sicht nicht nur der Kapitalismus, sondern auch das sozialistische Wirtschaftssystem eine Zukunft hat. Das setzt aber voraus, daß wir unsere gegenseitigen Wirtschaftsbeziehungen festigen und eine breite Integration entwickeln.

Was wird unentwegt die Hauptfrage in der europäischen Wirtschaft sein? Brennstoffe und Energie. Was kann die tschechoslowakische Wirtschaft und der tschechoslowakische Staat in dieser Richtung vom Westen gewinnen? Erdöl? Nein. Erdgas? Nein. Diese Staaten kaufen doch selbst Erdgas und Erdöl. Die Sowjetunion hat alles, was gebraucht wird. Und was sie heute nicht hat, werden wir morgen haben, wenn wir mit vereinten Kräften an einem Strang ziehen. Es wird Erdöl geben. Es wird Gas geben.

Wieviel Geschrei wird um den Westen gemacht. Die bürgerlichen Staaten und ihre Wirtschaft werden in schillernden Farben geschildert und die Wahrheit über den Sozialismus mit seinen Möglichkeiten und seiner Zukunft wird verzerrt dargestellt. Die Lage ist heute schon so, daß aus dem Westen immer mehr Unternehmen zu uns kommen, die mit uns zusammenarbeiten und Geschäfte machen wollen, während die tschechoslowakischen Vertreter in die entgegengesetzte Richtung streben. Sie suchen Kontakte in London, Paris und treten dort jedoch nicht als Partner, sondern als Bittsteller auf und erniedrigen und diskreditieren die Tschechoslowakische Sozialistische Republik.«

Kossygin schloß mit der Feststellung, daß das Auftreten tschechoslowakischer Repräsentanten in verschiedenen Verhandlungen mit westlichen Partnern unwürdig gewesen sei.

Wer eine vergleichbare Runde nie erlebte, wird schwerlich begreifen, was sich damals in unseren Köpfen abspielte. Dubček schien wie aus allen Wolken gefallen und tat so, als habe er nicht begriffen, was wirklich abgelaufen war. Und vielleicht verhielt es sich auch so. Und wir alle zusammen waren auch ratlos, weil wir nicht wußten, wie es nun weitergehen sollte.

Jozef Lenárt bat ums Wort. Er erklärte, daß das, was wir uns hier anhören mußten, in vielem lehrreich und zutreffend gewesen sei.

Wir würden darum die Hinweise analysieren und daraus Schlußfolgerungen ziehen.

Gleichwohl sollten die Genossen nicht annehmen, daß wir nicht wüßten, was bei uns geschähe. Wir seien ja nicht blind. Wir könnten sogar noch mehr vorbringen, als hier bereits gesagt wurde. Wir könnten Organisationen nennen, die sich konstituiert hätten, um gegen die Partei und gegen den Sozialismus zu handeln. »Trotz allem glauben wir jedoch, daß die Lage nicht so kritisch ist, wie es auf dieser Beratung den Anschein hat.« Wenn eine solche Lage eintreten sollte, dann wäre das sehr gefährlich – sofern sich die Kommunistische Partei der Tschechoslowakei passiv verhielte, wie unterstellt. »Aber die Partei hat noch Kraft, sie kann die Situation beherrschen und verhindern, daß sich die Konterrevolution durchsetzt.«

Lenárt repetierte im weiteren die wirtschaftlichen Probleme, die sich in den vergangenen Jahren angestaut hatten und die nun an die Oberfläche gelangt waren. So sei das Nationaleinkommen dramatisch gesunken. In den Jahren 1950 bis 1960 habe der jährliche Zuwachs 7,5 Prozent betragen, 1962 erreichte der Zuwachs nur noch 1,4, und im Jahr darauf wäre es noch einmal um 2,5 Prozent gesunken. Zwar habe es 1966/67 eine beachtlichen Belebung gegeben. »Aber die Folgen des Rückganges treten erst jetzt zutage. Das erschwert unser gegenwärtiges Handeln.«

Drahomír Kolder fügte hinzu, daß das, was wir in diesem Saal hätten anhören müssen, eine kalte Dusche gewesen sei, wie wir sie nicht erwartet hätten. Und er bat die Genossen, bei ihrer Beurteilung nicht zu übersehen, daß vergleichbare Fehler in der Vergangenheit auch in Polen und Ungarn gemacht worden seien.

Danach nahm Oldřich Černík das Wort. Er verlangte ebenfalls, daß man uns nicht so streng aburteilen sollte. Verklausuliert machte er deutlich, daß wir keine Kritik, sondern Zeit brauchten. Und im Brustton der Überzeugung versicherte er, daß es in der Tschechoslowakei keine Konterrevolution gäbe. Und sollte sie dennoch ihr Haupt erheben, dann wüßten wir, was zu tun sei.

Und wenn er die Hinweise richtig verstanden habe, wollten die Verbündeten lediglich, »daß wir etwas tun«. Und das geschähe.

Als letzter unserer Delegation nahm ich das Wort. Wenn ich die Augen schließe, sehe ich noch heute den Sitzungssaal im Dresdner Rathaus und spüre meine damalige Erregung.

Da nach Dubček auch Lenárt, Černík und Kolder Stellung

genommen hatten, fühlte ich mich ebenfalls verpflichtet, meine Auffassungen darzulegen. Mich bewegten widerstrebende Empfindungen. Einerseits begann ich gewisse Zusammenhänge zu begreifen, andererseits sträubte ich mich dagegen, alles zu akzeptieren und zu glauben, was gesagt worden war. Dubček: ein potentieller Konterrevolutionär und Verräter? Unsere erfahrene Partei: auf Abwegen?

Ich stimmte mit Breshnew, Kadar und Kossygin überein, sah auch keinen Grund, mit Ulbricht zu polemisieren. Gomulkas Auftritt: geschenkt.

Ich glaube, die von uns vorgetragenen Argumente waren nicht so schlecht. Unser taktischer Fehler war der schwache Beitrag zur Einführung. Wir hatten nichts analysiert, wir haben uns nur verteidigt.

Und unerträglich fand ich die scharfen Ansagen mit »ihr« und »wir«. Das verlieh dem Ganzen den Charakter eines Tribunals, vor dem sich die Kommunistische Partei der Tschechoslowakei zu verantworten hatte.

Die Beratung ging von 10 Uhr bis in die späten Abendstunden. Viel Zeit nahm die Arbeit am Kommuniqué in Anspruch. Eine Gruppe hatte ein umfängliches Papier vorbereitet. Dubček und Černík drangen darauf, kein so langes Dokument zu verabschieden, das wäre in der KPTsch und in der Tschechoslowakei schwer zu vermitteln. Wir baten darum, nur ein knappes Kommuniqué auszufertigen, in dem auch die Fragen zum RGW enthalten seien. Wir fürchteten, daß mit einer konkreten Mitteilung heftige Irritationen zu Hause ausgelöst werden könnten. Im Lande diskutieren wir Reform und Erneuerung – und plötzlich erklärten wir gemeinsam mit den Verbündeten: »In der Tschechoslowakei wächst die Konterrevolution heran!«

Im Entwurf des Kommuniqués hatte es nämlich geheißen: »[…] Es fand ein Meinungsaustausch im Zusammenhang mit einer Information der Delegation der Kommunistischen Partei der Tschechoslowakei statt, wie der Beschluß des Januarplenums des Zentralkomitees der KPTsch mit dem Ziel realisiert wird, die Linie des XIII. Parteitages der KPTsch zu weiteren Entwicklung der sozialistischen Demokratie zu verwirklichen […] Es wurde Beunruhigung angesichts der Aktivierung revisionistischer und antisozialistischer Elemente zum Ausdruck gebracht, die in letzter Zeit bestrebt sind, […] die politischen und ökonomischen Grundlagen in der Tschechoslowakei zu erschüttern und umzustürzen, die führende Rolle der KPTsch zu untergraben und die Beziehungen der Tschechoslowakischen Sozialistischen Republik zu den sozialistischen Ländern zu schwächen. Die Delegierten der Bruderparteien machten darauf aufmerksam, daß eine solche Belebung von antisozialistischen Kräften, die aus dem Westen unterstützt werden, zu ernsten Folgen führen kann, wenn nicht schon in nächster Zeit entschiedene Maßnahmen dagegen unternommen werden. Die Teilnehmer des Treffens verliehen ihrer Überzeugung Ausdruck, daß die Arbeiterklasse, die Werktätigen der Tschechoslowakei unter Führung ihrer kommunistischen Partei, die über reiche Erfahrungen verfügt, sich mit entschiedenem Widerstand den Intrigen der feindlichen Kräfte entgegenstellt und die weitere Entwicklung der Tschechoslowakei auf dem Wege der Demokratie und des Sozialismus absichern wird [...]«

Mit der Versicherung, daß wir uns des Ernstes der Lage und der Gefahren bewußt seien, konnten wir sie zum Einlenken bewegen. Wir wiesen zudem darauf hin, daß seit dem Januarplenum nicht alle Fragen gelöst werden konnten, dazu habe die Zeit nicht gereicht. Wir hätten die Warnungen aber verstanden und wüßten, worin unsere Pflicht bestünde. Wir würden die Dinge in Ordnung bringen und verhindern, das antisozialistische und parteifeindliche Kräfte weiter aktiv werden würden. Eine Schwächung der führenden Rolle der Partei würden wir nicht zulassen. Von unserem sozialistischen Weg würden wir uns von niemandem abbringen lassen.

Erst sehr viel später wurde mir bewußt, daß Dubček in Dresden nur deshalb alles versprach, um möglichst rasch von dort wegzukommen. Wie er eben auch vor nachfolgenden Zusammenkünften mit Spitzenvertretern der Bruderparteien floh. Er mußte ihnen Rede und Antwort stehen, was ihm unangenehm war, und versprach alles, was sie von ihm verlangten, nur um die Sache rasch hinter sich zu bringen. Er versicherte, dieses und jenes zu korrigieren, da und dort einzugreifen, hier und da Abhilfe zu leisten. Ja, Genossen, wir bringen das Ordnung. Wir haben alles im Griff. Der Bruderbund wird nicht angetastet, die führende Rolle der Partei ist gesichert ...

Der offenkundige Widerspruch zwischen seinen Versprechungen und der Wirklichkeit wurde immer größer. Erst litt die Glaubwürdigkeit. Dann merkte man: Aus der Unaufrichtigkeit wurden Lügen. Die aber, das wußte jeder, hatten kurze Beine. In Dresden, das wurde mir erst später klar, fing es damit an.

Am späten Abend, so gegen 22.30 Uhr, gab es ein festliches Abendessen. Wir empfanden es wie beim biblischen Abendmahl, die Jünger, einschließlich Judas, hatten sich um Jesus versammelt.

Wir flogen gegen Mitternacht nach Prag zurück. Dubček schwor uns im Flugzeug darauf ein, niemanden darüber zu informieren, was in Dresden tatsächlich erörtert wurde. Kein Wort über die Vorhaltungen der Verbündeten, keine Silbe über unsere Zusagen. Nicht einmal das Präsidium der KPTsch sollte informiert werden. Er begründete das damit, daß wir zunächst die Fehler korrigieren müßten. Und wenn die Hausaufgaben erledigt seien, könnten wir über die Beratung in Dresden ausführlich informieren.

Wir stimmten zu. Das aber war falsch.

Es entstand eine Art Kumpanei. Eine Gruppe, die neben den Parteigremien agierte und diese insofern täuschte, als sie nicht alles auf den Tisch legte, was sie wußte. Und wie wollte man das Präsidium zu bestimmten Beschlüssen veranlassen, wenn deren Gründe nicht offen benannt wurden? Oder wollte Dubček solche Beschlüsse überhaupt nicht fassen lassen?

Soweit dachte ich bei unserem Rückflug nach Prag nicht.

Ich gab die von Dubček geforderte Zusage zu schweigen.

Vielleicht wollte er auch tatsächlich so handeln, wie er es uns erläuterte. Doch als er wieder in der Gesellschaft der »Berater« war, die ihn und Černík umgaben, ging es nach deren Maßgabe. Dubček war es unmöglich, eine eigene Meinung – soweit vorhanden – durchzusetzen. Er lieferte sich Kräften aus, die die Entwicklung in eine andere als die von uns gedachte Richtung trieben.

Auf dem Flugplatz in Prag erwartete uns niemand. Nur ein italienischer Korrespondent war erschienen, dem wir über die Rollbahn entwischten. Dubček informierte am 25. März 1968 das Präsidium des ZK der KPTsch. Was er mitteilte, war vielleicht zehn Prozent Wahrheit. Den Rest hatte er sich ausgedacht.

Der Respekt vor dem Ersten Sekretär und unser gegebenes Versprechen, »im Interesse der Einheit und der Ruhe« zu schweigen, verschlossen unsere Münder.

Dubček berief sich auf die Beratung des Politisch Beratenden Ausschusses am 6. und 7. März 1968 in Sofia. Dort sei man übereingekommen, sich regelmäßig zu treffen und sich wechselseitig zu konsultieren. Insofern wäre Dresden nichts Besonderes gewesen. Die Hauptfrage, die dort beraten worden sei, sei ein Vorschlag zur

Schaffung eines neuen Gemeinsamen Oberkommandos des Warschauer Vertrages und des Militärrates gewesen.

Obwohl diese Thema überhaupt nicht zur Debatte gestanden hatte, behauptete Alexander Dubček ohne Skrupel, daß man sich in dieser Frage schnell geeinigt und das Kommuniqué ohne Diskussion abgestimmt habe. Über die Reden von Breshnew, Gomulka, Kadar, Ulbricht und Todorow verlor er kein Wort.

Lediglich den Beitrag Kossygins erwähnte er und interpretierte ihn nach eigenem Gusto. Er sagte, der sowjetische Ministerpräsident habe über einige Aspekte der ökonomischen Zusammenarbeit zwischen den RGW-Staaten informiert. Das kam so heraus, als habe Kossygin nur deshalb gesprochen, weil wir es noch nicht verstünden, die positiven Ergebnisse der Zusammenarbeit im RGW angemessen herauszustellen. Daraus leitete Dubček die Forderung ab, mir müßten unsere propagandistische Arbeit verbessern.

Eher beiläufig erwähnte er, daß wir uns auch über die Arbeit der einzelnen Parteien ausgetauscht hätten. Er sagte, daß er in einem einleitenden Wort die Bruderparteien über einige Schlußfolgerungen des Januarplenums des ZK der KPTsch und deren Konsequenzen informiert habe. Dazu hätten die anderen Genossen Stellung genommen.

Dubček stellte die rhetorische Frage: »Was war das Gemeinsame auf dieser Beratung?«

Und lieferte die Antwort: »Die Sorge, daß einige negative Erscheinungen, die in der Tschechoslowakei sichtbar werden, mißbraucht werden könnten. Ich kann sagen, daß die Befürchtungen und Ratschläge, die ausgesprochen wurden, von einem Geist der Solidarität getragen waren: Die Genossen wollen, daß die Dinge gelingen, und stehen hinter uns.« Seinen Bericht faßte er in der Schlußfolgerung zusammen, daß es erforderlich sei, den Verbündeten mehr Informationen zukommen zu lassen.

Drahomír Kolder ergänzte, daß wegen fehlender Informationen bei unseren Verbündeten Befürchtungen entstanden seien. Nur das erklärte ihre Sorge, die Kommunistische Partei der Tschechoslowakei vermag die entstandene Situation nicht zu beherrschen.

Jozef Lenárt fügte hinzu, daß die Verbündeten um die Partei besorgt seien, weil es angeblich einen uferlosen Kritizismus gäbe und sich die Unordnung in der Volkswirtschaft auch in einer Verschlechterung des Lebensniveaus des Volkes niederschlagen könnte.

Ich erwähnte, daß die Verbündeten vom Rücktritt des Präsidenten überrascht worden seien, mehr noch davon, daß dies ohne das ZK geschehen sei. Zudem habe man sich beunruhigt über die Rücktrittswelle bei Kreis- und Bezirkssekretären gezeigt.

Niemand von den Mitgliedern des Präsidiums des Zentralkomitees stellte eine Frage. Das verwunderte mich, zumal ich überzeugt war, daß den meisten der eigentliche Gegenstand der Dresdner Beratung bekannt war – was aber unsere Informationen so nicht wiedergaben.

Dafür gab es wohl nur eine Erklärung. Die einen wollten nicht, daß der Erste Sekretär der Unaufrichtigkeit überführt wurde. Die anderen, daß nicht publik wurde, was in Dresden tatsächlich geschehen war. Denn dann hätte vermutlich die Parteibasis mehrheitlich konsequente Schritte eingefordert, die über die »Verbesserung der Propaganda« hinausgegangen wären. Und eben das wollte man nicht.

Die Dresdner Beratung war von den Bruderparteien zeitlich bewußt plaziert worden. In Moskau, Warschau, Berlin, Budapest und Sofia wußten sie, daß Ende März unsere ZK-Tagung stattfinden würde. Deshalb wollte man im Vorfeld ein Achtungszeichen setzen in der Erwartung, daß ihre Hinweise und Mahnungen auf unserer Beratung entsprechende Aufmerksamkeit erführen.

Diese Überlegung ging nicht auf.

In der Führung der KPTsch bestand keinerlei Interesse, daß die Partei die ganze Wahrheit über die Dresdner Beratung erfuhr. Das Plenum sollte wichtige organisatorische und vor allem Kaderfragen beraten und beschließen. Wenn die Mitglieder des Zentralkomitees die Sorgen der Bundesgenossen kennen würden, kämen sie zu anderen als zu den gewünschten Schlüssen, so die Überlegungen der Drahtzieher.

Sie planten Veränderungen im Präsidium des Zentralkomitees und in der Regierung. Also mußte der Eindruck vermittelt werden: Die Bruderparteien haben volles Vertrauen in unsere Politik und stehen geschlossen hinter uns.

Das »Aktionsprogramm« – der Fahrplan der Konterrevolution

Die Reaktion wollte die wichtigsten Staatsämter: Präsident, Premierminister und Minister in den Schlüsselressorts. Hingegen hatten es die antisozialistischen Kräfte mit den Kommunalwahlen nicht so eilig, weil sie sich noch nicht so sicher waren, wie die Stimmung an der Basis war und ob sie sich dort würden erfolgreich behaupten könnten. Deshalb wollten sie diese Wahlen verschieben

Gleichzeitig drängten sie aber auf die Einberufung eines Parteitages. Auf diesem »Kaderparteitag« hofften sie ein neues Zentralkomitee zustande zu bekommen, das für sie den Weg freimachte.

Dubček hatte schon seine Zustimmung zur Abberufung Lenárts signalisiert. Aber Černík, der an seine Stelle treten sollte, war nicht der gewünschte Mann der Reaktion. Sie wollte Ota Šik.

Wir aber wollten und mußten dessen Wahl vereiteln.

Kurz vor der Abendsitzung des Präsidiums des Zentralkomitees am 27. März 1968 rief Dubček Černík, Štrougal und mich zu sich. Wir trafen uns aber nicht in seinem Arbeitszimmer, sondern in einem anderen Raum statt im ZK-Gebäude. Er erklärte, daß Smrkovský, Šik und Císař zu Hause auf die Nachricht warteten, für welche Funktionen sie vorgeschlagen würden. Vor ihren Wohnungen hätten sich bereits Menschentrauben gebildet, haben sie ihn wissen lassen. Sie könnten nicht garantieren, daß die Lage friedlich bliebe, wenn es abschlägige Auskünfte gebe.

Das war eine gemeine Erpressung.

Dubček informierte uns, das Präsidium des Zentralkomitees beabsichtige, Černík als Premier und Šik als seinen Stellvertreter vorzuschlagen. Dieser solle auch Kandidat des Präsidiums des ZK werden. Císař sei als Sekretär des ZK der KPTsch im Gespräch, obgleich er dem Zentralkomitee nicht angehörte.

Ferner wolle man mit Bohuslav Laštovicka reden und ihm nahelegen, von der Funktion des Präsidenten der Nationalversammlung zurückzutreten. Diese Funktion solle Smrkovský übernehmen.

František Kriegel solle die Funktion des Vorsitzenden der Nationalen Front angeboten und die Möglichkeit eingeräumt werden, gleichfalls Mitglied des Präsidiums des Zentralkomitees zu werden.

Als niemand von uns Widerspruch einlegte, wurde jemand beauftragt, die Genannten telefonisch zu informieren.

Ich erinnerte mich zwar, daß vor vier Tagen in Dresden heftige Kritik an der Person Smrkovský geübt worden war und wir versprochen hatten, »alles in Ordnung« zubringen, was ja wohl nicht bedeutete, ihn zum Parlamentspräsidenten zu machen. Doch auch ich stimmte mit Schweigen den Personalvorschlägen zu.

Die Sitzung des Präsidiums des Zentralkomitees der KPTsch begann um 22 Uhr. Als »Konsultant« war der Vorsitzende des Schriftstellerverbandes Eduard Goldstücker hinzugezogen worden.

Dubček unterbreitete die Vorschläge für die beabsichtigen Kaderveränderungen im Präsidium und im Sekretariat, in der Regierung, der Nationalversammlung und in der Nationalen Front.

Um die Wahl Siks ins Präsidiums zu verhindern, äußerten sich einige, daß eine Ämterhäufung nicht gut sei. Er solle ja schon Vizepremier werden, das müsse genügen.

Das Thema »Ämterhäufung« war von den Rechten im Präsidium selbst aufs Tapet gebracht worden, um sich bestimmter Personen zu entledigen. Und Boruvka etwa hatte entschieden dafür gestritten, daß nur Fachleute Minister werden sollten, und für den Posten des Landwirtschaftsministers einen unbekannten LPG-Vorsitzenden aus Mähren vorgeschlagen, bei dem in der Rubrik »Spezialkenntnisse« angegeben worden war: »Handballschiedsrichter in der 3. Spielklasse«. Boruvka interessierte sich für das Amt, wollte aber auch nicht auf seinen Platz im Partei-Präsidium verzichten.

Wohl wissend, daß er bäuerlicher Herkunft war, erklärte ich, es müsse unbedingt ein ausgewiesener Landwirt Minister werden. Doch da jener von ihm präferierte Bauer, vermutlich ein Strohmann, keine Mehrheit gefunden hatte, schlug ich ihn, Boruvka, vor, der sich dadurch in seiner Eitelkeit geschmeichelt fühlte. Dennoch wehrte er ab, weil er wußte, wenn er Minister würde, ginge er seines Platzes in der Parteiführung verlustig.

Doch in der anschließenden Debatte wurde keine bessere Alternative gefunden. So mußte Boruvka wohl oder übel Minster werden und seinen Platz im Präsidium räumen, was nicht nur mich insgeheim freute: Er war einer der markanten Rechten.

Um nahezu jede Funktion gab es Streit. Die rechte Gruppierung im Präsidium hob Leute auf den Schild, die angeblich im Prozeß der Erneuerung sich einen Namen gemacht hatten und darum mit einer Funktion belohnt werden müßten. Es ging zu wie auf einem Basar. Da platzte mir der Kragen. Ich sagte, wenn einfache Parteimitglieder uns sehen könnten, wie hier um Posten und Ämter geschachert werde, handelten sie wie Jesus im Anblick der Krämer und Händler im Tempel: Sie griffen sich Knüppel und jagten uns davon. Mit recht.

Mich könnten sie gleich von der Kandidatenliste streichen: Ich mache so etwas Unwürdiges nicht mehr mit.

Meine Standpauke wirkte.

Der Vorschlag, Goldstücker zum Kandidaten des Präsidiums oder zum Minister für Kultur zu machen, wurde zurückgezogen.

Bei der Kaderdebatte bedienten sich die Rechten der Methode des sogenannten Weißen Hundes, die ich aber nicht sofort durchschaute. Doch als ich sie verstanden hatte, praktizierte ich sie auch.

Man schlug für einen Posten, den man haben wollte, eine Person vor, von der klar war, daß sie keine Chance hatte gewählt zu werden. Sodann setzte eine heftige Debatte ein, in der man sich kompromißbereit zeigte, den vorgeschlagenen Kandidaten zurückzog und einen weniger umstrittenen präsentierte – nämlich jenen, den man von Anfang an dort unterbringen wollte. Das »kleinere Übel« wurde meist zu vorgerückter Stunde präsentiert, wo die Neigung zum Streit wegen Ermattung der Diskutanten inzwischen im Keller war.

Der wohl peinlichste Streit wurde um das Amt des Staatspräsidenten geführt.

Ludvík Svoboda war im Gespräch, zu ihm gab es keine vernünftige Alternative. Der ehemalige Berufsofizier hatte das 1. Tschechoslowakische Armeekorps befehligt, das an der Seite der Roten Armee unser Land befreit hatte. 1950 war der General im Zuge der Parteisäuberung als Verteidigungsminster abgesetzt und zum Buchhalter gemacht worden. Aber: Er blieb überzeugter Kommunist.

Smrkovský, Kriegel, Šik, Císař und andere wandten sich deshalb scharf gegen den charakterfesten und ehrenhaften Soldaten und Patrioten. Sie scheuten vor nichts zurück, um den 73jährigen zu desavouieren. Kriegel behauptete beispielsweise, Svoboda sei mental nicht fähig, die Funktion eines Staatsoberhaupts auszuüben.

Dubček hielt sich bedeckt.

Vor dem ZK-Gebäude verlangten – vermutlich bestellte – Demonstranten, Císař solle auf die Burg. Man wolle einen jungen und keinen alten Präsidenten an er Spitze des Staates. Ähnliche Losungen wurden auf Transparenten durch die Stadt getragen.

Es wäre durchaus denkbar gewesen, Gegenaktionen zu organisieren. Wenn Demokratie – dann für alle.

Doch das unterblieb. Wir schauten fassungslos dem peinlichen Treiben zu und ließen es geschehen.

Am 28. März trat das ZK zusammen. Das Plenum dauerte einschließlich der Pause, die für die Wahl des Präsidenten erforderlich war, bis zum 5. April 1968.

Ich bin der Überzeugung, daß diese ZK-Tagung von den Historikern, die eines Tages die wahre Geschichte unser Partei schreiben werden, kritisch bewertet wird. Sie schuf die Bedingungen für den offenen Antritt der Konterrevolution.

Es geschah das, wovor sechs Tage vorher in Dresden gewarnt worden war.

Zunächst wurde der Vorschlag für die Präsidenten-Kandidatur beraten. Dubček informierte die Mitglieder des Zentralkomitees, daß Novotný als Staatspräsident zurückgetreten sei und verlas dessen Begründung: »Diese Entscheidung habe ich nach sorgfältiger Abwägung, ausgehend von der innenpolitischen Situation, wie sie bei uns im Moment besteht, getroffen, um mit meinem Schritt zur weiteren Entwicklung der sozialistischen Gesellschaft, zur weiteren Festigung unseres sozialistischen Vaterlandes beizutragen.«

Ich weiß nicht, ob Novotný das selbst formuliert hatte oder die Präsidialkanzlei. Es ist denkbar, daß es der Leiter der Präsidialkanzlei, Novák, schrieb. (Novák beging später Verrat.) Mit dieser Erklärung hatte Novotný jedenfalls behauptet, daß er zu einem Bremsklotz bei der Entwicklung der Gesellschaft und der Festigung des sozialistischen Vaterlandes geworden sei. Damit entwaffnete er auch jene, die bereit waren, ihn aus Prinzip zu verteidigen.

Dubček informierte des weiteren das Zentralkomitee darüber, daß dem Präsidium mehrere Kandidaten-Vorschläge vorlägen. Neben Ludvík Svoboda seien das Ladislav Novomesky, Josef Smrkovský, Gustáv Husák, Cestmír Císař, Alexander Dubček, František Šorm, Olrich Černík, Zdeněk Fierlinger und andere. Daß auch der Eishockeyspieler Jozef Golonka vorgeschlagen worden war, erwähnte er schon nicht mehr. Auch Dubček schien die Länge der

Kandidatenliste und die Herkunft mancher Bewerber die Würde des Amtes eher zu beschädigen als zu stärken.

Trotzdem erklärte er, daß jeder Vorschlag seine Berechtigung habe. Das Präsidium des Zentralkomitees der KPTsch hätte sich jedoch auf Ludvík Svoboda geeinigt. Er unterließ es zu erwähnen, daß Smrkovský und Kriegel entschieden gegen Svoboda waren und auf Kriegels Verlangen das Ärztekollegium des Militärkrankenhauses ein medizinisches Gutachten über den Gesundheitszustand Ludvík Svobodas erstellt hatte. Dessen Inhalt jedoch gab Dubček den ZK-Mitgliedern zur Kenntnis.

Über 40 Mitglieder und Kandidaten des Zentralkomitees äußerten sich zur Kandidatenliste. Die überwiegende Anzahl unterstützte den Vorschlag Svoboda.

Die erste Gegenstimme kam von Libuse Hrdinová.

Sie gab bekannt, daß das Präsidium der Kreisleitung der KPTsch Plzen-Nord gegen Ludvík Svobodas sei und Cestmír Císař vorschlage. Sie stützte ihre Erklärung mit dem Argument, daß angeblich 20 junge Leute aus dem Städtchen Ostrov zu Fuß auf dem Wege nach Prag seien, um die hiesigen Studenten zur Unterstützung dieses Vorschlages aufzurufen.

Auf diese Unverschämtheit reagierte niemand aus der Parteiführung.

Das ermunterte den sonst eher scheuen Direktor von TESLA Praha, František Kabrna. Er sprach dem Präsidium des ZK das Mißtrauen aus. Es sei unzulässig, daß es über die Kandidaten entschieden habe und einen einzigen präferierte. Damit habe es dem ZK seinen Willen aufzudrängen versucht. Er zog auch das Gutachten über den Gesundheitszustand Svobodas in Zweifel und bestand darauf, daß mehrere Kandidaten aufgestellt würden und in geheimer Wahl ein Entscheidungsvorschlag bestimmt werde. Ein weiteres Mitglied der rechten Gruppierung im Zentralkomitee, Václav Slavík, beschwerte sich, daß er sich in seiner Entscheidung eingeengt fühle, weil er keine Details über die Beratung in Dresden habe. Er forderte, daß auch darüber informiert werde, welche weiteren Kadervorschläge das Präsidium in Vorbereitung habe. Erst danach fühle er sich in der Lage, verantwortungsbewußt zu entscheiden.

Der erste, der gegen diese demagogische Phrase von mündiger Demokratie auftrat, war das Gründungsmitglied der KPTsch Jozef Valo. Der grundanständige und lebenskluge Genosse unterstützte demonstrativ den Vorschlag Ludvík Svoboda und kritisierte jene, die dem Präsidium des ZK vorwarfen, nicht mehrere Vorschläge unterbreitet zu haben. Das hätte nur dann geschehen müssen, wenn es im Präsidium keinen einheitlichen Standpunkt gegeben habe. Wenn sich jedoch das Präsidium auf einen Vorschlag geeinigt hätte, sei es doch Unsinn, mehrere Vorschläge zu unterbreiten. Welche Vorschläge insgesamt kamen, das wüßten die Mitglieder des Zentralkomitees und könnten deshalb beurteilen, ob das Präsidium die richtige Entscheidung getroffen habe oder nicht.

Unverständnis und Gelächter rief Václav Tomsa aus Ostrava hervor. Er verlangte mit großem Pathos, als schwarzes Schaf im Zentralkomitee bezeichnet zu werden. Herostratos habe bekanntlich den Artemis-Tempel in Ephesos nur deshalb angezündet, weil er nach Unsterblichkeit strebte. Deshalb werde er jetzt hier den Gegenvorschlag unterbreiten: Josef Smrkovský.

Bis heute weiß ich den tatsächlichen Grund für diesen albernen Auftritt nicht. Ich kannte Tomsa bis dahin als einen nachdenklichen, vernünftigen Menschen. Aber offenkundig war das ein exemplarischer Vorgang, er verhielt sich wie viele anständige Zeitgenossen in jener Zeit: Sie waren verwirrt aufgrund undurchsichtiger Vorgänge und glaubten ernsthaft, sie nützten dem Sozialismus und der Demokratie, wenn sie nachplapperten, was ihnen andere einbliesen, die sie für bedeutend und wichtig hielten.

Ich hatte mich auf die Diskussion nicht vorbereitet und bat nur deshalb ums Wort, um darauf aufmerksam zu machen: Wenn die verschiedenen Tendenzen zur Druckausübung, die in der Diskussion zutagetraten, als zulässige Praxis akzeptiert würden, dann würde diese Methode auch vom Zentralkomitee der Kommunistischen Partei der Slowakei angewandt werden. Smrkovský sei als Präsident der Republik für die Slowakei unannehmbar. Wir würden also reagieren müssen, wenn man unsere Meinung nicht beachte.

Hingegen sei der Vorschlag zur Wahl Svobodas objektiv richtig. Keine politische oder gesellschaftliche Gruppe könne unterstellen, daß die Partei *ihren* Kandidaten vorschlage – er sei der Kandidat des gesamten tschechoslowakischen Volkes sei. Er werde von Kommunisten wie von Nichtkommunisten akzeptiert, von Tschechen wie von Slowaken. In der Slowakei verfüge niemand über soviel Achtung und Ansehen wie Ludvík Svoboda.

Jeder andere Vorschlag würde uns dazu zwingen, Ladislav Novomesky zu nominieren. Wir wollten keinesfalls die Funktion des Präsidenten. Doch wir müßten sie anstreben, wenn die zweite Nation einen anderen Kandidaten nominierte als Svoboda.

Ich verlangte ferner, daß die Parteiführung endlich Maßnahmen gegen wilde Demonstrationen für andere Kandidaten ergreife. In der ganzen Welt werden Vorschläge für das Präsidentenamt von politischen Parteien unterbreitet und nicht von der Straße. Wenn das Zentralkomitee in dieser Frage zurückweichen sollte, dann entstünde die Frage, ob es überhaupt noch in der Lage sei, weitaus gewichtigere gesellschaftliche Probleme zu beherrschen und zu lösen.

Bevor abgestimmt wurde, gab Dubček bekannt, welche weiteren Kaderveränderungen vorbereitet worden seien. Das war taktisch insofern ein guter Schachzug, als dadurch die Rechten versöhnlich gestimmt wurden.

Ich weiß nicht, auf wessen Anregung František Dvorsky, 1. Sekretär der westslowakischen Bezirksorganisation, den Vorschlag unterbreitete, Cestmír Císař zum Sekretär des Zentralkomitees zu wählen, obwohl bekannt war, daß Císař dem Zentralkomitee gar nicht angehörte. Seine spätere Erklärung, er habe damit die Strömung paralysieren wollen, die Císař als Präsidenten wollte, wirkte auf mich nicht sehr überzeugend.

Tagungsleiter Lenárt schlug vor, daß jedes ZK-Mitglied die Person auf den Wahlzettel schreiben könne, die es zu wählen wünsche. Jeder erhielt einen unbeschriebenen, gesiegelten Zettel.

Der Dichter Ivan Skala, den die Wahlkommission zu ihrem Vorsitzenden bestimmt hatte, gab nach Auszählung bekannt, daß 107 gültige Stimmen abgegeben worden seien, davon 105 für Ludvík Svoboda und 2 für Josef Smrkovský, den Minister für Forst- und Wasserwirtschaft.

Die Niederlage Smrkovskýs löste im Plenum sichtlich gute Laune aus. Minister Smrkovský war trotz seiner Bemühungen zur Verbesserung seines Ansehens sehr unpopulär. Viele beeindruckte er zwar mit seiner vermeintlichen Volkstümlichkeit und seinen demagogischen Phrasen, aber jeder vernünftige Mensch sah in ihm einen Intriganten und einen Menschen, der keine Politik, sondern Politikasterei betrieb.

In dieser Atmosphäre einer gewissen Schadenfreude bat Smrkovský ums Wort. Mit gebrochener Stimme forderte er das ZK auf, seine Lage zu begreifen. »Ich habe nur zwei Stimmen bekommen«, schrie er. Damit hätten wir alle ihn in eine unangenehme Situation gebracht. Wenn das unter die Leute käme, lamentierte er, sei er politisch erledigt. Er bitte darum, daß das Zentralkomitee einen Ausweg aus dieser für ihn prekären Situation finde.

Jaromír Dolansky meldete sich. Ob man nicht Dubčeks Vorschlag realisieren könnte, Smrkovský schon auf dieser Tagung zum Mitglied des Präsidiums zu wählen, obwohl er dafür noch nicht die entsprechende Funktion bekleide?

Diesen Vorschlag unterstützte augenblicklich Václav Tomsa, der vordem Smrkovský schon als Präsidentschaftskandidaten vorgeschlagen hatte. Er brachte ein weiteres Argument ein: Er knüpfte an Dvorsky an, der Císař als Sekretär vorgeschlagen hatte. In gleicher Weise solle man auch den zweiten Präsidentschaftskandidaten, also Smrkovský, behandeln. Er schlug zudem vor, daß abends Císař und Smrkovský gemeinsam im Fernsehen auftreten sollten. Das würde das Volk beruhigen.

Mit dem Abstand von Jahren, frei von Emotionen und eigenen Interessen, sind diese Debatten nicht mehr zu verstehen. Es war ein unprofessioneller Jahrmarkt. Politik ohne Prinzipien. Auf jede Albernheit wurde ernsthaft reagiert, weil man meinte, das gehöre zu den neuen demokratischen Spielregeln. Mit Demokratie hatte das allerdings nichts zu tun.

Nicht minder die Drohkulisse, die vor dem Tagungsgebäude aufgezogen wurde. »Delegationen von Werktätigen« aus Prager Betrieben, Schulen und Behörden kamen hinauf zur Prager Burg, ließen einzelne ZK-Mitglieder herausrufen und stellten ihnen Ultimaten, wen sie wählen sollten. Auf dem ersten, zweiten und dritten Vorhof der Prager Burg demonstrierten sechs- bis 15jährige Kinder. Sie besetzten die Freitreppe und riefen »Císař, Císař, wir wollen Císař auf der Burg haben« und ähnliches. Aus dem Land trafen fortgesetzt bestellte Telegramme mit ähnlichen Forderungen ein.

In jedem anderen zivilisierten Land hätte man das als Farce betrachtet. Aber in der Tschechoslowakei galt das als Ausdruck von Freiheit und Demokratie. Die vermeintliche »Stimme des Volkes« war eine Schmierenkomödie. Unerheblich, ob es sich bei den Protagonisten um Verwirrte, Verführte oder Enttäuschte handelte. Unterm Strich handelten diese Menschen, wenn sie denn keine politischen Gegner waren, objektiv gegen ihre eigenen Interessen.

Nach der Billigung des Kandidatenvorschlags für das Präsidentenamt ging die Diskussion chaotisch weiter. Es wurde nicht gefragt, was richtig und vernünftig, was parteifeindlich und schädlich sei oder gar im Widerspruch zum Statut der Partei stünde. Jeder tat so, als würde er den Demokratisierungsprozeß gefährden, wenn er kritisierte oder prinzipell wurde. Es spielten sich groteske Szenen ab, als wäre man in einer Operette und nicht im Zentralkomitee.

František Kriegel zog im Hintergrund die Fäden und verlangte allen Ernstes, daß die zwei, die für Smrkovský gestimmt hatten, ihre Stimmen für ungültig erklärten. Es hatte den Anschein, als zöge die irrationale Atmosphäre, die unter der Schuljugend auf den Burghöfen herrschte, auch in den Spanischen Saal ein.

Die eigentliche Wahl des Präsidenten erfolgte traditionell auf dem dritten Burghof, wo der Präsident nach dem Protokoll auch die Parade der Burgwache abnahm. Danach fand in den Repräsentationsräumen der Prager Burg ein Treffen mit Werktätigen und ein Empfang für geladene Gäste und das diplomatische Korps statt.

Ota Šik wirkte sehr verstört und nervös wie viele andere auch. In einem der Salons, dem sogenannten Habsburger Saal, faßte er mich am Ärmel, zog mich in eine Ecke und wollte mich wortreich überzeugen, daß ich seine Wahl zum Vorsitzenden der Regierung unterstütze. Mir war das peinlich. Persönlich hatte ich keinerlei Vorbehalte ihm gegenüber, im Gegenteil, ich hegte eine bestimmte Achtung, weil er auf der Parteihochschule Politische Ökonomie las und bei einer meiner Jahresarbeiten mein Mentor gewesen war. Er verhielt sich mir gegenüber durchaus freundschaftlich, wie ein Genosse, und bat mich, ihm offen zu sagen, warum ich seine Kandidatur ablehnte. Er wolle alles tun, damit die tschechoslowakische Wirtschaft gesunde.

Das könne er doch auch als Stellvertretender Ministerpräsident, sagte ich. Ich könne nicht verstehen, wieso er es als Beleidigung empfinde, nicht als Premierminister vorgeschlagen worden zu sein.

Stellvertreter sei ihm in der Tat zuwenig, entgegnete er. Er brauche Raum für »geistige Weite«. Ohne »geistige Weite« könne er seine »historische Mission« nicht erfüllen.

Worin diese »historische Mission« konkret bestand, erklärte er mir nicht. Die erkannte ich erst später.

Am 1. April 1968 wurde die Tagung des Zentralkomitee fortgesetzt. Auf dem Programm stand die aktuelle politische Lage in der

Partei und in der Gesellschaft, der Entwurf eines Aktionsprogramms, Vorschläge zur Rehabilitierung von Parteimitgliedern sowie einige Kadervorschläge.

Dubček referierte über die Lage. Er gab ferner bekannt, daß Vasil Bilak, František Barbírek, Josef Smrkovský (der schon gewählt worden war), Lubomír Štrougal und František Kriegel als neue Mitglieder des Präsidiums sowie Ota Šik als Kandidat des Präsidiums des Zentralkomitees vorgeschlagen werden.

Danach sollte Černík die neue Regierung vorstellen.

Ich weiß nicht, ob es Absicht oder Zufall war, daß nach Dubček Jan Piller auftrat, der zum Leiter der Rehabilitierungskommission bestimmt worden war. Die Diskussion, die nach seinem Bericht entbrannte, war heftig und über weite Teile unsachlich. Sie strotzte von gegenseitigen Be- und Anschuldigungen. Fehler und Verfehlungen wurden aufgebauscht, es verloren sich die Maßstäbe. Wie auf einer Projektionswand wechselten gute, schlechte und sehr schlimme Bilder.

Smrkovský verlangte, daß jeder rehabilitiert werden müsse, der sich geschädigt fühle. Ein vollständiger Austausch des politischen Personals und eine Reorganisation des Systems wäre erforderlich. Er erklärte, daß das Tempo der Demokratisierung zwar hoch sei, aber nicht ausreichend. Dies könne nur der Beginn sein. Die nächste Phase der Demokratisierung müsse noch prinzipieller sein und noch tiefer gehen. Er empfahl, jede Organisation, die Bürger zu gründen wünschten, bedingungslos zu genehmigen.

Einwände und nachdenkliche Stimmen wurden sofort von jenen niedergeschrien, die unter der demagogischen Losung der Demokratisierung ihr Diktat und ihre Auffassungen durchsetzen wollten.

Der Staatsrechtler Zdeněk Mlynář, der an der Tagung als Gast teilnahm, weil er dem ZK nicht angehörte, bekam das Wort. Auch er meinte, daß sich unser politische System nicht bewährt habe. Er sei für Sozialismus, doch man müsse ihn vom politischen System trennen. Er verglich alles mit der »westlichen Demokratie«, unterließ es aber zu erwähnen, daß die Bourgeoisie den Kapitalismus auch nicht durch die Abtrennung der Ausbeutung von der gesellschaftlichen Ausgestaltung zu verbessern versucht habe. Weil dies objektiv unmöglich war. Aber Sozialismus sollte unter Verzicht politischer Machtausübung durch eine kommunistische Partei denkbar sein? Absurd.

Mlynář warnte das Zentralkomitee, das Tempo der gesellschaftlichen Veränderungen zu reduzieren, im Klartext: den Antritt der Konterrevolution nicht zu bremsen. Das beste wäre, wenn wir das Tempo erhöhten und die geforderten Veränderungen so rasch wie möglich realisierten. Für die politischen, personellen und ökonomischen Maßnahmen setzte er eine Frist von sechs Wochen.

Das Aberwitzige und Anormale dieser ZK-Tagung wurde allein durch diesen Auftritt deutlich: Ein Gast diktierte der politischen Führung der Partei das Programm ihrer Arbeit!

Als Dubček dem Plenum Kriegel als Mitglied des Präsidiums vorschlug, erklärte dieser, er wolle sich dem Zentralkomitee vorstellen. Dies sollten alle so halten. Jeder solle erfahren: Wer ist wer, welche politischen Standpunkte und Anschauungen vertritt er? Neue Politik, so rief er emphatisch aus, könne man nicht mit alten Leuten machen, man müsse sie auswechseln. Er sei deshalb auch für die sofortige Einberufung eines Parteitages und die Auswechslung des Zentralkomitees. In seltener Bescheidenheit verschwieg er, daß er selbst zu den sogenannten alten Kadern – Jahrgang 1908 – gehörte und sogar einer von Novotnýs Lieblingen war, die aktiv an den Fehlern beteiligt waren, die er jetzt scharf kritisierte.

Während über das »Aktionsprogramm« noch diskutiert wurde, das sie selbst initiiert hatten, trieben die rechtsopportunistischen Kräfte die Entwicklung weiter voran. Das »Aktionsprogramm« – jenes revisionistische Dokument, auf dessen Basis, wenn es denn angenommen worden war, ganz legal die Macht übernommen werden konnte – war für sie offenkundig schon überholt, bevor es überhaupt beschlossen wurde. Sie verlangten die Einberufung eines Parteitages, die Neubesetzung des ZK, sie brauchten die Wahl eines ihm hörigen Parlaments, strebten die Änderung der Verfassung an und beabsichtigten, auf diese Weise den konterrevolutionären Umsturz zu legalisieren. Das ging über das »Aktionsprogramm« hinaus.

Man muß zugestehen, daß die rechtsopportunistischen und antisozialistischen Kräfte nicht nur Marx und Lenin kannten, sondern auch die Methode beherrschten, wie sie mit diesen gegen die marxistisch-leninistischen Kräfte vorgehen konnten. Alles, was nur irgend möglich war, paßten sie ihren eigenen Bedürfnissen an. Sie vertrauten darauf, daß die Arbeiter und Bauern sich nicht auf eine Polemik über Marx und Lenin einlassen würden, und jenen Teil der

Intelligenz, die auf marxistisch-leninistischen Positionen stand, schüchterten sie damit ein.

Von Lenin hatten sie gelernt, daß eine Revolution, die ihren Sieg festigen will, den Staatsapparat zerschlagen müsse. Unter den Bedingungen des Aufbaus des Sozialismus ist die revolutionäre Partei ein neues Phänomen der Gesellschaft, die in der Vergangenheit nichts Vergleichbares kannte. Der Parteiapparat ist ein unverzichtbares Element. Ohne ihn kann revolutionäre Politik nicht realisiert werden. Der Apparat bereitet die Analysen und Schlußfolgerungen vor, kontrolliert die Arbeit der Kommunisten an allen Abschnitten und liefert den gewählten Organen objektive Informationen. Den Apparat zu untergraben bedeutet, die Tätigkeit der gewählten Organe zu untergraben, bedeutet, die führende Rolle der Partei zu schwächen.

Die Rechten wählten die Methode der Skandalisierung und Einschüchterung des Apparates. Sobald es gelang, dessen Tätigkeit zu paralysieren, gab es keine Kraft mehr, die die Kommunisten in der staatlichen Verwaltung, auf wirtschaftlichem Gebiet, in den Gewerkschaften, in der Armee, den Schutz und Sicherheitsorganen, den Gerichten und den Staatsanwaltschaften, in allen Gliederungen des politischen Systems mobilisieren konnte. Die Partei wäre praktisch tot. Die Kommunisten würden sich ins Privatleben zurückziehen. Und: Der Apparat selbst hätte keinen Rückhalt mehr.

Diese Linie wurde ernsthaft verfolgt.

Dubček wollte trotz meiner wiederholten Hinweise davon weder etwas sehen noch hören.

Das war auch auf der Tagung des Zentralkomitees zu spüren.

Weil Kriegel dem ZK der KPTsch freimütig sein politisches Credo vorgetragen hatte, hielt ich es für angezeigt, dem Auditorium auch meine Anschauungen darzulegen.

Ich merkte zu Beginn an, daß auch ich für das Präsidium vorgeschlagen sei. Wenn ich jedoch die Diskussion verfolge, empfände ich keine Freude über diese Kandidatur. »Was bedeutet der hier vorgetragene Vorschlag zur Zerschlagung des politischen Systems? Welches andere politische System soll an seine Stelle treten? Ich gestehe, daß ich zum Beispiel nicht verstehe, was es bedeutet, daß in die Organe ›ganz saubere Leute‹ kommen müßten. Wer ist denn ›ganz sauber‹, wenn er nicht hinter dem Ofen gesessen hat, sondern 30, 25 oder wieviele Jahre politisch aktiv gewesen ist? Und: Wie sollen denn die Mitglieder und Funktionäre viele dieser Reden hier verstehen? Wir müssen uns nicht wundern, wenn Unsicherheit und Angst weiter um sich greifen.

Als wichtigste Aufgabe sehe ich, die Kreisleitungen der Partei zu konsolidieren und ihnen den Rücken zu stärken. Das ist vorerst das Wichtigste, um die Mitgliedschaft bei der Stange zu halten und sie zu orientieren, wogegen zu kämpfen ist und welche Stellung man beziehen muß. Im Apparat hat sich Unsicherheit breitgemacht.

Ich will kein Prophet sein, aber in einem Jahr und einem Tag wird, wenn wir so weitermachen, niemand mehr im Parteiapparat tätig sein wollen. Niemand läßt sich doch freiwillig beschimpfen, beschmutzen und ›abschießen‹, nur weil er für die Partei arbeitet. Wie aber wollen wir ohne Parteiapparat und gewählte Organe die anstehenden Aufgaben erfüllen? Man muß keinen Parteitag einberufen, wenn wir an die Schaltstellen junge, durch nichts belastete Leute setzen wollen. Fassen wir also den Beschluß, daß das Zentralkomitee dem Hochschulausschuß die Macht übergibt und fertig!«, erklärte ich sarkastisch.

»Wir werfen fortgesetzt neue Probleme auf und denken überhaupt nicht darüber nach, wie und bis wann wir sie zu lösen vermögen. Angeblich tun wir das alles für die Gesundung der Partei. Doch wie geschieht es? Es kommt mir so vor, als würden wir einem Kranken, der vielleicht ein Jahr zur Genesung brauchte, alle Medizin im Verlaufe eines Monats verabreichen.

Es heißt, wir müssen Klement Gottwald neu bewerten. Und zwar gleich. Haben wir nichts Dringenderes auf der Tagesordnung, als Klement Gottwald und sein Wirken neu einzuschätzen? Und um die Freundschaft mit der Sowjetunion zu festigen, müssen wir die Genossen in Moskau auffordern, uns als erstes in die Archive zu lassen, um zu erforschen, wann, wo, wie und warum sie in unsere Probleme eingegriffen haben. Diejenigen, die das vorschlagen, wissen sehr wohl, daß solche Unterlagen kaum existieren dürften. Aber sie wollen die Diskussion darüber entfachen. Wem hilft denn das?

Es wächst der moralische und geistige Terror gegen die Kommunisten. Die tagtägliche Praxis zeigt, daß niemand anders als die Kommunisten kritisiert werden. Alle vor uns und neben uns waren Gutmenschen, nur die Kommunisten waren und sind schlecht. Meine Auffassung ist, daß der ganze Prozeß der Auseinandersetzung über die Fehler der Vergangenheit nur mit den Kommunisten und nicht gegen die Kommunisten möglich und nötig ist.

Wir, die Mitglieder des Zentralkomitees, können abtreten, uns kann man ersetzen – aber die Parteimitglieder an der Basis können nicht ab- und zurücktreten. Vor allem jedoch: Es kann sie niemand ersetzen.

Es existiert das Bestreben, diejenigen zu verurteilen, die im Januar im Rahmen der sogenannten Demokratisierungswelle anderer Auffassung waren und dies auch offen aussprachen. Als nächstes wird man eprüfen, wie sich dieser und jener in den Jahren 1963/64, im Jahre 1950 und schließlich in der Periode der Kollektivierung verhalten hat. Danach kommt die Forderung auf den Tisch, den Februar 1948 umzubewerten und anschließend die Klärung der Frage, wie sich die Kommunisten im Widerstand und in der Republik vor dem Münchner Abkommen verhalten haben, und daß sie gegen den ›Masaryk-Humanismus‹ gekämpft haben.

Das Ergebnis wird darin bestehen, daß der Kommunistischen Partei der Tschechoslowakei attestiert werden wird, nicht regierungsfähig zu sein und daß man eine andere Partei finden müsse. Ich weiß nicht, ob unsere Partei zu der Schlußfolgerung gelangt, daß es besser wäre, die politische Macht irgendeiner anderen politischen Kraft zu übergeben, unter deren Führung dann die sozialistische Gesellschaft aufgebaut werden sollte. Ich hoffe nicht.

Wo sind wir eigentlich hingeraten? Ein Direktor, der Arbeitsdisziplin verlangt, wird verleumdet. Es reicht, im Rundfunk, im Fernsehen oder in einer Zeitungsredaktion anzurufen, Beschuldigungen auszusprechen, die veröffentlicht werden, und der Direktor kann seine Siebensachen packen, auch wenn er vom Zentralkomitee oder der Regierung in seine Funktion berufen wurde.

Schon möglich, daß übermorgen eine Gruppe im Präsidium der Regierung zusammentritt und der neu konstituierten Regierung das Mißtrauen ausspricht. Und das wird man wahrscheinlich respektieren müssen, weil das angeblich der Wille des Volkes sei.

Dabei kann es ohne demokratischen Zentralismus keine Demokratie geben. Aber leider wollen wir nicht einmal mehr das respektieren. Wir verhandeln schon den fünften Tag. Wir können noch eine Woche diskutieren oder auch zwei. Aber vergessen wir bitte nicht, daß draußen sich die Ereignisse ohne uns entwickeln. Wenn wir keine Generäle ohne Armee, ohne Truppen sein wollen, dann denke ich, daß man jetzt Schluß machen und an seinen Arbeitsplatz gehen muß.

Ich war überzeugt, daß Genosse Dubček eine Stellungnahme zur politischen Lage und zum Aktionsprogramm abgeben werde und wir dazu eine seriöse Aussprache führen würden, ob das Dargelegte das ist, was wir wollen oder nicht, und daß das Präsidium des ZK der KPTsch zusammengestellt und die Regierung ergänzt wird, und wir davoneilen werden, um das den Menschen im Lande zu erklären. Aber wie man sieht: Es palavert sich hier besser, als den Leuten etwas zu erläutern. Manche Genossen wollen diskutieren. Ich bin nicht dagegen, aber ich bitte das Plenum, denjenigen Genossen des ZK der KPTsch, die zugleich Mitglieder des Präsidiums des Zentralkomitees der KPS sind, zu erlauben, daß sie die Tagung verlassen dürfen, weil es erforderlich ist, daß das Präsidium des ZK der KPS in Bratislava präsent ist. Die Dinge entwickeln sich nämlich nicht gut, und die lange Diskussion deutet darauf hin, daß das Zentralkomitee es nicht fertigbringen wird, zu vernünftigen Schlußfolgerungen zu gelangen. Es treffen Telegramme ein, es werden große Arbeiterversammlungen einberufen, und es gibt niemanden, der ihnen etwas erklärt.«

Entweder war meine kurze Rede mit einem gewissen Pathos vorgetragen oder sie war argumentativ überzeugend – ich wurde jedenfalls mit stürmischem Beifall verabschiedet. Ich glaube, daß sie die weitere Diskussion beträchtlich beeinflußt hat. Letzten Endes wurden am fünften Tag verschiedene Beschlüsse gefaßt. Darunter waren gute, weniger gute und auch schlechte Beschlüsse.

Es wurde zum Beispiel beschlossen, die Kommunalwahlen zu verlegen. Es wurden die Parteiausschlüsse der Schriftsteller Ivan Klíma, A. J. Liehm und Ludvík Vaculík aufgehoben, die Parteistrafe Pavel Kohouts gelöscht und das Disziplinarverfahren gegen Milan Kundera eingestellt.

Der Kampf um die Durchsetzung Ota Siks als Mitglied des Präsidiums lief sowohl offen als auch verdeckt. Libuse Hrdinová erklärte, sofern wir gegen die Kumulation von Funktionen seien, sollte man Šik ins Präsidiums wählen und nicht als Stellvertretenden Ministerpräsidenten berufen.

Dubček schlug dem Zentralkomitee vor zu entscheiden, ob Šik Mitglied des Präsidiums werden solle oder nicht.

In einer geheimen Wahl bekam Šik allerdings nur zehn Stimmen. Das war für alle politischen Flügel eine Überraschung.

Die Mitglieder des Präsidiums wurden ebenfalls geheim gewählt.

Von 103 anwesenden ZK-Mitgliedern bekamen Dubček und ich alle Stimmen. Dieses hundertprozentige Votum überraschte mich. Ich hätte nicht geglaubt, daß die rechten Elemente nach meinem Redebeitrag für mich stimmen würden.

Smrkovský bekam 18 und Kriegel 30 Gegenstimmen.

Die rechtsopportunistischen und antisozialistischen Kräfte hatten jedoch zuvor den Grundsatz durchgesetzt, daß jemand, der bei einer Wahl nicht 80 Prozent der Stimmen erhielte, die Funktion nicht annehmen sollte, schließlich habe er nachweislich nicht das Vertrauen der überwiegenden Mehrheit erhalten. Eine solche 80 Prozent-Hürde gab es in keiner Partei und in keinem Land der Welt. Gut. Kriegel hatte also nur 71 Prozent Zustimmung erfahren. Doch es fiel ihm nicht ein, sich an das von ihm durchgesetzte Prinzip zu halten. Einschränkungen galten offenkundig nur für die anderen. Er nahm die Wahl an.

Am sechsten Verhandlungstag wurde die Diskussion zu politischen Dokumenten fortgesetzt und verschiedene Kader- und Organisationsfragen beschlossen.

Die weitere Entwicklung bestätigte, daß das Plenum des ZK der KPTsch keine der vordringlichsten Aufgaben gelöst hatte.

Die Entwicklungsrichtung wurde nicht durch das Präsidium des ZK der KPTsch oder die neue Regierung, sondern durch den sich formierenden Block der rechtsopportunistischen und konterrevolutionären Kräfte vorgegeben. Aus den einzelnen Beschlüssen, die vom Zentralkomitee gefaßt worden waren, wurde nur das herausgenommen, was den rechtsopportunistischen Kräften zur Erreichung ihrer Ziele in den Kram paßte.

Mit der Ergänzung des Präsidiums des Zentralkomitees durch Smrkovský und Kriegel hatten die Rechten ihre Positionen gestärkt, wenngleich sie es nicht vermochten, Šik als Regierungschef durchzusetzen. Darum begann das Ringen um Černík, den sie auf ihre Seite ziehen wollten.

Dubček hatten sie bereits sicher, indem sie ihm schmeichelten, ihn lobten, hofierten. Öffentlich feierten sie ihn als sozialistischen Messias, als einen Menschen, der neue Wege zu einem besseren, gerechteren, demokratischen, menschlichen Sozialismus entdeckt habe.

Doch sie setzten nicht nur das Zuckerbrot, sondern auch die Peitsche ein. Sie gaben ihm zu verstehen, daß sie ihn in der Hand hätten und der öffentlichen Vernichtung überstellen könnten. Und

Dubček fürchtete nichts so sehr wie die Medien, vor diesen hatte er geradezu panische Angst. Das Druckmittel war simpel: die sogenannten Novotný-Umschläge. Der vormalige Staats- und Parteichef hatte sich verschiedene Personen gewogen gemacht, indem er ihnen größere Beträge hatte zukommen lassen, darunter auch Alexander Dubček. Dieser hatte von ihm über eine halbe Millionen Kronen erhalten.

Auch Černík wurde in gleicher Weise umworben.

Hinzu kam, daß dieser durchaus begriff, daß Dubček unfähig dazu war, Partei und Gesellschaft aus der Krise führen wird. Und vielleicht spekulierte er darauf, ihn unter Umständen zu beerben.

Trotzdem war ich überzeugt, daß man um Dubček und Černík kämpfen müsse. Weil ich aber in der Slowakei arbeitete und beide höchstens einmal in der Woche sah, war mein Einfluß minimal.

Zudem mußte ich mich selbst wachsender Angriffe auf meine Person und auf die KPS erwehren. Von Prag wurde eine Kampagne initiiert. Bratislava würde den Erneuerungsprozeß bremsen, hieß es. Mit solchen Parolen stifteten sie Unruhe im Land.

Die Angriffe insbesondere in den Medien auf den Sozialismus, auf die Sowjetunion, auf das Bündnis mit den Bruderparteien wurden immer dreister. Es mehrten sich die Stimmen, die die Schaffung einer neuen revoluionären Arbeiterpartei verlangten, weil die regierenden Kommunisten unfähig seien. Damit meinte man jedoch die Reanimierung einer sozialdemokratischen Partei. Und Leute wie Šik redeten in Fernsehsendungen der tschechoslowakischen Öffentlichkeit ein, daß die schweren wirtschaftlichen Probleme der Tschechoslowakei nur mit Dollarkrediten aus dem Westen zu lösen seien. Nicht eigene Anstrengungen, Arbeitsdisziplin und wissenschaftlich-technischer Fortschritt, Partei- und Staatsdisziplin, sollten uns retten, sondern ein Kredit von einer halben Milliarde Dollar.

Die Tschechoslowakei erzeugte ein Nationaleinkommen von umgerechnet 20 Milliarden Dollar jährlich. Sollten mit den 500 Millionen Dollar etwa Maschinen oder Fabrikanlagen auf dem internationalen Markt gekauft werden, um unsere Arbeitsproduktivität zu erhöhen und langfristig damit das Nationaleinkommen? Nein, wir sollten Schulden machen, um Konsumgüter aus den USA und aus der BRD zu importieren. In Frankreich sollten hauptsächlich Damenwäsche und Kosmetika gekauft werden.

Damit, so die ein wenig kurzschlüssige Annahme, sollte das Binnenangebot verbessert werden, was die Massen gewogener stimmen würde. Man glaubte, dadurch Wohlverhalten und Unterstützung für die Politik der Partei zu gewinnen.

Das war lächerlich.

Dubček kam mit dem Vorschlag, daß wir den Kredit zuerst von der Sowjetunion in Goldrubeln fordern sollten. Und wenn ihn die Sowjetunion ablehnte, hätte wir Grund, uns an die USA um Hilfe zu wenden. – Bis heute finde ich kein treffenderes Wort zur Charakterisierung dieser Überlegung als Heimtücke. Sie aber nannten das »Sozialismus mit menschlichem Antlitz«.

Die nachfolgenden Bezirksparteikonferenzen offenbarten, daß alle Verlautbarungen über die Einheit der Partei und deren segensreiches Wirken nur Phrase war. Doch trotz der Meinungsmache in den Medien regte sich auf den Konferenzen auch Widerstand. Offen wurden Presse, Rundfunk und Fernsehen dafür kritisiert, daß sie auf Angriffe gegen die Partei, den Sozialismus und die Sowjetunion nicht oder wenn, dann mit Verspätung, reagierten. Delegierte fragten, warum es die Parteiführung dulde, daß verdiente Mitglieder verleumdet und Personen öffentlich verunglimpft würden.

Die Rechtsopportunisten reagierten auf den Gegenwind mit Kritik und versuchten diese mit Demagogie zu übertönen. Die Prager Parteiorganisation verkündete auf ihrer Konferenz, daß sie das Aprilplenum des ZK der KPTsch als Beginn einer neue Etappe der Demokratisierung betrachte. Und um die kritischen Einwände der Basis abzuwerten, hieß es, die Arbeiterklasse sei passiv und deshalb unfähig, an der Spitze des Aufbaus der »neuen Ordnung« zu stehen. Sie habe sich bisher nicht an der Erneuerung der Partei und des Sozialismus beteiligt und werde es darum auch künftig nicht tun.

Die Rechten erzwangen die Legalisierung der sogenannten horizontalen Information, was in der Praxis bedeutete, daß die Verbreitung von Lügen, Falschmeldungen und Erfindungen erlaubt wurde und ohne Folgen blieb. Ohne Zustimmung des Zentralkomitees wurde begonnen, den Austausch von Informationen auf den Ebenen der Kreis- und Bezirksleitungen zu organisieren. Gegen eine solche Kommunikation innerhalb der Partei war nichts einzuwenden. Gleichwohl diente dieser Schritt der weiteren Marginalisierung der gewählten Führungsgremien, der demokratische Zentralismus wurde auf diese Weise ausgehebelt.

Wie Pilze nach dem Regen schossen verschiedene antisozialistische Gruppierungen aus dem Boden, auch politische Parteien formierten sich, die sich in die gesellschaftlichen Belange einschalteten. Zugleich wurde von den Grundorganisationen der KP verlangt, daß sie sich genau dessen enthalten sollten. Nicht einmal Probleme am Arbeitsplatz hätte sie zu lösen, das sei nicht ihre Aufgabe.

Die Stadtleitung Prag der KPTsch hingegen maßte sich das Recht an, über Fragen zu entscheiden, die die gesamte Partei und den Staat betrafen. Sie beschloß, für einen Außerordentlichen Parteitag aktiv zu werden – was den Beschlüssen des Aprilplenums des Zentralkomitees widersprach. Sie entsandte Beauftragte zu Bezirksdelegiertenkonferenzen. Trotz dieser Bemühungen gelang es lediglich, die Prager Delegiertenkonferenz und die von Südmähren für dieses Vorhaben zu gewinnen.

Die anderen Konferenzen forderten lediglich, die Vorbereitung des XIV. Parteitags zu forcieren und diesen vorzuziehen.

Das ZK der KP der Slowakei sprach sich eindeutig gegen einen Außerordentlichen Parteitag aus. Auf der Bezirksdelegiertenkonferenz der Ostslowakei war Dubček anwesend, der über das Votum der Prager Stadtdelegiertenkonferenz informiert war. Er unterließ es jedoch, diese grobe Verletzung der Parteidisziplin zu verurteilen und vertrat den opportunistischen Standpunkt, daß das Präsidium des ZK der KPTsch über die Einberufung eines ordentlichen oder eines außerordentlichen Parteitages entscheiden solle.

Aber nicht nur die Partei lief aus dem Ruder. Auch die staatliche Ordnung geriet zusehends aus den Fugen. Die Schutz- und Sicherheitsorgane wurden lächerlich gemacht, die geltenden Gesetze kaum noch durchgesetzt: Man konnte ohne gültige Papiere nach Österreich und in die BRD reisen. Anarchie begann sich auszubreiten. Das war die logische Folge der öffentlichen Debatte, in der nichts mehr heilig war. Alles wurde unter dem Vorwand der kritischen Auseinandersetzung letztlich zur Disposition gestellt.

Viele verließen, um nicht länger öffentlichen Angriffen ausgesetzt zu sein, die Miliz, die Staatssicherheit, den Strafvollzug und die anderen mit der Durchsetzung der staatlichen Ordnung befaßten Organe. Dadurch wurde diese weiter geschwächt. Selbst ethnische Konflikte, die längst überwunden waren, brachen wieder auf.

Ende März 1968 konstituierten ehemalige Häftlinge die Organisation »K 231«. Nach der Gründungsversammlung hielten sie eine Pressekonferenz ab, zu der viele ausländische Korrespondenten erschienen. Es präsentierten sich dort verschiedene staatsfeindliche und kriminelle Elemente. Ausgerechnet sie wollten die Erneuerung der Republik voranbringen! Zum Sekretär vom »K 231« wurde Jaroslav Brodsky gewählt, ein Mann mit faschistischem Hintergrund, der mit dem Satz zitiert wurde: »Jeden guten Kommunisten muß man an den Beinchen zu fassen kriegen und sie ihm herausreißen.« Otakar Rambousek, Radovan Procházka, Josef Cech, Antonín Roubek und weitere Mitglieder, angeblich alles Erneuerer des Sozialismus, standen nachgewiesermaßen auf den Honorarlisten westlicher Nachrichtendienste. Otakar Rambousek beispielsweise war 1948 nach Westdeutschland geflohen und im Juni 1949 als Jiří Malina im Auftrag des amerikanischen Geheimdienstes zurückgekehrt. Im November 1949 wurde er von unseren Sicherheitsorganen enttarnt, verhaftet und anschließend verurteilt.

Zu einem Treffen von »K 231« in Ostrava kamen 1.400 ehemalige Strafgefangene und Interessierte. Sie forderten die Aufhebung aller Urteile, die nach dem Februar 1948 gefällt worden waren: Kriminelle, Schmuggler und Spione sollten freigesprochen werden. Ferner verlangte man, daß jene, die nach dem Februar 1948 das Land verlassen hatten, um sich einer möglichen Bestrafung zu entziehen und dort oft Verrat begingen, straffrei zurückkehren dürften.

In Hradec Kralove erhob bei einer Zusammenkunft von »K 231« der Mediziner Dr. Smid erstmals auch territoriale Forderungen gegenüber der Sowjetunion. Sodann verlangte er Entschädigungen für alle Inhaftierten und daß »K 231« sich mit eigenen Listen an den kommenden Wahlen beteiligen sollte.

In der Slowakei war eine ähnliche Vereinigung entstanden, die sich »Organisation zum Schutz der Menschenrechte« nannte. Ihre Ziele glichen denen von »K 231«. Ihre Wortführer waren Jaroslav Fabák sowie Vojtich Ceresna, einst Mitglied der Hlinka-Garden, nunmehr Agent der US-Spionageorganisation CIC. (Die »Volkspartei« von Andrej Hlinka war von 1939 bis 1945 Regierungspartei des mit Deutschland paktierenden faschistischen Tiso-Regimes.)

Im Rahmen der Korrektur »alter Fehler« wurde Milan Hübl Rektor der Politischen Hochschule der KPTsch, der es gestattete, in Hörsälen der Parteihochschule Kruzifixe aufzuhängen. Er, und nicht nur er, vertrat die Auffassung, daß diese Einrichtung aus der Vormundschaft des Zentralkomitees befreit werden sollte.

Ähnliche Forderungen wurden auch in bezug auf das Zentralorgan *Rudé Právo* erhoben. Die Zeitung sollte nicht mehr Organ des ZK sein, sondern »der ganzen Partei«.

Es wurden kaum noch Mitgliederversammlungen durchgeführt, dafür »Abende der Fragen und Antworten«. Nach dem Aprilplenum des Zentralkomitees betrug die Teilnahme an Mitgliederversammlungen in den tschechischen Bezirken um die 50, in der Slowakei 80 Prozent.

Angriffe richteten sich auf die Revolutionäre Gewerkschaftsbewegung und den Jugendverband. Es tauchten große Mengen im Westen gedruckter staatsfeindlicher Flugblätter auf. Parteimitglieder erhielten Drohbriefe. In Karlovy Vary wurde ein Treffen der Sudetendeutschen vorbereitet. Auch die Kirche meldete sich zu Wort. Sie forderte die Zahl der Theologen zu erhöhen, den personellen Ausbau der Klöster, Kirchenneubauten und Rückgabe von früheren Kircheneigentum, die Einführung von Religionsunterricht an den staatlichen Schulen und kirchliche Kinder- und Jugendorganisationen. Geistliche hingegen, die sich gegenüber dem sozialistischen Staat loyal verhielten, wurden gemaßregelt.

Nach Zerschlagung des Tschechoslowakischen Jugendverbandes CSM wurde begonnen, Organisationen wie *Junák* und *Scouts,* die sich der Tradition bürgerlicher Vereine aus der Zeit vor 1937 verpflichtet fühlten, zu reanimieren. In manchen Einheiten der Tschechoslowakischen Volksarmee wurden die CSM-Organisationen aufgelöst und durch sogenannte Jugendligen ersetzt. Sie sollten ihren Part beim Untergraben der militärischen Disziplin spielen.

Die rechtsopportunistischen Kräfte und der sich formierende konterrevolutionäre Block setzten große Hoffnungen in die Erneuerung der sogenannten zweiten Arbeiterpartei, der sozialdemokratischen Partei. Ansätze zur Bildung einer Zentrale und von Kreisleitungen waren schon erfolgt, und einige Mitglieder der Führung der KPTsch signalisierten, wann die »Konkurrenz« an die Öffentlichkeit gehen sollte. Die Sozialdemokraten selbst sicherten zu, mit ihrer Konstituierung als Partei bis zum Außerordentlichen Parteitag der KPTsch warten zu wollen, womit man – keineswegs unbeabsichtigt – objektiv Druck ausübte. Im Gebäude des ZK der KPTsch wurde ein Raum zur Verfügung gestellt, wo Konsultationen von Präsidiumsmitgliedern und Sozialdemokraten erfolgen konnten.

Der April 1968 war ein Monat chaotischen Denkens und Handelns der KP der Tschechoslowakei, ein Monat ständigen Zurückweichens, eine Zeit der Einschüchterung und Verängstigung ehrlicher Kommunisten und wachsender Dreistigkeit der »Erneuerer«. Jeder wartete auf irgendein Wunder: die Rechtsopportunisten, um die Tschechoslowakei mit einem Schlag aus der sozialistischen Gemeinschaft herauszureißen zu können, die marxistisch-leninistischen Kräfte in der Partei und Millionen von Bürgern, daß sich die Partei- und Staatsführung besinne und der Demontage der Partei und des sozialistischen Staates endlich Einhalt gebiete.

Gewisse Hoffnungen knüpften sich an die Maifeierlichkeiten. Die Rechtsopportunisten verlangten »ein neues Herangehen an die Feiern des 1. Mai«. Die Partei sollte nicht die Arbeiterklasse und die Werktätigen für eine Manifestation mobilisieren, sondern diese sollten spontan demonstrieren und dabei bezeugen, ob sie die Politik der Partei unterstützten oder diese ablehnte.

Doch die Rechtsopportunisten überließen nichts dem Zufall und der Spontaneität der Massen.

Der 1. Mai verlief in Prag im wesentlichen unter der Regie der rechten und antisozialistischen Kräfte. Man feierte Dubček als den Politiker mit der unbefleckten Weste und den sauberen Händen. In eindrucksvollen Szenen wurde ihm von erklärten Feinde des Sozialismus gehuldigt. Dubček war zum Symbol geworden. Nicht der KPTsch, sondern der »Dubček-Partei«. Ihm zu Ehren wurden Hörnchen gebacken und Heilige Messen gelesen. In der Presse hieß es, daß selbst der Heilige Vater in Rom für ihn bete und seinem Wirken Erfolg wünsche.

Ich glaube, man nannte das in anderem Zusammenhang Personenkult.

Ein Erpressungsversuch

Am 3. Mai, einem Mittwoch, rief mich Dubček an, ich werde mit nach Moskau fliegen. Ich fragte: wie lange? Er sagte: einen Tag. Ich erkundigte mich nach dem Grund des Besuches und der Zusammensetzung der Delegation. Er, Černík, Smrkovský und ich. Der Zweck der Reise sei die Übernahme eines Kredits von einer halben Milliarde Goldrubel. Er versicherte mir, daß dafür ein Tag ausreiche, alles sei mehr oder weniger fertig. Der Besuch sei eigentlich nur eine Formalität. Den Kredit bekämen wir, aber damit es nicht so aussähe, daß ihn die Sowjets von sich aus gewährten, führe eine Delegation nach Moskau, die ihn in Verhandlungen besorgte.

Seine unbekümmerte Stimme am Telefon kam mir so vor, als genüge es, einen Koffer mitzunehmen, um die halbe Milliarde einzusacken.

Am Donnerstagnachmittag, dem 4. Mai, flogen wir nach Moskau. Nach der Begrüßung auf dem Flugplatz, wo wir von Breshnew, Podgorny, Kossygin, Suslow und anderen empfangen wurden, nahmen wir das Abendessen allein ein. Am zweiten Tag morgens, d. h. am 5. Mai, begannen die Verhandlungen im Zentralkomitee. Daran nahmen auf sowjetische Seite Breshnew, Podgorny, Kossygin, Katuschew und Russakow teil.

Ich weiß nicht, ob eine stenografische Niederschrift existiert. Wahrscheinlich nicht, denn es waren keine Stenografen von unserer noch von sowjetischer Seite zugegen. Aber selbst wenn eine Niederschrift existierte, dürfte sie die Atmosphäre kaum wiedergeben.

Schon die Begrüßung auf dem Flugplatz machte mir bewußt, daß die Sache keineswegs so klar und einfach war, wie es Dubček angekündigt hatte. Die Frage an ihn, was uns nach Moskau führe, bestätigte, daß er mir gegenüber geblufft hatte und offenkundig Hasard spielte.

Dubček begann die Verhandlungen wie gewohnt. Er beschwor unsere Treue zum Sozialismus und zur Freundschaft mit der Sowjetunion. Ziemlich breit führte er aus, daß wir unsere innenpolitischen Probleme nur unter der Voraussetzung bewältigen könnten, wenn wir die wirtschaftliche Lage verbesserten. Die Schwierigkeiten sehe er jedoch nicht in der Produktion und im Niedergang der Arbeitsdisziplin. Das Hauptproblem bestünde darin, daß wir nicht ausreichend Konsumgüter anbieten könnten. Vor allem fehle es an modischen Waren. Und er wiederholte Siks Forderung, wir müßten im Westen Konsumgüter einkaufen. Dazu benötigten wir dringend eine halbe Milliarde Goldrubel.

Ich schaute aufmerksam in die Gesichter der sowjetischen Genossen. Es kam mir vor, als hörten sie von diesem Anliegen zum erste Mal oder sie taten so, als ob sie nicht richtig verstanden hätten.

Breshnew fragte Černík, ob er etwas hinzufügen wolle.

Černík begann mit Zahlen zu jonglieren.

Die sowjetischen Genossen gaben sich erstaunt. Man habe, als die Bitte um ein Treffen aus Prag gekommen sei, angenommen, daß wir uns mit ihnen über die politische Lage in der Tschechoslowakei verständigen wollten und wie der Konterrevolution Einhalt geboten werden könne. Die Frage eines Kredits halte er für zweitrangig, erklärte Breshnew. Diplomatisch-höflich gab er uns zu verstehen, daß er nicht verstünde, warum wir ihn damit behelligten. Ihn interessiere viel mehr, warum wir vor den konterrevolutionären Kräften zurückwichen und den Sozialismus nicht verteidigten.

Dann trug er Tatsachen vor, die uns vor Augen führten, was die antisozialistischen Kräfte in der Tschechoslowakei bereits erreicht hatten: wie weit ihre Verbindungen in die feindlichen Zentralen im Westen reichten, wieviele Offiziere der NATO und Vertreter von Spionagezentren die Tschechoslowakei als Touristen besuchten, wie sie sich verhielten und was sie alles in der Tschechoslowakei unternähmen. Er nannte uns sogar die Zahl der Betten, die die Sudetendeutschen für ihr Treffen in Karlovy Vary bereits gebucht hatten.

Leonid Breshnew legte Fakten um Fakten vor.

Nicht nur ich, der in Bratislava lebte, auch Dubček, Černík und Smrkovský aus Prag wußten kaum derart viele Details und vermochten etwas Nennenswertes zu entgegen. (Nach unserer Rückkehr gingen wir diesen Fragen nach. Die Aussagen Breshnews wurden in vollem Umfang bestätigt.)

Kossygin bestach durch sehr logisches Denken. Sein Argumente und polemischen Anmerkungen waren so überzeugend, daß sie sich nicht widerlegen ließen. Als umstellte er uns mit festen Quadern, denen man nicht entrinnen kann. Er blieb dabei ruhig, hob nicht einmal die Stimme, stellte allenfalls Fragen, und sobald die Anwort ausblieb, beantwortete er sie selbst.

»Gut, ihr wollt einen Kredit. Ihr seht das als das Hauptproblem eurer gegenwärtigen Lage. Wofür braucht ihr den Kredit? Das muß man doch in jedem Falle einem Kreditgeber begründen. Auch wenn ihr in eine Bank geht, um einen Kredit zu bekommen, wird man euch fragen, wozu ihr das Geld verwenden wollt.

Ihr müßt auch bedenken, daß ein Kredit nach einer bestimmten Zeit zurückzuzahlen ist. Wenn ihr einen Kredit unzweckmäßig einsetzt, dann werdet ihr nur für kurze Zeit die Lage aufbessern, aber auf lange Sicht wird sich eure Lage verschlimmern.

Ihr sagt, daß ihr den Kredit für Konsumgüter, Damenwäsche und französisches Parfüm einsetzen wollt. Parfüms verbrauchen sich, Büstenhalter tragen sich ab und der Kredit muß getilgt werden. Wovon wollt ihr ihn zurückzahlen? Wäre es nicht vorteilhafter, kauftet ihr – entweder allein oder mit uns gemeinsam – Lizenzen oder Maschinen, um die benötigten Konsumgüter zu produzieren? Die Produkte könnt ihr im Inland und an uns verkaufen und damit gleichzeitig den Kredit tilgen. Andernfalls werdet ihr nach einem halben Jahr nichts als Schulden haben. Die Autorität der Partei wird dahin sein, ihr werden nicht einmal mehr das Vertrauen der Bevölkerung haben, denn die läßt sich weder durch einmalige Maßnahmen noch mit Unterwäsche und Parfüm aus Frankreich kaufen.«

Die Gespräche dauerten lange, es gab keine Pause und kein Mittagessen. Smrkovský, der sich ebenfalls äußerte, anerkannte die Argumente, die Breshnew, Podgorny und Kossygin vorgetragen hatten und bat darum, uns mit Verständnis zu behandeln. Er versprach hoch und heilig, daß binnen zwei Monaten die Probleme in der Tschechoslowakei zur vollen Zufriedenheit gelöst und die Konterrevolution gezähmt sei, wenn sie uns den Kredit gäben.

Es war klar, daß auch ich mich äußern mußte, obwohl ich mich auf diese Verhandlung nicht vorbereitet hatte.

Ich sprach so, wie ich die Lage in der Slowakei einschätzte und wie ich sie im gesamtstaatlichen Maßstab sah, hauptsächlich, was sich in Prag abspielte. Ich habe nichts beschönigt, nichts vertuscht und nichts dramatisiert. Ich habe so gesprochen, wie man mit Freunden, mit Genossen redet. Ich dachte mir, das sei das Nützlichste für uns und für unsere gemeinsame Situation.

Nach meinen Ausführungen trat eine kurze Pause ein. Die sowjetischen Genossen erklärten, daß sie sich beraten wollten. Ungefähr nach einer Viertelstunde ging es weiter.

Breshnew gab bekannt, daß sie den bisherigen Verlauf der Verhandlungen eingeschätzt hätten und konstatieren müßten, daß sie »nur mit dem Auftreten und der Analyse des Genossen Bilak einverstanden sind«. Nur er sei ehrlich auf die tatsächliche Lage eingegangen.

Breshnew erklärte weiter, daß sie bereit seien, uns einen Kredit zu geben, aber erst, wenn wir zu Hause beginnen würden, Ordnung zu schaffen, wenn sie also Ergebnisse unserer Versprechen sehen könnten. »Einen Beitrag zur Konterrevolution zu leisten lehnen wir ab!«, sagte er.

Das war hart, aber richtig.

Nach dieser Erklärung begann die Debatte von vorn. Dubček, Černík und Smrkovský räumten zwar ein, daß es in der Tschechoslowakei konterrevolutionäre Elemente gäbe, aber sie wären beherrschbar. Das einzige Hindernis, das uns im Wege stehe, sei unser Markt und die Versorgungslage.

Dann kam ein sowjetischer Genosse in den Tagungsraum und flüsterte Dubček etwas ins Ohr. Der stand wortlos auf und verließ den Raum. Nach einigen Minuten kehrte er zurück. Er war sichtlich blaß. Breshnew fragte, was los sei.

Aufgeregt berichtete Dubček von einem Anruf aus Prag. Ihm sei mitgeteilt worden, daß in unserem Flugzeug, das hier in Moskau auf uns warte, manipuliert worden sei. Man habe die Navigationsinstrumente so präpariert, daß wir bei unserem Rückflug vor Prag abstürzen sollten. Ein Terroranschlag also.

Wir erstarrten.

Und das aus unterschiedlichen Gründen.

Wer sollte da ein Attentat geplant haben? Und warum? Eigentlich war es eine Beleidigung der sowjetischen Seite, denn die nahm es mit der Sicherheit nun wirklich sehr genau. Und wenn man unterstellte, daß Moskau selbst diesen Gedanken hatte, mußte man den Planern offenkundig auch Dummheit nachsagen.

Und wieso wußte man das in Prag, aber nicht hier?

Nein, für mich war klar, daß das wieder eine Finte war, um Mißtrauen zu säen und auch um Dubček einzuschüchtern. Der hätte das sich selbst denken können und darum schweigen sollen.

Doch er schwang sich in die Rolle des Märtyrers, weil er offensichtlich dem Anruf Glauben schenkte.

Breshnew erblaßte noch stärker als Dubček. Es dauerte eine Weile, bis er sich wieder in der Gewalt hatte. Was habe das zu bedeuten?, fragte er. Und persönlich werdend: »Haltet ihr mich etwa für einen Terroristen?«

Diese Szene war schwer zu beschreiben. Es war so, als hätte während eines Festessens jemand den gedeckten Tisch umgestoßen. Dubčeks Auftritt machte jede weitere Diskussion unmöglich.

Das Treffen endete ergebnislos.

Aus Sicherheitsgründen flogen wir erst am nächsten Tag, obwohl wir alle wußten, daß die »Information« über den Sabotageakt ein gemeines Hirngespinst war.

Vor unserer Abreise kamen Breshnew, Kossygin, Podgorny und Suslow zum Gästehaus in den Leninbergen, wo wir untergebracht waren. Beim Frühstück und während des Spaziergangs im Garten sprachen wir über verschiedene Fragen. Worüber Breshnew mit Dubček geredet hat, weiß ich nicht, und ich habe ihn auch nie danach gefragt. Ich erkundigte mich auch nicht nach dem Inhalt der Gespräche zwischen Kossygin und Černík sowie zwischen Podgorny und Smrkovský.

Ich kann nur wiedergeben, worüber ich mit Suslow gesprochen habe. Er sprach über die Gefahren, die der Tschechoslowakei drohten, und über die Anstrengungen des Westens, die Tschechoslowakei aus der sozialistischen Gemeinschaft herauszureißen. Er meinte auch, daß die Tschechoslowakei nicht genügend Arbeitskräfte habe, ob es deshalb nicht gut wäre, einen Teil unserer Armee zum Aufbau Prags und anderer wichtiger Objekte in der Republik einzusetzen, damit diese rascher fertiggestellt werden könnten. Die Menschen würden das zweifellos begrüßen.

Damit die Sicherheit der Republik aber nicht beeinträchtigt werde, könnte man zum Schutz der Grenzen mit einigen sowjetischen Militäreinheiten aushelfen.

Ich weiß nicht, ob diese Fragen auch die anderen Genossen ins Gespräch brachten, aber es wurde vereinbart, daß schon bald eine tschechoslowakisch-sowjetische Militärübung stattfinden sollte.

Breshnew, Kossygin, Podgorny, Suslow und Rusakow begleiteten uns zum Flugplatz.

Nach dem Start gab Dubček den Piloten Anweisung, die Flugroute zu ändern und in Bratislava zu landen. Das Attentat sollte im Anflug auf Prag erfolgen – er war ein ängstlicher Mensch.

Im Flugzeug schätzten wir den Besuch in Moskau ein. Dubček vermochte nicht zu begreifen, daß wir leer ausgegangen waren und nichts mit nach Hause brachten. Am Ende war uns aber allen klar, daß die sowjetischen Genossen recht hatten, wenn sie behaupteten, daß die Lage in der Tschechoslowakei schlecht wäre, und das ihre Forderung berechtigt sei, wir müßten zu Hause erst Ordnung schaffen, ehe wir über einen Kredit reden könnten. Wir reichten uns wie vier Verschwörer über Kreuz die Hände und versprachen uns, daß wir Ordnung schaffen werden. Ich sicherte zu, in der Slowakei kein Anwachsen der oppositionellen Kräfte zuzulassen, Černík wollte mit der Staatsmacht dafür sorgen, Smrkovský es im Parlament und Dubček mit der Kraft des Zentralkomitees absichern. Gegenseitig habe wir uns fest versprochen, daß jeder selbst und wir gemeinsam diese Linie in der Parteiführung durchsetzen würden.

Wir werden, koste es, was es wolle, in der ČSSR Ordnung schaffen!

Die Maschine landete in Bratislava. Černík, Dubček und ich stiegen aus, Smrkovský flog allein nach Prag.

Dort erwartete eine Ehrenformation der Feuerwehr die Sondermaschine aus Moskau. Sonst war niemand erschienen.

Um die Provokation etwas abzuschwächen, wurde behauptet, die Feuerwehrleute hätten ein Jubiläum gefeiert und wollten auch ihre Treue zum Erneuerungsprozeß zum Ausdruck bringen.

Am Sonntag berieten Dubček, Černík und ich in Bratislava, wie wir das Präsidium informieren und welche Schritte wir unternehmen würden, um das Versprechen zu erfüllen, das wir uns im Flugzeug gegeben hatten.

Wir waren uns darüber im klaren, daß es auch notwendig werden wird, die 1. Kreis- und Bezirkssekretäre zusammenzurufen, mit ihnen zu beraten und auf dieser Grundlage eine Tagung des Zentralkomitees der KPTsch vorzubereiten. Die ZK-Tagung und die Annahme eines klaren Beschlußdokuments sollte eine Wende in der Abwehr der Konterrevolution signalisieren.

Das ZK-Präsidium kam am Tag nach dem Staatsfeiertag am 10. Mai zusammen. Die Stimmung war ungewöhnlich konstruktiv. Schwankende schienen Mut zu fassen, und die Rechte fühlte sich verunsichert. Sie vermuteten, daß in Moskau etwas vereinbart worden sei, was wir vier vor ihnen geheimhielten. Kriegel, Spacek, Císař und Mlynář, die als Mitglieder des Sekretariats an den Präsidiumssitzungen teilnahmen, stimmten jedoch dem Vorschlag zu, am 12./13. Mai eine Beratung der Kreis- und Bezirkssekretäre der Partei einzuberufen und am 29. Mai eine Plenartagung des ZK der KPTsch abzuhalten.

Die konterrevolutionären Kräfte begriffen die Gefahr, die ihnen daraus erwachsen konnte, und entfesselten eine Kampagne gegen die Einberufung des Zentralkomitees. Sie stützten sich dabei auf die Prager Stadtparteiorganisation, die sich inzwischen als zweites Zentrum der Partei und des Staates verstand.

Am 6. und 7. Mai, am Sonnabend und Sonntag, arbeiteten in den Tagungsräumen des Zentralkomitees an die 60 Vertreter der Rechten einen sehr detaillierten Plan zur Übernahme der Macht in der Partei und im Staat aus. Dieses Putschprogramm sollte während der Plenartagung der Stadtleitung Prag verkündet und in der Zeitung *Mladá fronta* veröffentlicht werden.

Allerdings fürchteten sie – nicht zu unrecht –, daß die Anwesenheit aller 1. Sekretäre der Kreis- und Bezirksleitungen in Prag ihnen auf die Füße fallen könnte. Wenn sie nämlich in dieser Zeit das ZK absetzten und das Stadtparteikomitee wie beabsichtigt an dessen Stelle trat, hätten sich die Funktionäre aus dem Lande dem Präsidium des ZK unterstellen, gemeinsam die Stadtparteileitung verurteilen und auflösen können. Damit wäre nicht nur der Putsch gescheitert, sondern auch vor aller Welt offenbar geworden, daß es sich um einen konterrevolutionären Anschlag handelte.

Darüber sprach ich mit Gustáv Husák, der über diese Entwicklung etwas erfahren hatte. Er arbeitete an unserer Akademie der Wissenschaften und war im Hotel International abgestiegen. Dort trafen wir uns am 11. Mai und sprachen bis in die Nacht hinein.

Am nächsten Morgen sollte die zweitägige Funktionärskonferenz im Czernin-Palais beginnen.

Versuche zur Mobilisierung der gesunden Kräfte

An der Beratung der 1. Kreis- und Bezirkssekretäre nahm die gesamte Parteiführung teil. Kriegel verließ fortgesetzt den Versammlungsraum, um sich über die Lage in Prag informieren zu lassen. Er wirkte sichtlich angespannt und nervös.

Die Kreis- und Bezirkssekretäre registrierten erstaunt, daß heute Dubček anders sprach als es in den Zeitungen stand. Er erklärte unumwunden, daß dem Land und der Partei Gefahren drohten.

Diese Offenheit kam an. Die Redner berichteten von der Basis. Es gäbe Verwirrung und Desorientierung. Die Partei sei in ihrem Kern erschüttert und zöge sich in den Kreisen und Bezirken zurück. Die Grundorganisationen seien ratlos, weil die Parteiführung nicht führe. Es sei keine Linie zu erkennen, keine Richtung, in der sich die Gesellschaft entwickeln solle. Scharf wurden die Massenmedien kritisiert. Sie trügen maßgeblich zur Verunsicherung bei, indem sie nicht wahrhaftig informierten, Funktionäre angriffen, die Parteigeschichte denunzierten und Unsinn verbreiten. Zukunftsangst mache sich breit. Und es war nicht zu überhören, daß erkennbar Sorge um den Sozialismus im Lande mitschwang.

Nicht wenige fragten, wie die KPdSU und die Bruderparteien der sozialistischen Länder die Entwicklung sähen. Wir hätten doch mit den Genossen gesprochen. Also, sagten sie, informiert uns!

Die Redebeiträge gaben mir Mut. Ich spürte, daß noch reichlich Glut unter der Asche war. Und so empfanden es wohl alle. Darauf ging ich in meinem Beitrag ein. Ich sagte, die Standpunkte, die hier zu hören waren, hätten mir den Glauben an die Kraft der Partei zurückgegeben. Sie wären für die inhaltliche Vorbereitung der nächsten ZK-Tagung der KP der Slowakei wichtig und nützlich. Dort würden wir eindeutig sagen, daß wir uns von antisozialistischen Kräften nicht in die Ecke drücken lassen und entsprechende Maßnahmen ergreifen werden. Wir werden auch einen Standpunkt zur Unterstützung der Politik der KPTsch formulieren.

Im weiteren gab ich meiner Überzeugung Ausdruck, daß unsere Partei nicht so schwach sei, um vor den Antikommunisten zurückweichen und vor Angst schlottern zu müssen. Die Taktik der antikommunistischen Kräfte sei ziemlich klar: Sie wollten uns hetzen und einschüchtern. Sie legten uns täglich neue Forderungen vor, formulierten Aufgaben und würfen uns ständig Knüppel zwischen die Beine. Das, was im Aktionsprogramm beschlossen worden sei, genüge ihnen nicht mehr, und deshalb würden unablässig neue Probleme aufgeworfen werden. Die Partei habe schon genug am Halse mit der Sicherung der materiellen Versorgung der Bevölkerung und dergleichen. Doch unsere Gegner dächten sich immer neue Dummheiten und Lügen aus, die sie mit Hilfe der Presse, des Rundfunks und des Fernsehens unter die Massen brächten, und wir könnten dann anschließend das Feuer löschen.

Das Nachrichtenmagazin *Reportér* beispielsweise habe einen Offenen Brief an die tschechoslowakischen Arbeiter publiziert, in dem unter anderem gesagt wurde, daß sie Betriebsräte bilden und über alle betrieblichen Belange selbst entscheiden sollten. Ohne Rücksicht auf die Obrigkeit. Das sei der Aufruf zur Anarchie.

Jeder, der etwas Partei- oder Staatsfeindliches sage, bekommee eine Tribüne in den Medien. Doch wenn ein Kommunist dort seine Meinung sagen möchte, komme er nicht einmal über die Schwelle der Redaktion.

Das Ziel der Rechtsopportunisten bestünde darin, für Unruhe zu sorgen. Deshalb richteten sich ihre Angriffe zunehmend auf die Volksmilizen. Das mache man, indem man deren rechtliche Grundlage in Zweifel ziehe. »Ich wiederhole hier, was ich auch schon anderenorts erklärt habe: Das Gesetz über die Volksmilizen hat die Arbeiterklasse, hat die kommunistische Partei im Jahre 1948 beschlossen. Es gilt unverändert. Niemandem wird es gestattet werden, sie aufzulösen. Die Miliz ist der bewaffnete Arm der Arbeiterklasse. Die Arbeiter werden sich nicht entwaffnen lassen.«

Ich verglich die gegenwärtige Lage mit der zu Beginn des Jahres 1948. »Die Situation heute ist aber komplizierter, weil damals die Partei einheitlich und diszipliniert war, sie besaß Autorität, das Wort der Partei war Gesetz. Heute ist die Partei nicht so geschlossen. Das ist unsere Schwäche, und daraus bezieht der Feind seine Stärke.

Ich stelle mir manchmal die Frage, warum wir es zuließen, aus der Partei einen Marktplatz zu machen, auf dem die inneren Angelegenheiten öffentlich erörtert werden. Nehmen wir nur die Kreis- und Bezirkskonferenzen, von denen Rundfunk und Fernsehen nur berichten, wenn Kritik an der Partei und am Sozialismus geübt wird. Sobald Delegierte sich positiv äußern, werden die Mikrofone geschlossen oder diese Passagen herausgeschnitten.«

Das, was heute in der Partei passiert, gestattet sich kein Anglerverein. Nirgendwo geht man derart ungerecht mit der Geschichte um. »Steht man in gleicher Weise kritisch zu Beneš, zu Hácha, zu Tiso, wie man zu den Kommunisten steht?

Nur sie stehen am Pranger, niemand sonst!

Das soll Erneuerung sein? Angeblich müßten wir uns reinigen, um die führende Rolle der Partei zu stärken. So naiv kann niemand sein, um das zu glauben.

Nirgendwo auf der Welt gibt es eine Partei, die ohne Fehl und Tadel ist. Wer Politik gestaltet, ist mit der Wirklichkeit konfrontiert. Er muß, um seine Vorstellungen zu verwirklichen, sich mit anderen auseinandersetzen, sich durchsetzen, unter Umständen auch Widerstände brechen. Das ist die Normalität.

In der bürgerlichen Welt werden die Archive für 50 bis 70 Jahre geschlossen. Kennedy haben sie erschossen wie ein Stück Wild, aber die amerikanische Regierung erlaubt es nicht, zu erforschen, wer das getan hat und warum das geschah. Sie deckelt. Man kann über Präsident Johnson, seinen Nachfolger, herziehen, aber eines muß ihm lassen: Er schützt seine kapitalistische Ordnung.

Und wir? Gestern ist irgend etwas geschehen, und das muß gleich ans Licht. Jeder muß umgehend erfahren, daß die Partei wieder einen Fehler gemacht hat.

Ich würde mich auch nicht wundern, wenn wir – zu fortgesetzter Selbstkritik aufgefordert – uns auch noch dafür rechtfertigen und entschuldigen müßten, gegen die Faschisten und deren Kollaborateure gekämpft zu haben. Die Prager Genossen werden sich noch dafür verantworten dürfen, daß sie nach dem Kriege die Bestialitäten der deutschen Faschisten enthüllt haben.«

Sodann ging ich auch auf die Enstehung einer sozialdemokratischen Partei ein. »Wie man beobachten kann, bildet sich in unserer Partei so etwas wie eine neue heraus. Es entsteht die Sozialdemokratie. Das soll angeblich unsere Positionen stärken. Wir seien stark, weil wir alles in der Hand haben. Ich, liebe Genossen, spüre, daß wir *nicht* alles in der Hand haben. Wir sind auch blind.

Der Bezirkschef der Sicherheitsorgane kann nicht referieren, was es Neues gibt, weil er es nicht weiß oder weil er die Lage nicht analysieren und einschätzen kann.

Der Parteiapparat zeigt Auflösungserscheinungen – aber wir haben angeblich die Lage im Griff. Inzwischen ist es so, daß Absolventen von Hochschulen in Moskau nicht einmal mehr als Pförtner beschäftigt werden. Doch wir klopfen uns an die Brust, wie stark wir seien. Nein, wir sind blind, taub, schwach und überhaupt nicht stark.

Natürlich müssen wir uns von allem distanzieren, was in der Vergangenheit in unserer Arbeit tatsächlich schlecht war. Aber wer hat alle Sünden aufgerechnet und spezifiziert? Wovon soll man sich distanzieren – außer von den Fehlern und tragischen Irrtümern bei der Verurteilung von Unschuldigen? Ich persönlich kann mich nicht von der Politik Klement Gottwalds und von der Politik der kommunistischen Partei als Ganzes distanzieren. In der Kritik an der Partei als Ganzes sehe ich das Bestreben, die Geschichte der Kommunistischen Partei der Tschechoslowakei zu eliminieren, eine Atmosphäre zu schaffen, daß man sich dafür schämen soll und sich zu keiner Periode bekennt. Aber ohne Geschichte existiert niemand, und auch die Partei kann ohne sie nicht existieren.

Ich glaube, daß die Zeit gekommen ist, daß wir sehr wachsam sein müssen, daß in jedem Kreis, in jeder Grundorganisation die Kommunisten – ohne Direktiven abzuwarten – immer dort Widerstand leisten müssen, wo sich antikommunistische und konterrevolutionäre Kräfte regen. Sie greifen noch nicht an. Aber das Signal zum Angriff – gut möglich, daß ich schwarz sehe, auch das will ich zugestehen – kann kommen. Deshalb meine ich, wir müssen uns auf die Fabriken, die Betriebe stützen, müssen die Arbeiter fragen: Was denkt ihr über die Entwicklung? Ihr habt diese Republik aufgebaut, ihr habt sie mit eurem Schweiß geschaffen, ihr habt auf dem Lande mitgeholfen. Auch unsere Bauern sollen erklären, wie sie sich die weitere Entwicklung vorstellen. Wir dürfen nicht immer nur sagen, wie die Lage ist und was wir von ihnen erwarten.

Ich bin fest davon überzeugt, daß auf dem nächsten Plenum darüber diskutiert werden wird, wie man sich den Kräften entgegenstellen muß, aus denen die Konterrevolution hervorgehen könnte.«

Ich sagte am Ende, man können nicht über die Partei als führende Kraft reden und sie im gleichen Atemzug verleumden und beschmutzen. Das kommt mir so absurd vor wie ein Vater, der auf einen Bräutigam für seine Tochter hofft und vom Balkon herunterschreit, daß sie eine käufliche Dirne sei. Einige Parteimitglieder verhielten sich aber genau so.

So redete ich, wie mir zumute war, sah den herumwieselnden Kriegel und bedauerte lediglich, daß ich jene Mitglieder aus der Führung nicht beim Namen nennen konnte, die es verdient hätten, als Führer der Konterrevolution bezeichnet zu werden.

Nach meiner Rede brandete wahrhaft frenetischer Beifall auf. Etliche Mitglieder der Führung zeigten sich überrascht von der einmütigen Zustimmung der Sekretäre der Kreis- und Bezirksleitungen. Das Votum weckte Hoffnung, daß wir die Lage doch noch meistern würden.

Die meisten Beratungsteilnehmer reisten mit der Überzeugung

nach Hause, daß eine Wende eingeleitet sei, die auf der nächsten ZK-Tagung vollzogen werde. Diese würde die Offensive gegen die Konterrevolution einleiten. Es schien, als lebte die Partei auf. Vom Zentralkomitee bis zu den Grundorganisationen werde wieder eine aktive, engagierte Politik zur Verteidigung des Sozialismus gemacht.

In dieser Grundstimmung bereiteten wir den Bericht vor und beriefen eine Tagung des Zentralkomitees der Kommunistischen Partei der Slowakei ein. Im Referat wurde dem »Erneuerungsprozeß« der pflichtgemäße Tribut gezollt. Ein wenig lobten wir uns selbst, aber unser hauptsächliches Bestreben war darauf gerichtet, anschaulich zu machen, daß die Beurteilung der insgesamt positiven Entwicklung der politischen Lage uns nicht den Blick für einige negativen Seiten verstellen dürfe.

Es wurde nämlich festgestellt, daß wir in den vorangegangenen Jahren viele Dinge idealisiert hätten. Das geschehe allerdings auch mit gegenwärtigen Erscheinungen – nur eben aus anderer Sicht. Mit anderen Worten: Nichts Neues unter der Sonne.

Auch wenn manche Formulierung sehr vorsichtig war, konnte man die Absicht erkennen: Wir wollten die Zeitungsleser, Hörer und Fernsehzuschauer sensiblieren, nicht alles für bare Münze zu nehmen, was man ihnen vorsetzte. Seid kritisch, forderten wir.

Ferner unterstrichen wir, daß unsere Republik ein untrennbarer Bestandteil des sozialistischen Lagers sei und und wir darum respektieren müßten, daß auch Innenpolitik nicht ausschließlich unsere eigene Angelegenheit sei. Wie eben auch jeder Fortschritt in den Bruderländern auch uns nütze.

Diese Wechselwirkung fuße auf dem sozialistischen und proletarischen Internationalismus, den zu stärken ebenfalls unsere Aufgabe sei. Unsere Mißerfolge schadeten allen.

Der Bericht des Präsidiums des ZK der KPS benannte unsere Verantwortung, die wir auch für künftigen Generationen trügen. Wir dürften nicht gestatten, daß die Interessen des Sozialismus Schaden nähmen.

Es wäre darum unverzeihlich, so der Schluß der ZK-Tagung, wenn wir ignorierten, daß nicht alles, was als progressiv ausgegeben werde, auch tatsächlich progressiv sei. Neben den gesunden Kräften, die die Mehrheit bildeten, gäbe es auch antikommunistische Kräfte, die sich sammelten.

In meiner Rede äußerte ich mich zu slowakischen Problemen.

Gleichwohl sprach ich auch über die Gefahren, die in Prag herangewachsen waren, weil diese auch die Lebensinteressen des slowakischen Volkes berührten. Die verdeckten und offenen Angriffe auf die sozialistischen Prinzipien der Republik, auf die KPTsch, auf den Marxismus-Leninismus und auf die Freundschaft zur Sowjetunion dürften uns nicht gleichgültig lassen.

Wir sollten die reaktionären Kräfte nicht unterschätzen, nur weil sie zahlenmäßig überschaubar waren.

Es mußte auch die Frage beantwortet werden, wie es möglich sei, daß nach so vielen Aufbaujahren der Sozialismus gefährdet sein könnte. Woher kamen die antisozialistischen Kräfte, wenn es keine antagonistischen Klassen mehr gäbe?

Heute wissen wir, daß es eine Illusion war zu glauben, ein paar Jahre würden genügen, um die soziale Struktur unserer Bevölkerung und damit das kollektive Bewußtsein zu verändern. Wir übersahen, daß die Übernahme der Macht und die Veränderung der sozialen Struktur nicht ausreichten. Unterschiedliche politische Interessen und ideologische Anschauungen wirken länger nach als angenommen. In 20 kurzen Jahren konnten wir Hunderttausende aus unserer Gesellschaft nicht einfach »ausschwitzen«, die vor dem Februar 1948 sehr aktiv gegen die Kommunistische Partei, gegen den Sozialismus und unsere Freundschaft mit der Sowjetunion aufgetreten waren. In gewisser Naivität glaubten wir, daß die ehemaligen Aktivisten der profaschistischen Volkspartei, die Gardisten, die antisemitischen Fledderer, Neureiche in der Slowakei und Volkssozialisten, der umfangreiche Beamtenapparat, die Anhänger der Agrarpartei, die starke Schicht des Bürgertums in den tschechischen Ländern die sozialistische Entwicklung zumindest loyal verfolgen würden und eines Tages auch zu uns kämen.

Banker, Fabrikbesitzer, Großagrarier, ihre Kinder und Enkel lebten und leben bis heute unter uns. Viele hielten den Weg zum Sozialismus für unausweichlich und sogar für richtig. Aber die große Mehrheit hatte sich mit dem Kurs nicht identifiziert und hoffte auf eine Restauration früherer Verhältnisse. Und wenn man die Unzufriedenheit auch der ehrlichen Menschen hinzurechnete, die dadurch empfänglich wurden für Einflüsterungen und Versprechungen, so existierte doch ein erhebliches Potential, auf das die Konterrevolution im Ernstfall zurückgreifen konnte.

Ich wies auf der Tagung jede Behauptung entschieden zurück,

daß die Sowjetunion an unseren Fehlern und Irrtümern Schuld trüge. Nicht minder vehement reagierte ich auf Zweifel und Einwände, wo denn die Konterrevolution wäre: Man sähe sie nicht.

Die Konterrevolution beginne nicht erst, wenn geschossen würde und die ersten Genossen an den Laternen hingen, erklärte ich. Sie sammele langfristig und geduldig ihre Kräfte, weiche die Einheit des Volkes und vor allem der Partei auf. Sie treibe einen Keil zwischen Tschechen und Slowaken, zwischen unser Land und seine Bündnispartner. Ich machte darauf aufmerksam, daß keine oppositionelle, parteifeindliche Gruppe mit einem Programm gegen den Sozialismus aufträte, weil sie wüßte, daß sie damit bei den Massen nicht ankommen würde. Der Feind sei nicht dumm und habe Lehren aus der Niederlage in Ungarn gezogen. Am wirksamsten bekämpfe man den Sozialismus, indem man ihn angeblich verbessern wolle.

Die Mitglieder des Zentralkomitees erfuhren auf dieser Tagung erstmals etwas über »K 231« und den »Verband zum Schutz der Menschenrechte« in der Slowakei. Zum Sekretär dieser Organisation war ein Dr. Emil Vydra gewählt worden. Allein seine Vita verriet, für welche Art Sozialismus dieser Mann stand. 1959 war er zu sieben Jahren Freiheitsentzug verurteilt worden, weil er versucht hatte, eine christlich-soziale Partei mit dem Ziel zu gründen, den Kapitalismus zu restaurieren. Obgleich er vorzeitig aus der Haft entlassen worden war, hatten Juristen der Komensky-Universität 1967 Vydras strafbewehrte Tätigkeit analysiert und sie unverändert als staatsfeindlich bewertet.

Ich machte auch auf die wachsenden Ambitionen der Kirche aufmerksam, die sich nicht nicht nur der Religion annahm, sondern auch ins politische Geschehen eingriff, was nun wirklich nicht ihres Amtes war.

Ich informierte auf der Tagung des ZK der KPS auch über unsere Gespräche am 4. Mai in Moskau. Ich verschwieg nicht, daß die sowjetischen Genossen sich über die Entwicklung bei uns ernsthaft beunruhigt gezeigt hatten. Ich unterließ es jedoch, die einzelnen Beiträge auf unserer Seite wiederzugeben und tat so, als wäre mein Kommentar die kollektive Meinung gewesen.

Ich sagte, wir hätten die Lage als sehr ernst dargestellt und eingestanden, daß sich seit April die Aktivität und organisatorische Sammlung der antisozialistischen Kräfte beträchtlich verstärkt habe.

Angesichts dessen hätten wir versichert – was der Wahrheit entsprach –, geeignete Maßnahmen zu ergreifen, die auf die Verbesserung der organisatorischen Arbeit der Partei gerichtet sein würden. Wir würden auch Maßnahmen zur Stärkung der Armee, der Sicherheitsorgane, der Justiz und der Volksmiliz durchsetzen. Voraussetzung dafür sei die Einheit der Partei und ihrer Führung.

Ich informierte auch darüber, daß uns die sowjetischen Genossen gesagt haben, sie hätten es bewußt unterlassen, auf der Tagung des ZK der KPdSU die ganze Wahrheit über die Lage in der Tschechoslowakei mitzuteilen, um nicht zu beunruhigen. Aber die 13,5 Millionen Kommunisten in der Sowjetunion seien durchaus interessiert zu erfahren, was sich in der ČSSR tue. Die Führung der KPdSU sehe das jedenfalls sehr kritisch.

Ich verschwieg keineswegs, daß sie sich beunruhigt auch darüber gezeigt hatten, daß unsere Arbeiterklasse abseits stehe und die Führung der KPTsch das nicht wahrzunehmen scheine. Man haben jedoch der Überzeugung Ausdruck gegeben, daß die tschechoslowakische Arbeiterklasse mit der KPTsch gehen und mithelfen werde, die Angriffe der rechten Kräfte zurückzuschlagen. Das werde aber wohl nur dann geschehen, wenn ihr die ganze Wahrheit gesagt werde.

Moskau sei der Meinung, sagte ich, daß in der Tschechoslowakei ein Kampf um die Macht begonnen habe. Darum müsse man sich auch so verhalten wie in einem Kampf.

Man sähe das so, daß gegen die Partei verschiedene Gegner vorgehen würden, daß die Partei selbst aber gegen niemanden vorgehe. Man habe es nie für möglich gehalten, daß die Massenmedien jemals derart gegen die Partei und den Sozialismus hätten mißbraucht werden können, wie es derzeit in der ČSSR geschähe.

Ich habe den sowjetischen Genossen versichert, erklärte ich, daß wir genug Kraft hätten, die Lage zu meistern, daß die sozialistischen Kräfte in der Tschechoslowakei noch nicht auseinandergebrochen seien, dies aber geschehen könne, wenn wir den oppositionellen Kräften weiterhin das Feld überließen.

Vielleicht hatte ich damit mehr gesagt, als mir mitzuteilen erlaubt gewesen war. Schließlich ging es um die Zukunft der KPTsch – ich war Erster Sekretär des ZK der KPS.

Abschließend rief ich die Arbeiter, Bauern, die Intelligenz, die Jugend und die Frauen, alle, die aktiv gegen den Faschismus gekämpft hatten, die die im Krieg zerstörte Wirtschaft wiederaufgebaut hatten, alle ehrlichen Menschen auf, unsere sozialistische Heimat zu beschützen. Ich appellierte an die Parteimitglieder und Parteilosen, gemeinsam unsere Partei und ihre führende Stellung zu bewahren und zu festigen und sich unbarmherzig gegenüber jedem zu zeigen, der die Errungenschaften unseres Volkes abwertet und dessen ehrliche Arbeit verunglimpfe.

Die anschließende Diskussion war sehr lebendig. Es gab scharfe Kritik an Rundfunk, Fernsehen und Presse. Einige schlugen sogar vor, Redaktionen mit Volksmilizen zu besetzen und Ordnung zu schaffen.

Persönlich war ich sehr zufrieden, daß sich die Teilnehmer der Tagung so geschlossen hinter eine Politik aktiven Kampfes gegen die Rechtsopportunisten und das Anwachsen der Konterrevolution gestellt hatten.

Das Maiplenum – die verpaßte Wende

Im Vorfeld der ZK-Tagung kam auch wieder die Forderung nach einem Sonderparteitag auf den Tisch. Dubček gab dem Druck der Rechten nach und meinte auch, daß man den XIV. Parteitag vorziehen müsse, um ein neues Zentralkomitee wählen zu können. Das aktuelle habe sich seinen Aufgaben nicht gewachsen gezeigt.

Dies traf zwar zu, doch das war nicht der Grund, weshalb man einen personellen Wechsel an der Spitze der Partei wollte.

Das sagte ich auch Dubček, der mich nach Prag rief, um mich in langer Debatte von der Notwendigkeit einer beschleunigten Parteitagsvorbereitung zu überzeugen. Er bat mich, meine Ablehnung aufzugeben und die slowakische KP zu bewegen, einem vorgezogenem Parteitag der KPTsch zuzustimmen.

Ich machte meine Zustimmung vom Votum des Zentralkomitees abhängig. Auf dem Plenum sollte ein entsprechender Vorschlag eingebracht werden. Wenn die Mehrheit der ZK-Mitglieder beschließen würde, daß der Parteitag früher als geplant stattfinden sollte, dann würde das die slowakische KP respektieren, erklärte ich.

Am 29. Mai kamen die ZK-Mitglieder zusammen. Auf der Tagesordnung stand als erstes die Einschätzung der aktuellen Lage, der Bericht über die Tätigkeit der Organe des ZK sowie das weitere *taktische* Vorgehen der Partei und die Vorbereitung des Parteitages.

Weitere Tagesordnungspunkte waren der Bericht über die Tätigkeit der Kommissionen der KPTsch, Vorschläge zur Rehabilitierung von Parteimitgliedern, der Haushaltsplan der Partei, die Gehaltsordnung der Mitarbeiter des Parteiapparates und Kadermaßnahmen. Dazu kamen noch Diskussion und Beschlußfassung.

Erst später wurde mir bewußt, daß es ein Fehler war, derart viele Punkte auf einer Sitzung behandeln zu wollen. Dadurch mußte zwangsläufig die Debatte ausufern.

Das aber wiederum verhinderte die notwendige Konzentration auf die Hauptfragen.

Der Bericht von Dubček war wie befürchtet. Manches war gut, vieles schlecht, was er sagte. Er scheute davor zurück, die harte Wahrheit ungeschminkt zu sagen. Natürlich ist es in der Politik unumgänglich, manchmal auch zu balancieren. Aber es gibt auch Situationen, wo man die Gefahren und Risiken betonen und zuspitzen muß, damit die Massen verstehen, wie ernst die Lage ist.

Dubček aber lavierte. Wenn er etwas Kritisches gegen die antisozialistischen, antikommunistischen Kräfte sagte, fügte er gleich an, der Partei und dem Sozialismus drohe auch Gefahr von linken Positionen. Einerseits und andererseits ...

»Wir können nicht zulassen, daß die politische Machtstruktur, die wir haben, zerschlagen wird, bevor wir sie nicht schrittweise und durchdacht durch eine neue ersetzt haben«, erklärte er.

Dubček und jene, die ihm das in den Bericht geschrieben hatten, signalisierten damit bereits, daß es notwendig werden wird, die politische Machstruktur des sozialistischen Staates zu zerschlagen. Die Sprengkraft dieser Aussage war vorher von niemanden bemerkt worden, sonst hätte sie nicht den Weg bis ins Plenum gefunden.

Dubček warnte einerseits vor der Gefahr eines konterrevolutionären Umsturzes, gab damit aber andererseits der Konterrevolution das Signal, nichts zu überstürzen. Offenkundig rechnete auch er bereits mit einer Veränderung des politischen Systems.

Am Schluß seines Berichts bekräftigte er, daß die Entwicklung seit Januar in Übereinstimmung mit den Erfordernissen der Erneuerung des Sozialismus stehe. Wir könnten allerdings gegen antisozialistische und parteifeindliche Kräfte nur kämpfen, wenn wir alle Bürger von der Richtigkeit unseres Weges überzeugten.

Welchen Weg meinte er? Den der schrittweisen Zerschlagung der Machtstruktur des Staates und der Partei?

Danach folgte eine umfangreiche Begründung, warum schon im September 1968 der XIV. Parteitag stattfinden müsse.

Ich brachte in der Diskussion meine Erwartung zum Ausdruck, daß jeder, der hier rede, dies nicht für die Zeitung oder für seine persönliche Selbstdarstellung tun solle, sondern so, wie es ihm das Gewissen befehle – ohne Rücksicht darauf, welches Etikett ihm angehängt werden könnte. In meiner Naivität bildete ich mir ein, daß sich die Mehrzahl der Mitglieder des Zentralkomitees ihrer Verantwortung in gleicher Weise bewußt sei, wie das bei den Mitgliedern des ZK der KPS der Fall gewesen war.

Ich ging auch auf die Forderung nach einer Erhöhung des Tempos bei der Erneuerung ein. Wir sollten, warnte ich, nicht die Bodenhaftung verlieren. Wenn man zu schnell beschleunige, hebe man leicht ab. Wir müßten mit dem Blick auf die Realität zunächst alle progressiven Kräfte in der Partei und in der Gesellschaft zusammenführen, um eine gesunde sozialistische Entwicklung zu gewährleisten. Es sei eine Selbsttäuschung, wenn wir behaupteten, daß es eine ideologische Geschlossenheit und Aktionseinheit der Partei gäbe. Nicht einmal im Zentralkomitee wäre das so. Wir würden uns gegenseitig beobachten, nicht aber vertrauen.

Ich räumte ein, daß es zu vielen Fragen unterschiedliche Ansichten geben könne, aber in der zentralen Frage, nämlich worin die Grundlagen des Sozialismus bestünden, dürfte es keine unterschiedliche Betrachtung geben.

Erstmals sprach ich öffentlich aus, was mir schon lange auf der Seele lag: Mit Leuten vom Schlage eines Vaculík, Lustig, Winter, Kohout oder Löbl sei keine Aktionseinheit möglich. Wer die Sowjetunion und die Prinzipien, auf denen unsere Partei und unser Staat gründen, angreift, ist kein Freund, sondern ein Feind. Bei diesen Attacken werde man inzwischen immer dreister. Das Nachrich-

tenmagazin *Reportér* habe eine Karikatur veröffentlicht, die den ruhigen Dubček als kreischenden Leutnant Dub darstellte.

Ich verlangte, Maßnahmen zu beschließen, die die Massenmedien daran hindern sollten, weiter die Partei zu verunglimpfen, eine parteifeindliche Atmosphäre zu erzeugen und Einfluß auf die Wahl der Parteitagsdelegierten zu nehmen. Deren Wahl müsse eine innerparteiliche Angelegenheit bleiben. Deshalb forderte ich, daß der Direktor des Tschechoslowakischen Fernsehens, Jiří Pelikán, und der Chef des Tschechoslowakischen Rundfunks, Miloš Marko, Garantien abgeben sollten, daß Rundfunk und Fernsehen positiven Einfluß auf die Parteitagsvorbereitung nähmen. Da beide als Gäste am ZK-Plenum teilnahmen, sollten sie das gleich jetzt tun.

Ich bat sie auch darzulegen, worin sie die Ursachen für die gegenwärtige Situation in den Redaktionen sähen, ob sie dies ändern wollten oder könnten. Und wenn sie nicht die Kraft dazu hätten, sollten sie dies offen zugeben.

Ich verlangte nicht, alles zu verbieten, aber ich wollte, daß aus der Vorbereitung der Delegiertenkonferenzen und des Parteitages kein Jahrmarktrummel würde.

Weil auch Kritik an der Slowakei laut geworden waren, machte ich darauf aufmerksam, daß sich die Wirrköpfe sehr ernsthaft fragen sollten, ob tschechoslowakische Politik ohne die Slowakei zu machen sei. Die Slowakei habe bei der Ausarbeitung und Realisierung der Politik ein Wort mitzureden und legitimen Anspruch, daß ihre Vorstellungen über die weitere Entwicklung in Partei und Staat voll respektiert würden. »Wir in der Slowakei«, führte ich aus, »werden heute als Konservative stigmatisiert, die angeblich den Erneuerungsprozeß bremsten.« Es wäre hilfreich, wenn jene, die uns gern verschiedene Attribute anhängen, sich die Mühe machten und seriös dechiffrierten, was man unter »progressiv« und was unter »konservativ« zu verstehen habe.

Ich hielte es für eine Farce, wenn diejenigen, die den Sozialismus nach den Prinzipien des Marxismus-Leninismus aufbauen wollen, als Konservative bezeichnet würden. Aber jene Kräfte und Gruppen, die zurückwollten in die bürgerliche Demokratie, nennen sich selbst progressiv. »Hier sind Worte aus der Bibel am Platze: Wer sich schuldig fühlt, möge Buße tun. Er soll dabei die Asche auf sein eigenes Haupt streuen und sein Gewand zerreißen und nicht das der anderen.«

»Gleichgültig, wie uns mancher bezeichnet und welches Etikett uns slowakischen Kommunisten angehängt wird – wir werden uns nach Kräften bemühen, die Autorität der KPTsch zu stärken und die Freundschaft zur Sowjetunion zu festigen«, rief ich aus. »Wir werden keinem Meinungsstreit aus dem Wege gehen. Wir werden die anständigen Kommunisten zusammenschließen und gegen jene auftreten, die mit dem Parteibuch in der Tasche gegen das Wohl des Volkes und der Partei arbeiten. Unsere Hauptaufgabe bestehe darin, alle gesunden und anständigen Kräfte zu vereinen und jeden zu gewinnen, dem die heilige Sache des Sozialismus am Herzen liege.«

Mit dieser Rede war ich bei den rechtsopportunistischen Kräften endgültig unten durch.

Ein beträchtlicher Teil der Mitglieder des Zentralkomitees stimmte mir zu. Manche gaben das offen zu erkennen. Einige nickten nur und taten aber so, als wäre das Gehörte für sie etwas Unerhörtes gewesen. Ich fragte mich, warum sie sich nie die Frage gestellt hatten, wie es käme, daß man seit einem halben Jahr in Bonn, Washington, London, ja selbst im Vatikan soviel Sympathie für die KPTsch und die ČSSR hegte? Warum hatte der Wolf Kreide gefressen? Dafür mußte es doch Gründe geben.

Der Beifall aus dieser Ecke kam doch nicht von ungefähr.

Die Beratungen in Moskau und mit den 1. Bezirks- und Kreissekretären hatten dazu geführt, daß dem Zentralkomitee verhältnismäßig objektive Informationen über die konterrevolutionären Kräfte im Lande vorgelegt wurden. Diese Analysen wurden jedoch nicht auf der Plenartagung behandelt. Sie erreichten auch nicht die Kreise und Bezirke. Mithin: Sie blieben ohne Wirkung für die Partei. Wie so vieles, was gutgemeint war.

Die einzig greifbaren Resultate des Plenums war der Beschluß, daß die Vorbereitung des Parteitages beschleunigt werden sollte, und daß Zdeněk Mlynář, obwohl kein Mitglied des Zentralkomitees, als ZK-Sekretär gewählt wurde.

Und wir betrachteten es bereits als Erfolg, daß sich der Standpunkt durchgesetzt hatte, daß die Hauptgefahr, die der Tschechoslowakei drohe, die Gefahr von rechts sei.

Als verhängnisvoll erwies sich die Zusammensetzung der politischen Kommission, die den Parteitag vorbereiten sollte. Die meisten der 58 Mitglieder gehörten nicht dem Zentralkomitee an und galten als Rechtsopportunisten wie etwa Goldstücker, Hübl und Machonin. Lediglich 19 ZK-Mitglieder hatte man nominiert, weil, so die Begründung, das Vertrauen in diesen Personenkreis nicht sehr groß sei.

Das war ein deutlicher Sieg der Rechten.

Der positive Impuls des Plenums war gering, aber durchaus vorhanden. Die marxistischen Kräfte in der Partei hoben ermutigt die Köpfe. Der Parteiapparat begann wieder zu arbeiten und den Widerstand zu organisieren. Doch das hielt nicht lange an. Die Massenmedien beschuldigten sie des Dogmatismus oder warfen ihnen vor, sie hätten nur Angst um ihre Funktionen und würden einzig deshalb aktiv werden.

Die Parteiführung stellte sich nicht hinter sie. Sie war mit sich selbst beschäftigt und tat nichts, um die Initiative zu gewinnen – aber viel, um »modern und innovativ« zu werden, wie man es von ihr verlangte.

Zu den Parteiversammlungen, auf denen die Delegierten für die Kreisdelegiertenkonferenzen gewählt wurden (die wiederum die Vertreter für die Bezirksebene bestimmten und diese wählten aus ihrer Mitte die Delegierten zum Parteitag), erschienen mitunter nicht einmal 30 Prozent der Mitglieder der jeweiligen Parteiorganisation. Und die, die kamen, hörten sich schweigend den Kandidatenvorschlag an, hoben die Hand und gingen wieder nach Hause. Lethargie und Desinteresse waren überall in der Partei feststellbar. Das wurde jedoch verschleiert, indem man über zunehmende Aktivität redete.

Aktivität gab es schon. Aber nicht in dem berichteten Sinne.

Es wurden antisozialistische, parteifeindliche Kräfte lanciert. In manchen Redaktionen arbeitete man bereits an der Zusammenstellung einer Kandidatenliste für das Zentralkomitee.

Die konterrevolutionäre Offensive und die Warschauer Beratung

Am 27. Juni erschienen die »2000 Worte«. Publiziert wurden sie in den Zeitungen *Literární listy, Práce, Zemedelské noviny* und *Mladá fronta.* Auch *Rudé právo* und die slowakische *Pravda* sollten sie veröffentlichen. Nur mit großer Anstrengung wurde die hinterhältige Attacke verhindert. Das Pamphlet überraschte selbst Dubček.

Noch am gleichen Tage trat das Präsidium des ZK der KPTsch – ohne die slowakischen Mitglieder – zusammen und nahm dazu Stellung. Das von dem 41jährigen Schriftsteller Ludvík Vaculík verfaßte Manifest kam am Vorabend der am 29./30. Juni geplanten außerordentlichen Kreisdelegiertenkonferenzen und war ein unverhüllter Aufruf zur Machtübernahme.

Die Rechten hatten jedoch die Lage falsch eingeschätzt. Viele Genossen, die bis dahin blind und taub gewesen waren, merkten auf einmal, daß es wirklich ans Eingemachte ging. Das Präsidium des ZK hatte darum keine andere Möglichkeit, als das Papier als konterrevolutionäre Plattform zu verurteilen. Smrkovský nahm das zur Kenntnis, und Kriegel sagte kein einziges Wort dazu. Als erfahrenem Agenten war ihm rasch bewußt geworden, daß dieser Schuß, weil zu früh abgegeben, nach hinten losgegangen war.

Die Mehrheit der Parteimitglieder erhob sich.

Das war eine einmalige Chance für die Führung, mit dieser Zustimmung im Rücken endlich reinen Tisch zu machen.

Doch das Präsidium beließ es dabei, den Zeigefinger mahnend zu erheben. Damit war die Gelegenheit vertan.

Mehr noch. Weil eine deutliche Reaktion aus Prag ausblieb, billigten die meisten Kreisdelegiertenkonferenzen in Böhmen »Das Manifest der 2000 Worte«.

Es war absehbar, daß auch die Verbündeten im Ausland die zahnlose Erklärung des Präsidiums aufmerksam registrieren würden. Sie ließ kaum eine andere Interpretation zu als jene: Entweder war die Führung der KPTsch nicht willens oder nicht mehr fähig, die heraufziehende Katastrophe abzuwenden. Im Prinzip aber machte es keinen Unterschied, ob es sich um politische Blindheit oder um Unfähigkeit handelte, wenn am Ende der Bürgerkrieg oder der Verlust eines sozialistischen Verbündeten stünde. Denn nur das zählte: Die Behauptung der bestehenden Machtverhältnisse.

Man konnte sich nämlich keineswegs sicher sein, daß sich der Westen an die zwischen Kennedy und Chruschtschow auf dem Gipfel in Wien getroffene Verabredung halten würde. Dort hatte man sich wechselseitig versprochen, sich jeglichen Eingriffs in die Einflußsphäre des jeweils anderen zu enthalten. Würde sich der Westen die Chance entgehen lassen, wenn sie sich ihm böte, die ČSSR aus dem sozialistischen Lager herauszulösen?

Die Bruderparteien hatten gesehen, daß kein Versprechen, das unsere Führung – ob in Dresden oder in Moskau – abgegeben hatte, realisiert worden war. Sie wich vor den konterrevolutionären Kräften zurück und gab sukzessive Machtpositionen preis.

Am 12. Juni hatte Breshnew an Dubček geschrieben. Er dankte ihm für die Informationen über das ZK-Plenum im Mai und verlieh seiner Überzeugung Ausdruck, daß die Kommunisten der KPTsch sich der Bedeutung des kommenden Parteitages bewußt seien. Dessen Vorbereitung erfolge unter Bedingungen, da unsere Gegner noch stärker gegen die gesunden Kräfte in der Partei und ihre Führung vorgehen würden.

Breshnew machte darauf aufmerksam, daß die antikommunistischen Kräfte alle Methoden der Erpressung, der Täuschung und der Provokation ausspielen und versuchen würden, unter dem Vorwand des Kampfes gegen die Konservativen anständige und der Sache ergebene Kommunisten aus dem Weg zu räumen.

Er bedauerte in diesem Zusammenhang, daß das ZK es nicht vermocht hatte, wie beschlossen die Massenmedien für eine positiven Mitwirkung zu gewinnen. »Sie werden sicher selbst verstehen, daß wir die Schwere Ihres Kampfes aufrichtig und brüderlich mit Ihnen durchleben und Ihnen von unserer Seite allseitige Unterstützung und Hilfe zukommen lassen möchten. In diesem Zusammenhang scheint es zweckmäßig zu sein, erneut ein zweiseitiges inoffizielles Freundschaftstreffen mit Ihnen und Ihren nächsten, gleichgesinnten Genossen durchzuführen.«

Breshnew schlug einen Tagungsort in der Nähe der sowjetisch-tschechoslowakischen Grenzen vor, entweder in der Tatra oder in Ushgorod. »Wir sind der Meinung, daß es angesichts der aktuellen Situation zweckmäßig wäre, das Treffen vertraulich zu behandeln und es am 15. Juni, Samstagnachmittag, und am Sonntag, dem 16. Juni, durchzuführen.«

Dubček nahm dieses Angebot nicht an.

Er behandelte Breshnews Brief auch nicht im Präsidium, er entschied eigenmächtig.

Vom 12. bis 15. Juni absolvierten wir einem Freundschaftsbesuch in Ungarn. Die Delegation bestand aus Dubček, Černík und mir. Wir sprachen mit Janos Kádar, der seine Beunruhigung nicht verhehlte. Zum Abschluß des Besuchs wurde ein Vertrag über Freundschaft und gegenseitigen Beistand unterzeichnet.

Die Rechten, die ihn sonst bei jeder Gelegenheit in den Himmel hoben, monierten, daß Dubček einen Freundschaftsvertrag in Budapest unterzeichnet habe, wozu er weder das Recht noch Gründe gehabt hätte.

Nachdem der Vorstoß von Breshnew bei Dubček folgenlos geblieben war, richtete nunmehr das Politbüro des ZK der KPdSU ein offizielles Schreiben an das Präsidium des ZK der KPTsch.

Der Brief ging am 4. Juli in Prag ein.

Erneut baten sie uns zu begreifen, daß alles, was in der Tschechoslowakei geschehe, auch die Verbündeten angehe. Sie würden unsere Schwierigkeiten miterleben, und ihnen sei durchaus bewußt, daß die Überwindung der angestauten Fehler große Kraftanstrengungen der ganzen Partei erfordere. Sie erinnerten uns daran, daß sie uns mehr als einmal darauf aufmerksam gemacht hätten, daß – sobald wir die Leitung des politischen und gesellschaftlichen Lebens des Landes aus der Hand gäben – dies augenblicklich von den antisozialistischen Kräften zur Diskreditierung der ganzen Tätigkeit der Partei und des sozialistischen Staates ausgenutzt werden würde. Sie würden die führende Rolle der Partei zu schwächen und letzten Endes die sozialistische Ordnung zu liquidieren versuchen.

Sie erinnerten uns sodann an unsere Versprechungen und ihre Hinweise in Dresden.

Wir sollten die gewachsene Gefahr nicht unterschätzen. Alles deute darauf hin, daß die rechtsopportunistischen Kräfte sich darauf vorbereiteten, dem Parteitag einen entscheidenden Schlag zu versetzen. Davon zeuge auch der Inhalt des Pamphlets »2000 Worte«, das gegen die Kommunistische Partei der Tschechoslowakei und auf Untergrabung des Sozialismus gerichtet sei. Es wäre ein unverhüllter, bösartiger Versuch zur Beschmutzung der ganzen kommunistischen Partei in den Augen des tschechoslowakischen Volkes.

Die Genossen in Moskau gaben ihrer Verwunderung Ausdruck, daß das Präsidium des ZK der KPTsch nicht sähe, daß mit scheinheiligen Phrasen von der Unterstützung des sogenannten progressiven Flügels zu Streiks, Demonstrationen und Boykotten aufgerufen werde. Wir sollten zur Kenntnis nehmen, daß die antisozialistischen Kräfte de facto der Führung der Partei und des Staates drohten, alle Mittel einschließlich Waffen einzusetzen, sofern die Macht nicht friedlich abggeben werde.

»Ist es euch denn nicht klar, daß die Pflicht der Kommunisten darin besteht, von Angesicht zu Angesicht diese Feinde zu entlarven, bevor auf die Partei und die ehrlichen, der Sache des Sozialismus ergebenen Menschen Gewehrläufe gerichtet werden?«, schrieb das Politbüro in unzweideutiger Offenheit.

Indirekt wiesen sie darauf hin, daß auch einige führende Repräsentanten unserer Partei von antisozialistischen und antisowjetischen Positionen aus aufträten. »Wir sehen uns gezwungen, den

Walter Ulbricht empfängt am 18. Juni 1968 den Außenminister der ČSSR, Prof. Dr. Jiří Hajek

Ernst der Lage zu betonen und darauf aufmerksam zu machen, wie die Konterrevolution der Partei eine Position nach der anderen aus der Hand nimmt und sich Ausgangspositionen für den entscheidenden Angriff schafft, um die sozialistische Ordnung in der Tschechoslowakei zu vernichten.« Wenn die Kräfte der Arbeiterklasse und der anderen Werktätigen unter der Führung der Partei in Bewegung gesetzt worden wären, wäre es nicht zu antisozialistischen Plattformen in der Art des Pamphlets »2000 Worte« gekommen.

Abschließend hieß es: »In dieser schweren Zeit, in einer Zeit des Kampfes gegen antisozialistische und konterrevolutionäre Kräfte, könnt Ihr fest davon überzeugt sein, teure Genossen, daß die Kommunistische Partei der Sowjetunion und die Sowjetregierung bereit sind, der sozialistischen Tschechoslowakei allseitige Hilfe zu erweisen, damit der Sieg in diesem Kampf erreicht werden kann.«

Vor der Übergabe des Briefes telefonierte Leonid Breshnew mit Dubček und forderte ihn auf, das Präsidium darüber zu informieren, daß er eine Beratung der Bruderparteien mit Repräsentanten der Kommunistischen Partei der Tschechoslowakei vorschlage.

Auf dem Original des Briefes findet sich Dubčeks Bemerkung: »Breshnew verlangte das Treffen am Sonntag, aber ich habe abgelehnt.«

Vergleichbare Schreiben erhielt das Präsidium des ZK der KPTsch vom ZK der SED, der ebenfalls am 4. Juli geschrieben worden war, vom Politbüro des ZK der Bulgarischen Kommunistischen Partei (5. Juli), vom Ersten Sekretär des ZK der Ungarischen Vereinigten Arbeiterpartei, Janos Kádar, (5. Juli) und vom Politbüro des ZK der Polnischen Vereinigten Arbeiterpartei (5. Juli).

Sie alle schlugen ein Treffen vor. Kádar schrieb unter anderem: »Wir bitten euch, teure Genossen, den Vorschlag abzuwägen und zu unterstützen. Wir sind überzeugt, daß der Meinungsaustausch unter Genossen unserer gemeinsamen Sache zum Nutzen gereichen wird. Wir hoffen aufrichtig, daß auf der Grundlage eurer Zustimmung dieses Treffen in nächster Zeit stattfinden wird.«

Keine Frage, es handelte sich um eine abgestimmte Aktion. Gleichwohl war es weder damals noch aus Sicht von Historikern zu verstehen, daß darauf nicht angemessen reagiert wurde.

Obgleich jeweils das Präsidium des ZK der KPTsch der Adressat war, bekam es die Briefe nicht vorgelegt und konnte folglich auch nicht entscheiden, wie damit zu verfahren sei.

Dubček ließ am 5. Juli Breshnew schriftlich wissen, daß er nicht beantworten könne, ob wir an dem Treffen in Warschau teilnähmen: Die Mitglieder des Präsidiums seien zu den Bezirkskonferenzen abgereist, so daß er die Stellungnahme des Präsidiums erst nach Rückkehr der Genossen am Montag, dem 8. Juli, übermitteln könne.

Eine solch alberne Erklärung hätte Dubček vielleicht einer Kinderorganisation geben können, nicht aber dem Generalsekretär des ZK der KPdSU. Selbst wenn es sich so verhalten hätte wie geschrieben, wäre Dubček durchaus in der Lage gewesen, alle Präsidiumsmitglieder telefonisch zu erreichen, sie zu informieren und ihre Antwort einzuholen.

Trotz dieser peinlichen, um nicht zu sagen: beleidigenden Reaktion schrieb Breshnew am 6. Juli erneut. Seine Botschaft war noch eine Spur dringlicher und auch gewichtiger.

Auf Ersuchen der ZK der Bulgarischen Kommunistischen Partei, der Ungarischen Sozialistischen Arbeiterpartei, der Sozialistischen Einheitspartei Deutschlands und der Polnischen Vereinigten Arbeiterpartei schlage er der Führung der KPTsch ein freundschaftliches Treffen auf höchster Ebene vor. Man wolle sich über die Situation verständigen, die in der ČSSR entstanden sei. Die Beratung solle entweder am Mittwoch, dem 10. Juli, oder am Donnerstag, dem 11. Juli, in Warschau stattfinden. Die Zusammensetzung der Delegation bestimme jede Partei nach eigenem Erwägen.

Breshnew sprach die Erwartung aus, daß die Notwendigkeit dieser Beratung begriffen und die KPTsch mit einer repräsentativen Delegation teilnehmen werde.

Am 8. Juli kam das Präsidium des ZK der KPTsch zusammen. Dubček informierte und schlug vor, eine Teilnahme am Treffen in Warschau abzulehnen. Die Begründung: Wir sind darauf nicht vorbereitet. Außerdem lehnten wir eine kollektive Beurteilung ab. Wir seien jedoch bereit, auf bilateraler Grundlage zu beraten.

Dubčeks Angebot war insofern verlogen, als ja Breshnew in seinem Brief vom 12. Juni eben solche bilaterale Verhandlungen vorgeschlagen hatte, welche aber von Dubček (ohne Zustimmung des Präsidiums des ZK der KPTsch) umgehend abgelehnt worden waren.

Sein Einwand, man sei in der Minderheit und stünde zwangsläufig am Pranger, wenn man sich mit den Führungen der anderen

Parteien zusammensetzte, griff allerdings. Zumal er suggerierte, daß es auf eine Verurteilung hinauslaufe wie in den 40er Jahren von Tito.

Zum Verständnis beschreibe ich die grundlegenden Positionen der Präsidiumsmitglieder in der Reihenfolge, wie sie sich zu Wort meldeten:

Simon empfahl, den Kopf nicht in den Sand zu stecken und nicht so zu tun, als sähen wir die antisozialistischen Provokationen und das zunehmende Chaos nicht. Er weigerte sich, eine Analogie zum Brief des Kominformbüros der kommunistischen und Arbeiterparteien zu Jugoslawien zu sehen.

Kriegel lehnte die Teilnahme an dem Treffen strikt ab. Wenn wir die Einladung annähmen, werde unsere nationale Front auseinanderbrechen. Sein Auftreten war bösartig und feindlich.

Švestka machte auf die Hysterie aufmerksam, die die Massenmedien gegen die Anwesenheit von sowjetischen Truppen entfacht haben, welche an einer gemeinsamen Stabsübung der Armeen des Warschauer Vertrags teilnahmen. Er informierte, daß der Stellvertreter des Direktors der Nachrichtenagentur *CTK* einen Artikel mit dem Titel zu veröffentlichen beabsichtige: »Sowjetpanzer wälzen sich über die Ostslowakei«.

Piller verlangte, den Abteilungsleiter im ZK der KPTsch, Havlícek, abzulösen, der auf der Konferenz in Kutná Hora verkündet habe, daß er nicht zögern würde, die »2000 Worte« zu unterschreiben.

Ich erklärte, daß der Entwurf der Antwort auf die Einladung nach Warschau für mich unannehmbar sei. Die Antwort strotze vor Großmannssucht, Kraftmeierei, sie sei provokant und unwahr. Das sei so, als würde sich eine Eidechse einbilden, sie wäre ein Krokodil.

Wenn wir die Einladung ablehnten, könnte es zum Bruch kommen. Auch deshalb empfahl ich, am Treffen teilzunehmen.

Kapek hatte seine Stellungnahme schriftlich abgegeben und warnte ebenfalls vor den Folgen, wenn wir dem Treffen fernblieben.

Kolder erläuterte breit die verschiedenen Provokationen, die die antisozialistischen Kräfte organisierten. Er schlug kadermäßige und organisatorische Maßnahmen vor und trat gleichfalls für die Teilnahme an der Warschauer Veratung ein.

Smrkovský, von seinen Beratern bestens präpariert, trug umfangreiche Beschuldigungen gegen unsere Verbündeten vor. Am 30. Juni wären die Manöver des Warschauer Paktes in der ČSSR beendet worden, doch die sowjetischen Truppen seien noch immer im Lande. Seine Ausführungen wimmelten von Lügen, Halbwahrheiten, Erfindungen und Einschüchterungen. »In diesem Augenblick steht das ganze Volk vom Böhmerwald bis in die Tatra in Bereitschaft und wartet ab, wie wir uns entscheiden.« Gingen wir nach Warschau, würden die Folgen tragisch sein. Es werde die Souveränität des Staates und die Autorität der Partei verletzt. »Ich rede ganz offen. Wenn wir nach Warschau gehen, bringen wir die Partei in eine schwere Krise. Möglicherweise führt das zur Spaltung. Ich als Vorsitzender der Nationalversammlung und Mitglied des Präsidiums des ZK der KPTsch werde nicht nach Warschau gehen.«

Rigo verurteilte die antisowjetische Kampagne und erklärte, daß er nicht mehr an den Sitzungen des Präsidiums teilnehmen werde, da seine Ansichten nicht zur Kenntnis genommen würden. Er versprach, den zu fassenden Beschluß zu respektieren, aber es dürften die Fehler nicht verschleiert werden.

Černík konstatierte, daß es sich um einen ideologischen Streit handele und begann diesen mit 1938 zu vergleichen. Die Teilnahme an dem Treffen lehnte er ab. Er hielt eine Ablehnung für erfolgversprechend, weil sie mithelfe, den Streit beizulegen.

Mlynář beschuldigt Husák, mit der Föderation Chaos auszulösen, was die Kräfte schwäche. Er identifizierte sich voll mit dem Standpunkt Smrkovskýs.

Dubček informierte über ein Treffen mit Mitarbeitern der Massenmedien und gab zu, daß er ihnen verraten habe, welche Antwort auf die Einladung nach Warschau vorbereitet worden sei. Er ging auf alles Mögliche ein, verwechselte – wie man so sagt – Äpfel mit Birnen und schloß sich Smrkovskýs Position an.

Lenárt machte darauf aufmerksam, daß Vertrauen und Zusammenarbeit ohne persönliche Gespräche nicht zu erreichen seien und warnte vor einer Zuspitzung der Situation.

Slavík lehnte die Teilnahme kategorisch ab und verlangte zugleich den Abzug der sowjetischen Militäreinheiten. Er fügte hinzu, daß man die Verbündeten darauf aufmerksam machen sollte, daß das Welttreffen der kommunistischen und Arbeiterparteien näher rücke und man sich überlegen solle, was das für Folgen habe, wenn man sich in unsere inneren Angelegenheiten einmische.

Sádovsky behauptete, die Einladung anzunehmen bedeute, Dubček auf die Anklagebank zu schicken. Er verlangte, die Bruderparteien sollten öffentlich die Politik unterstützen, die Dubček mache. Das, und nur das, würde unserem Bündnis guttun.

Jakeš machte darauf aufmerksam, daß ohne das Bündnis mit den sozialistischen Ländern, ohne gegenseitiges Vertrauen, namentlich zwischen der KPTsch und der KPdSU, eine Politik zum Wohle des Sozialismus, zum Nutzen der ČSSR nicht realisierbar sei.

Einige Präsidiumsmitglieder nahmen mehrmals das Wort. Einen Vorschlag, das ZK einzuberufen und es entscheiden zu lassen, lehnten Smrkovský, Kriegel, Slavík und Dubček ab. Sie fürchteten offensichtlich, die Diskussion im Zentralkomitee könne zu einer Diskussion über die politischen Lage im Land werden.

Die Meldung über die Beratung im Präsidium erschien nur in der *Rudé právo.* Dieses habe empfohlen, zunächst bilaterale Verhandlungen mit der Rumänischen Kommunistischen Partei und mit dem Bund der Kommunisten Jugoslawiens zu führen.

Der Grund war eindeutig: Die beiden Parteien hatten sich bis dato herausgehalten.

Weiter hieß es, es werde Konsultationen während des XIV. Parteitages geben.

Das war eine Provokation. Die Bruderparteien wollten gerade *vor* dem Parteitag bestimmte Dinge geklärt haben, damit der Parteitag nicht zu einem Kongreß würde, der ein konterrevolutionäres Programm beschließt.

Das Präsidium beauftragte Černík, Smrkovský und Mlynář, innenpolitische Maßnahmen für den Fall vorzubereiten, daß die Gefahr in eine konterrevolutionäre Situation umschlägt. Gleichzeitig beschloß es, Kossygin, Gretschko und Jakubowski klarzumachen, daß der Aufenthalt sowjetischer Truppen zu beenden sei.

Diese Aufforderung war eindeutig gegen die Sowjetunion, gegen unsere Verbündeten gerichtet.

Gegen 21 Uhr an jenem 8. Juli teilte Dubček Breshnew telefonisch mit, daß wir nicht nach Warschau kämen.

Einen Tag später war Dubček und seinen Beratern offenkundig bewußt geworden, daß sie überzogen hatten. Ohne Rücksprache mit dem Präsidium – das zweifellos zugestimmt hätte – rief Dubček 22.15 Uhr, d. h. eine Viertelstunde nach Mitternacht Moskauer Zeit, neuerlich bei Breshnew an und teilte diesem mit, daß das Präsidium eine fünfköpfige Delegation des Politbüros des ZK der KPdSU zu Verhandlungen einlade. Als Tagungsort schlug er Kosice, als Termin den 17. Juli vor. Für den Fall, daß der Zeitpunkt den sowjetischen Genossen ungeeignet erscheine, empfahl er den 14. Juli oder einen anderen Tag, der für die sowjetischen Genossen akzeptabel sei.

Zwei Tage später, am 11. Juli, ging in Prag ein gemeinsamer Brief der fünf Parteien ein. Diese bedauerten, daß das Präsidium des ZK der KPTsch die Teilnahme an dem Treffen in Warschau abgelehnt habe. »Mit Bedauern konstatieren wir die negative Haltung des Präsidiums des ZK der KPTsch zu der Initiative der Bruderparteien«, hieß es. Sie hofften jedoch, daß nach erneuter Abwägung aller Umstände die Führung der KPTsch an dieser Beratung teilnehmen werde.

Das politische Gewicht dieses Briefes wurde durch die Tatsache unterstrichen, daß er von den Mitgliedern aller Politbüros unterzeichnet worden war.

Es ist schwer zu begreifen, warum Dubček, Smrkovský, Kriegel und andere noch immer nicht wahrhaben wollten, was die Glocke geschlagen hatte. Konnten sie nicht sehen, was in der Welt vor sich ging? Und wenn sie schon nicht sehen wollten: Warum besaßen sie kein Gespür? Sie schienen nicht einmal ein Minimum diplomatischer Umgangsformen zu beherrschen.

Am 11. Juli forderte Dubček den UdSSR-Botschafter Tscherwonenko auf, dem Politbüro des ZK der KPdSU beschleunigt zu übermitteln, daß wir eine Delegation des Politbüros des ZK der KPdSU schon am Sonntag, dem 14. Juli, zu Verhandlungen in der Tschechoslowakei erwarteten. Als Grund, den Termin vorzuziehen, führte Dubček an, daß er sich vor seinen Treffen mit den rumänischen und den jugoslawischen Genossen mit Breshnew beraten wolle.

Moskau antwortete am 12. Juli, daß der Fahrplan für das Treffen in Warschau keine bilaterale Verhandlungen gestatte, und wiederholte die Einladung.

Am gleichen Tage informierte Moskaus Botschafter Tscherwonenko Dubček persönlich, daß die Beratung der Sechs am 14. Juli in Warschau stattfinden werde. Das war als letzte Aufforderung zu verstehen, es sich vielleicht doch noch zu überlegen.

Dubček unterrichtete das Präsidium, obwohl es an diesem Tage zusammenkam, nicht einmal über diese Nachricht.

Wie muß man dieses verantwortungslose Vorgehen einschätzen? War es Dummheit oder kalkulierte Provokation?

Das Präsidium beschloß an jenem 12. Juli, auf den Brief der Bruderparteien mit einer schriftlichen Absage zu reagieren und beriet einen Entwurf. Den Medien wurde es überlassen, wie sie das kommentierten. In der *Rudé právo* hieß es, daß das Präsidium des ZK der KPTsch Treffen und Verhandlungen begrüßte, aber den Beschluß gefaßt habe, den Bruderparteien bilaterale Gespräche vorzuschlagen, bei denen sich die Repräsentanten gegenseitig über die Politik ihrer Parteien informieren könnten.

In der von *Rudé právo* veröffentlichten Erklärung wurde demagogisch behauptet, daß das Präsidium des ZK der KPTsch zum Schluß gelangt sei, daß es im Interesse unseres Demokratisierungsprozesses sei, auch künftig alles dafür zu tun, daß sich die guten freundschaftlichen Beziehungen zu allen sozialistischen Ländern, zu den kommunistischen und Arbeiterparteien, zu den fortschrittlichen und revolutionären Kräften in der ganzen Welt entwickelten.

Die an die Bruderparteien übermittelten Absagen hatten den gleichen Wortlaut. Nur im Brief an das Politbüro der USAP wurde ein Satz eingefügt: »Wir schätzen die Versicherung hoch ein, daß die Ungarische Sozialistische Vereinigte Arbeiterpartei und das ungarische Volk mit dem Kampf der tschechoslowakischen Kommunisten um die Korrektur der Deformationen und die volle Entwicklung des Sozialismus sympathisieren.«

Das war eine kalkulierte Infamie.

Dubček und Leute aus seiner Umgebung kolportierten seit einiger Zeit, daß die UVAP und deren Führung gutheiße, was sich bei uns abspiele. Dafür gab es keine Anhaltspunkte. Im Gegenteil. Im Laufe des Jahres hatte ich mehrere persönliche Gespräche mit Kadár und wußte, wie besorgt er war. Er fürchtete, daß die Führung der KPTsch und der ČSSR die Lage nicht mehr beherrschte und es zum Schlimmsten kommen könnte. Kádárs Sorgen und Ratschläge hat Dubček also sehr eigenwillig interpretiert.

Dubček bat Kádar um ein Gespräch. Die Begegnung fand am Vorabend des Warschauer Gipfels, am 13. Juli, in Komárno statt. Dubček warb um Verständnis, weil wir nicht nach Warschau führen. Kádar hat mit dem ihm eigenen Taktgefühl und mit Geduld Dubček darauf aufmerksam zu machen versucht, daß die Begründung und die Vorschläge, die das Präsidium des ZK der KPTsch übermittelt hätten, unvernünftig seien. Die Absage des Präsidiums des ZK der KPTsch schaffe eine neue Situation.

Kádar hielt mit seiner großen Enttäuschung nicht hinterm Berg. Er räumte ein, daß er für unser Vorgehen ein gewisses Verständnis aufgebracht hätte, wenn die Absage auf vernünftige Weise begründet oder Alternativvorschläge unterbreitet worden wären.

Daß wir jedoch abgelehnt hatten, überhaupt an einem solchen Treffen teilzunehmen, sei für ihn nicht nachvollziehbar.

Kádar bat Dubček, die Entscheidung zu überdenken und mit einer Delegation anzureisen. Der Ausweg aus der gegenwärtigen Situation könne nicht darin bestehen, daß die KPTsch bilaterale Verhandlungen mit den Bruderparteien aufnähme.

Dubček war offenkundig schon nicht mehr Herr seiner Entscheidungen, sonst hätte er sich anders verhalten. Unstreitig wurden er von Außenminister Jiří Hájek gesteuert, mindestens aber beeinflußt. Hajek war ein Parteigänger František Kriegels und ein Mann westlicher Geheimdienste. Die Linie lautete: Konfrontation.

Am Tag nach dem Treffen mit Kádar übermittelte Dubček und Černík über unseren Botschafter in Warschau ein Schreiben an Breshnew, der sich bereits in der polnischen Hauptstadt aufhielt. Beide begründeten erneut, weshalb sie an dem Treffen nicht teilnähmen und zweiseitige Beratungen für sinnvoller hielten.

Der Gipfel des Schreibens jedoch war die geheuchelte Überraschung darüber, daß die Beratung stattfinde und man über die Lage in der ČSSR sprechen wolle, ohne daß Vertreter der KPTsch zugegen seien. Dubček und Černík behaupten allen Ernstes, daß das Datum des Treffens der KPTsch nicht übermittelt worden sei.

Nicht einmal mit dem Abstand von Jahren und nachdem sich Dubčeks Naivität bestätigt hat, vermag ich zu begreifen, was ihn zu einer so offensichtlichen Lüge verleitete. Das macht man nicht einmal in Verhandlungen mit Gegnern.

Die Unverschämtheit schloß mit der Warnung, daß das Vorgehen der fünf Bruderparteien eine neue Welle auslösen werde, »die die rechten wie die sektiererischen Kräfte im Lande stärken kann«. Deshalb forderten Dubček und Černík, keine Beschlüsse zu fassen, die die Lage in der ČSSR und die Beziehungen zwischen den Bruderparteien verschlimmern könnten.

Am 15. Juli, am nächsten Tag also, schlugen Dubček und Černík dem Präsidium vor, einen weiteren Brief nach Warschau zu schicken. Darin solle gefordert werden, daß das Treffen noch am

Proletarier aller Länder, vereinigt euch!

NEUES DEUTSCHLAND

ORGAN DES ZENTRALKOMITEES DER SOZIALISTISCHEN EINHEITSPARTEI DEUTSCHLANDS

23. Jahrgang / Nr. 197 | Berlin, Donnerstag, 18. Juli 1968 | Republik-Ausgabe / Einzelpreis 15 Pf

Gemeinsamer Brief an das Zentralkomitee der Kommunistischen Partei der Tschechoslowakei

An das Zentralkomitee der Kommunistischen Partei der Tschechoslowakei

Teure Genossen!

Im Namen der Zentralkomitees der kommunistischen und Arbeiterparteien Bulgariens, Ungarns, der DDR, Polens und der Sowjet-

gelegenheiten unserer Staaten, die sich im Warschauer Vertrag vereinigt haben, um ihre Unabhängigkeit, den Frieden und die Sicherheit in Europa zu gewährleisten, um eine unüberwindliche Schranke gegen die imperialistischen Kräfte der Aggression und der Revanche aufzurichten.

Die Völker unserer Länder haben für den Sieg über den Hitlerfaschismus, für ihre Freiheit und Unabhängigkeit, für die Möglichkeit, den Weg des Fortschritts und des Sozialismus

Partei, der Desorientierung der Arbeiterklasse und aller Werktätigen, einer zügellosen antisozialistischen Demagogie, der Unterminierung der freundschaftlichen Beziehungen zwischen der ČSSR und anderen sozialistischen Ländern gemacht. Eine Reihe von Massenmedien praktiziert systematisch einen regelrechten moralischen Terror gegen jene Menschen, die ihre Besorgnis über den Verlauf der Ereignisse bekunden und gegen die Kräfte der Reaktion auftreten.

„Liberalisierung" in der ČSSR und hetzt zugleich gegen die sozialistischen Bruderländer. Besondere Aktivität entwickeln die herrschenden Kreise der westdeutschen Bundesrepublik, die die Ereignisse in der Tschechoslowakei auszunutzen versuchen, um Zwietracht zwischen den sozialistischen Ländern zu säen, die DDR zu isolieren und ihre revanchistischen Absichten zu verwirklichen.

Seht Ihr denn diese Gefahr nicht, Genossen? Kann man denn in dieser Situation passiv

werden Frieden und Sicherheit der Völker vor allem dank der Stärke, der Geschlossenheit und der Friedenspolitik der sozialistischen Staaten erhalten. Für diese Stärke und Einheit der sozialistischen Länder, für das Schicksal des Friedens tragen wir alle die Verantwortung.

Unsere Länder sind durch Verträge und Abkommen miteinander verbunden. Diese wichtigen gegenseitigen Verpflichtungen der Staaten und Völker fußen auf dem gemeinsamen Bestreben, den Sozialismus zu verteidigen und die

Das ND *veröffentlichte den am 15. Juli in Warschau unterzeichneten Brief der fünf Parteien in seiner Ausgabe am 18. Juli 1968*

gleichen Tage seine Beratungen beende und die Teilnehmer nichts beschließen, was die ČSSR beträfe.

Erneut wurde ein Treffen von Delegationen der KPTsch und der KPdSU – und zwar »noch am gleichen Tage oder morgen« – vorgeschlagen. Vierzehn Tage später könnte es dann eine kollektive Beratung mit den Bruderparteien auf dem Territorium der ČSSR geben. Das Schreiben wurde von Dubček, Svoboda, Černík und Smrkovský unterzeichnet.

Gleichzeitig beauftragte das Präsidium Smrkovský mit anderen, in Rundfunk, Fernsehen und Presse dafür zu sorgen, daß man sich bei der Berichterstattung am Standpunkt des Präsidiums orientiere und sich jeglichen Kommentars enthielte, der die freundschaftlichen Beziehungen zur Sowjetunion beeinträchtigen könnte.

Man machte mal wieder den Bock zum Gärtner. Smrkovský, eine Kreatur in den Händen der antisozialistischen Kräfte, der antisowjetische Kampagnen entfesselt und zugespitzt hatte, bekam die Aufgabe, die Massenmedien »zur Räson« zu bringen.

Am gleichen Tage ging auch Post an Ceaucescu und an Tito. Darin schlug Dubček ein persönliches Treffen mit den ersten Männern Rumäniens und Jugoslawiens vor.

Die Mitteilung, daß in Warschau die Führungen der Sowjetunion, Polens, der DDR, Ungarns und Bulgariens die Gespräche über die Lage in der ČSSR trotzdem begonnen und das Schreiben aus Prag offenkundig ignoriert hatten, löste im Präsidium bei Smrkovský, Kriegel, Spacek und Mlynář nahezu Panik aus. Die Tagesordnung wurde annulliert. Dubček zeigte sich unfähig, weiter zu leiten. Er stützte den Kopf in beide Hände, erhob sich schließlich und verschwand in seinem Arbeitszimmer. Černík folgte ihm.

Die Zurückgebliebenen unterhielten sich.

Smrkovský meditierte vor sich hin und bemerkte schließlich lauthals, daß uns nun wohl nichts mehr helfe. Die Situation könne nur durch den Einmarsch sowjetischer Panzer gelöst werden, und er, ein armes Luder, ehemaliger Bäcker, werde nun so enden. Er griff sich ans Herz, spielte einen Anfall und wälzte sich auf dem Sitzungstisch. Keiner lachte. Das war Schmierenkomödie miesester Klasse. Einige meinten ironisch, er sei kein guter Schauspieler. Darauf straffte er sich und nahm wieder Platz.

Kriegel, Spacek und Mlynář taten unbeteiligt, es war aber offensichtlich, daß es in ihnen arbeitete. Sollten sie gehen oder bleiben?

Dubček kehrte nach einer Weile zurück und erklärte, daß die Sitzung unterbrochen sei, solange wir nicht wüßten, was in Warschau beschlossen werde. Wir blieben aber sitzen.

Dann wurde die Nachricht hereingegeben, daß Botschafter Tscherwonenko noch heute aus Warschau käme, um uns eine Nachricht zu übergeben.

Der Diplomat traf eine halbe Stunde nach Mitternacht ein.

Smrkovský wollte um jeden Preis an dem Gespräch mit Dubček teilnehmen und drängte sich in dessen Arbeitsräume.

Obgleich der Brief erst am nächsten Tag offiziell bekanntgegeben werden sollte, kam Smrkovský ins Sitzungszimmer des Präsidiums gestürzt, riß noch in der Tür die Arme hoch und schrie: »Alles ist gut, nichts ist passiert, die Panzer kommen nicht!«

Das Schreiben war an das Zentralkomitee der KPTsch adressiert. Die Bruderparteien riefen uns zum wiederholten Male dazu auf, Maßnahmen zur Rettung des Sozialismus zu ergreifen. Die Entwicklung in den letzten Monaten zeige, daß die von den imperialistischen Zentren unterstützten Kräfte der Konterrevolution einen breit angelegten Angriff gegen die sozialistische Ordnung entfaltet hätten und auf keinen Widerstand der Partei und der Volksmacht stießen.

Die Bedrohung der Grundlagen des Sozialismus in der Tschechoslowakei tangierten auch die Lebensinteressen der anderen sozialistischen Länder. »Die Völker unserer Länder würden uns Gleichgültigkeit und Leichtfertigkeit angesichts einer solchen Gefahr nie verzeihen.«

Unsere Partei trüge nicht nur Verantwortung gegenüber der Arbeiterklasse und unserem Volk, sondern auch gegenüber der internationalen Arbeiterklasse und der kommunistischen Weltbewegung. Den sich daraus ergebenden Verpflichtungen könnten wir uns nicht entziehen.

Aus dem Brief ging klar hervor, daß die Verbündeten, sofern die Führungen der Partei und des Staates keine Ordnung schaffen, der spontanen Entwicklung in der Tschechoslowakei keinen freien Lauf lassen könnten und gezwungen sein würden, entschiedene Maßnahmen zu ergreifen.

Reichlich unverständlich, wie Smrkovský zu der Einschätzung gelangen konnte: »Alles ist gut, nichts ist passiert, die Panzer kommen nicht!«

Ein heißer Sommer

Am 9. und 11. Juli fand in Bratislava die Delegiertenkonferenz der Kommunisten in der Armee statt. Die Delegation, die das Präsidium des ZK der KPTsch entsandt hatte, bestand aus Oldřich Černík, Martin Dzúr und mir. Manche Redebeiträge waren ausgesprochen erschütternd. Die bekannte Stabsübung der Armeen des Warschauer Vertrages war beendet, der Abzug der Truppen erfolgte nach Plan. Den konterrevolutionären Kräften schien das zu lange zu dauern. In der Anwesenheit der verbündeten Truppen sahen sie ein beträchtliches Risiko.

Ein Delegierter, ein hoher Offizier, schlug darum vor, daß der Minister für Nationale Verteidigung der ČSSR auf dem beschleunigten Abzug der verbündeten Truppen bestehen und die Tschechoslowakische Volksarmee in den Zustand der Gefechtsbereitschaft versetzen solle. Eine Unverschämtheit, für die er augenblicklich aus der Partei hätte ausgeschlossen und vor ein Militärgericht gestellt werden müssen.

Danach trat ein Offizier aus den Grenztruppen mit Namen František Kulko ans Mikrofon und verlangte, daß sein Vorredner aus dem Protokoll gestrichen werden solle, weil eine solche Haltung eine Schande für Kommunisten in der Armee sei.

Er scheiterte mit seinem Antrag. 120 Delegierte stimmten dafür, daß die Forderung des Provokateurs im Protokoll stehenbleiben sollte. Auch das wurde als Bestandteil des Erneuerungsprozesses und als Ausdruck von Demokratie betrachtet. Nicht nur ich war schockiert.

Während der Konferenz trafen Telegramme aus Betrieben ein, die die Teilnehmer der Konferenz grüßten und ermunterten. Die Absender beteuerten ihre Treue zum Erneuerungsprozeß und gebrauchten Formulierungen, die mir merkwürdig erschienen. Manche Betriebe kannte ich. Es wollte mir nicht in den Kopf, daß sie so etwas geschrieben haben konnten. Ich erteilte den Auftrag, die genau Herkunft einiger dieser Telegramme zu ermitteln. Es war, wie vermutet: Die Rechten hatten überall Anhänger, und diese verschickten provokative Telegramme im Namen von Betriebskollektiven, Parteiorganisationen, Gewerkschafts- und Jugendgruppen und Unternehmen. Die Botschaften waren gleichzeitig an Redaktionen übermittelt worden, wo sie als *vox populi* zitiert wurden.

In die öffentliche Debatte zur beschleunigten Vorbereitung des Parteitages floß zunehmend ein neues Thema ein. Am 29. Oktober 1918 war die Tschechoslowakische Republik gegründet worden. Es stand der 50. Jahrestag ins Haus. Er sollte zum Anlaß genommen werden, daß die vor einem halben Jahrhundert begonnene staatsrechtliche Ausgestaltung zum Abschluß geführt würde. Das war natürlich propagandistischer Nebel. In die Vorbereitungen war auch der Vorbereitungsausschuß der Sozialdemokratie eingebunden worden. Im Gebäude des Zentralkomitee der KPTsch verhandelten der Vorsitzende des Vorbereitungsausschusses der Sozialdemokratie, Zdeněk Bechyne, und der Sekretär des ZK der KPTsch, Zdeněk Mlynář. Ich bekam das Protokoll des Gespräches vom 25. Juli in die Hand, welches Mlynář Smrkovský gegeben hatte. Darin las ich:

»1. In Anbetracht der Situation sind sie [die Sozialdemokraten – *d. Autor*] bereit, vorläufig ihre Tätigkeit bis zum Parteitag der Kommunistischen Partei unter der Voraussetzung zu unterbrechen, daß sie von Dubček die Garantie erhalten, daß die Sozialdemokratie nach dem Parteitag ihre Tätigkeit fortsetzen kann. In keinem Falle gedenken sie die Tätigkeit der Sozialdemokratie bei uns dauernd einzustellen.

2. Nach dem bisher behandelten Plan wird am 17. August 1968 in Prag die Gründungsversammlung des Zentralen Exekutivausschusses der Sozialdemokratie stattfinden. Vorsitzender wird weiterhin Zdeněk Bechyne bleiben, als Gäste werden an der konstituierenden Versammlung drei ehemalige Funktionäre der slowakischen Sozialdemokratie teilnehmen, die nach dem Parteitag eine selbständige sozialdemokratische Partei in der Slowakei gründen werden.

3. Der Parteitag der slowakischen Sozialdemokratie wird bis zum Ende diesen Jahres stattfinden, und es wird auf ihm ein 67köpfiger Zentralausschuß gewählt.

4. Der bisherige Stand und die Struktur der Sozialdemokratie:

a) ein zehnköpfiger Vorbereitungsausschuß in Prag

b) fünfköpfige Bezirksausschüsse in den einzelnen Bezirken Böhmens und Mährens

c) fünfköpfige Kreissausschüsse.

Die Kreisausschüsse sind bis zum heutigen Tage in mehr als der Hälfte der Republik gegründet worden. Außerdem existieren heute 230 Orts- und Betriebsorganisationen der Sozialdemokratie. Die Zahl der Mitglieder in der Republik ist derzeit nicht bekannt.

Bechyne wies darauf hin, daß das Ministerium des Innern auf Weisung des ZK der KPTsch den Mitgliederstand der Sozialdemokratie in den einzelnen Bezirken und Kreisen feststellen solle.

Die Tätigkeit in den letzten Tagen:

18. Juli abends – Aktiv der Funktionäre der Partei und der Leiter der einzelnen Bezirke, insgesamt 135 Funktionäre anwesend.

Am 27. Juni 1968 fand eine Bezirksaktivtagung von Gewerkschaftsfunktionären des Stadtbezirks Prag 8 statt, Gesamtteilnahme 300 Funktionäre, Referent: der Vorsitzende des Zentralrates der Gewerkschaften, K. Polacek. Nach der Diskussion wurde eine Resolution ausgearbeitet, die insgesamt vier Punkte enthält, in denen sie fordern, Streiks zu genehmigen, sie gesetzlich zu verankern, finanzielle Mittel für einen Streikfonds zu bilden, die Tätigkeit, Struktur und Zusammensetzung der Volksmilizen zu revidieren und diese Einheiten durch andere politische Organisationen der Nationalen Front zu ergänzen und die Volksmilizen der Nationalen Front zu unterstellen. Eine weitere Forderung: Erhöhung der Löhne der Arbeiter.

5. Nach Mitteilung von Zdeněk Bechyne droht keine Okkupation durch sowjetische Truppen. Sie würde nur abschrecken. Diese Information erhielt Bechyne von einer wichtigen Person aus London. Weiter gab Bechyne bekannt, daß einige ehemalige Funktionäre der Sozialdemokratischen Partei aus der Emigration zurückzukehren gedenken. Das sind vorläufig Professor Mark, Václav Holuba und Lúla.«

Dubček kannte diese Information, widmete ihr aber keinerlei Aufmerksamkeit.

Künftige Generationen werden beim Studium der Geschichte der Partei wahrscheinlich schwerlich begreifen und sich die Frage stellen, warum die gesunden Kräfte in der Partei und vor allem im Präsidium des ZK der KPTsch auf die ausgesprochen provokativen Erscheinungen und Taten der Rechtsopportunisten nicht reagiert haben. Genauso schwer ist zu begreifen, warum viele der vom Präsidium des ZK und vom Zentralkomitee angenommenen Schlußfolgerungen und Beschlüsse sich im Widerspruch zur Wirklichkeit befanden.

Ich will nicht einmal mich selbst rechtfertigen. Ich habe das später auch bei der Parteiüberprüfung zugegeben, daß ich meinen Anteil an den Fehlern habe. Wir haben wie in einer unwirklichen Welt gelebt. Als ob uns eine unsichtbare Kraft geführt und manipuliert hätte. Ich habe ständig gewartet und geglaubt, daß Dubček zu sich käme. Die Ereignisse haben sich so rasant entwickelt, daß wir viele Dinge oft nur registrierten, sie schon nicht mehr korrigieren und in die richtige Lage bringen konnten. Zudem hat Dubček oft nachträglich eigenmächtig den Sinn von Beschlüssen geändert. Viele Fragen gelangten ohne Vorbereitung, ohne schriftlichen Beschlußentwurf auf die Tagesordnung von Präsidiumssitzungen, die Diskussion dazu verlief ungeordnet.

Der marxistisch-leninistische Teil des Präsidiums wurde überfahren und der rechtsopportunistische Teil hatte vorher seine Position abgestimmt. Hinzu kam, daß Dubčeks Schlußworte meist so unklar, ja verworren waren, daß man nicht wußte, wem man zugestimmt und was man abgelehnt hatte. Meist hieß es: »Das wird noch stilistisch bearbeitet und bereinigt.«

Am folgenden Tag haben Dubček und seine persönlichen Mitarbeiter die Beschlüsse nach ihren politischen Vorstellungen »bearbeitet und bereinigt« Es passierte, daß ich – wenn ich in Bratislava nach einer Woche die Kurierpost mit den Dokumenten erhielt – die Beschlüsse, Vorlagen und Protokolle nicht wiedererkannte. Oft stand darin etwas ganz anderes, was wir behandelt und welche Schlußfolgerungen wir gebilligt hatten.

Viele wichtige Entscheidungen wurden überdies von der Gruppe Dubček, Černík, Mlynář und Spacek allein getroffen, aber als kollektive Entscheidungen der Parteiführung ausgegeben.

Wenn ich das kritisierte, wurde das mit dem Erfordernis begründet, schnell reagieren zu müssen. Sofern ich da und dort anderer Meinung sei: Das Präsidium habe doch das Recht, Entscheidung nachträglich zu annullieren.

Das stimmte zwar, aber in der Regel war da nichts mehr zu machen. Manche Fehler ließen sich nicht korrigieren. Das wäre ungefähr so gewesen, als versuchte man, eine vom Baum gefallene Birne wieder an den Ast zu binden in der Erwartung, sie wachse weiter.

Das schürte Argwohn und Mißtrauen, erzeugte das Gefühl von Ohnmacht und Nutzlosigkeit. Das Klima war wirklich nicht gut. Einige Male habe ich Dubček gebeten, sich dessen bewußt zu werden, daß wir einer Katastrophe entgegentrieben. Ich ermahnte ihn, zu sich zu kommen, solange noch Zeit sei. Wir sollten die gesunden Kräfte gegen die Konterrevolution mobilisieren. Ich gab ihm auch einen schriftlichen Entwurf von politischen, organisatorischen und kaderpolitischen Maßnahmen. Er überflog ihn und meinte, daß das überflüssig sei.

Der Glaube an sich selbst, an seine Autorität, war geradezu krankhaft. Mein Fehler bestand vielleicht darin, daß ich als sein ehemaliger enger Mitarbeiter nicht taktierte, ihn nicht lobte wie die anderen, sondern offen mit ihm auch über seine Fehler und Irrtümer redete. Diese Offenheit, die ja auch Ausdruck von Vertrauen ist, führte jedoch zu keiner Nähe, sondern zu einer Entfremdung. Dubček begann Gesprächen mit mir auszuweichen und lehnte jeden Rat ab. Zu Freunden wurden jene, die ihn unkritisch lobten, ihm zum Munde redeten und ihn feierten. Wer aber kritische Bemerkungen machte, wurde zum politischen Gegner.

Auf einer der Sitzungen im Juli sagte ich ihm vor allen anderen Mitgliedern des Präsidiums ins Gesicht, daß ich fürchte, er werde ein tschechoslowakischer Imre Nagy. Damit hatte ich den letzten Rest Sympathie bei ihm verspielt. Bei anderer Gelegenheit riet ich ihm, nicht den Lobpreisungen zu erliegen. Darauf sagte er mir, daß ich ihm sein Ansehen wohl neide und nicht begreife, worum es gehe. »Wenn ich berühmt werde, wird auch die Partei berühmt. Begreifst du das nicht?« Dabei schnappte seine Stimme fast über, was sehr ungewöhnlich war, da er sonst immer sehr leise sprach.

Innenminister Pavel stellte die Beobachtung westlicher Geheimdienste ein, begann aber Informationen über marxistisch-leninistische Kräfte zu sammeln. Sein Stellvertreter Salgovič hielt die sozialistischen Kräfte im Ministerium des Innern zusammen, aber seine Möglichkeiten waren begrenzt. Pavel meldete jedes Treffen, jede Versammlung oder Zusammenkunft dieser Kräfte an Kriegel und Smrkovský. Die schreckten Dubček dann mit der Nachricht, daß sich »parteifeindliche Fraktionen« formierten. Es wurde sogar ein Vorschlag zur Schaffung eines »Zentrums« ausgearbeitet, in dem marxistisch-leninistische Kräfte isoliert werden sollten. Das sollte Bestrebungen tarnen, so etwas wie Internierungslager für gesunde

Kräfte einzurichten, wenn sie sich der Konterrevolution entgegenstellten und diese sich stark genug wähnte, sie wegzusperren.

Diese Pläne wurden nicht einmal nach der Unterdrückung der Konterrevolution veröffentlicht, damit die Massen nicht forderten, Dubček und andere dafür vor Gericht zu stellen.

Angesichts wachsender Differenzen mit Dubček und der allgemeinen Entwicklung erwog ich, von allen Funktionen in Prag zurückzutreten. Meine Anstrengungen schienen vergeblich. Ich war aber überzeugt, daß wenigstens die Slowakei zu halten war, die konterrevolutionären Kräfte konnten dort erstickt werden. Doch wenn ich in Prag demissionierte, könnte das als slowakischer Nationalismus ausgelegt werden. Es gab nicht wenige, die ein Zerwürfnis zwischen Tschechen und Slowaken sogar wünschten.

Ich durchlebte schwere Tage.

Ich sah, wie die Konterrevolution mit jedem Tag an Kraft gewann und hoffte in meiner Naivität, daß ich mich durch den Rücktritt der kollektiven Verantwortung entledigen könnte. Ich war mir jedoch auch bewußt, daß es solche wie mich zu Tausenden gab und mein Schritt nicht zu einer Stärkung, sondern nur zur Schwächung der gesunden Kräfte und zu ihrer Desorientierung beitragen würde. Ich gelangte zu dem Schluß, daß unsere gemeinsame Aufgabe darin bestehen müsse, das Schlimmste – einen Bürgerkrieg – zu verhindern. Politik ist eine Sache des Verstandes, nicht persönlicher Gefühle. Ich war mehr denn je davon überzeugt, daß Dubčeks Weg in den Abgrund führte und dieser schon nahe war.

Im Sommer 1968 wurden nicht nur politische Fehler und Irrtümer begangen, sondern auch eine ganze Reihe hinterhältiger Entscheidungen getroffen, mit denen der Parteitag vorbereitet wurde, auf dem die Linie für den Aufbau des »Sozialismus mit menschlichem Antlitz« festgelegt werden sollte. Ein willfähriges Zentralkomitee, ein Instrument der Rechtsopportunisten und antisozialistischen Kräfte, sollte auch den Weg freimachen für eine ähnliche Auswahl von Kandidaten für die nachfolgenden Wahlen zu den kommunalen Volksvertretungen und des höchsten gesetzgebenden Organs, der Nationalversammlung. Die solcherart »in demokratischen freien Wahlen« gewählten Organe wären keine Körperschaften zum Schutz des Sozialismus, sondern Werkzeuge zu seiner schrittweisen Liquidierung geworden. Der Gipfel der Überlegungen: Das Parlament sollte Bedingungen für den Austritt der Tschechoslowakei aus der sozialistischen Gemeinschaft, aus dem Bündnis des Warschauer Vertrages und die Proklamation einer »Neutralität« vorbereiten. Das war ein verbrecherischer, volksfeindlicher Plan, das Muster für die »friedliche Konterrevolution«.

Jeder, der sich diesen Absichten entgegenstellen würde, hätte nach dem Gesetz zum Schutz der Republik als staatsfeindliches Element abgeurteilt werden können.

Und sofern die Verbündeten dies verhindern wollten, würden die vorgeblich frei gewählten Organe – das Zentralkomitee und das Parlament – die »freie Welt« um Hilfe bitten. Das wurde im Ministerium für Auswärtige Angelegenheiten ganz unverblümt vorbereitet. Ich erfuhr das von Dubčeks Ehefrau, die unfreiwillig Ohrenzeugin eines Gespräches von Kriegel und Smrkovský geworden war.

Damit man schneller mit unbequemen Parteimitgliedern und Bürgern der Republik fertig werden würde, wollte man jene von der Kette lassen, die sich seit 20 Jahren benachteiligt wähnten, weil man ihnen damals die Macht aus den Händen genommen hatte. Auch Kriminelle, die sich als Opfer gerierten. Denn es wurde ignoriert und verdrängt, daß dem Sozialismus fremde Erscheinungen wie Korruption, Schmarotzertum und Diebstahl an gesellschaflichem Eigentum juristisch verfolgt wurden. Aber: Sie galten als Opfer.

Das Präsidium des Zentralkomitees kam zwar zusammen, diskutierte, nahm auch Beschlüsse an, traf aber keinerlei Entscheidungen mehr. Vor allem hatte es keine Kraft, um die Erfüllung seiner eigenen Beschlüsse zu kontrollieren. Die Rechten im Präsidium verschleierten mit verbalen Zugeständnissen ihr Handeln und gewannen unablässig Spielraum.

Jeder Tag war für sie ein Gewinn.

Dubček war schon so besoffen von seinem Ruhm, daß er weder sah noch begriff, daß sein Ansehen nur eine Fassade war, hinter der das Verbrechen gegen das tschechoslowakische Volk vorbereitet wurde. Dubček war die Tarnung der Konterrevolution. Und wenn es nötig gewesen wäre, hätten sie auch ihn geopfert. »Dubček gegen Dubček« – so lautete eine Losung im Juli 1968.

Der Erste Sekretär war jedoch noch immer der Überzeugung, daß er alles in der Hand halte, obgleich im Präsidium die Rechten ebenso wie in der Regierung die Mehrheit hatten. In der Nationalversammlung herrschte Smrkovský, in der Nationalen Front und im Außenministerium seine Kumpane Kriegel und Hájek. Sie erklärten, daß das Zentralkomitee endgültig das Vertrauen verloren und kein Recht mehr habe, über Lebensfragen des Staates zu entscheiden.

Zugleich mehrten sich aber auch die Stimmen, die die Frage stellten, wie die Lage mit den Verbündeten zu meistern sei. Das heißt: Wenn wir es nicht selbst packten, mußten die Bundesgenossen ran. Sie hatten dies wiederholt angeboten. Verantwortliche Funktionsträger meinten darum, man solle ein schriftliches Hilfeersuchen an sie richten. Ich selbst war unentschlossen und kümmerte mich lieber um die Slowakei. Sollte es in Prag laufen, wie es lief.

Dort existierte – neben den tradierten Einrichtungen – bereits ein zweite Zentrum. Dessen Kern bildeten der ambitionierte internationale Abenteurer František Kriegel, der schwache, schwankende, oberflächliche Josef Smrkovský, der erfahrene, gut getarnte, den sozialdemokratischen revisionistischen Traditionen treu gebliebene, nach großer Karriere strebende Jiří Hájek, der dafür auch den Sozialismus zu opfern bereit war, Ota Šik, Jiří Pelikán, Zdeněk Mlynář, der berechnende Cestmír Císař und Novotnýs Kronprinz Martin Vaculík.

Dubček und andere waren nurmehr Figuren, die wohl auf der Bühne in der Rolle von Königen, Kanzlern und Ministern agierten, aber sie hatten nichts mehr zu bestellen. Regie führten die anderen.

An der Schwelle zu einem Bürgerkrieg

In der zweiten Julihälfte des Jahres 1968 herrschte ein Zustand, in dem kein politisches Machtorgan in der Tschechoslowakei fähig war, den Angriffen die Stirn zu bieten. Staat und Partei waren gleichsam paralysiert.

Warnende Stimmen ehrlicher Leute fanden kein Gehör, sie wurden augenblicklich niedergeschrien. Die Rechten forcierten den geistigen Terror, die gesellschaftliche Atmosphäre ließ keine Luft zum Atmen. Die Menschen sollten eingeschüchtert und gezwungen werden, sich zurückzuziehen. Viele gute, anständige, dem Sozialismus ergebene Staatsbürger und Genossen verfielen in Apathie, Zorn, Ratlosigkeit und warteten ab.

Im Zentralkomitee gingen Tausende Briefe ein, in denen geschildert wurde, was sich in der Republik abspielte, und darum gebeten wurde, daß die Parteiführung endlich etwas unternehmen möge.

Publiziert wurden jedoch nur jene Schreiben, in denen die Führung ob ihrer Kühnheit gelobt wurde. Die große Mehrheit der Briefe war jedoch kritisch, diese wurden schnell geschreddert. Eine Vielzahl von Briefen ging auch an die diplomatischen Vertretungen befreundeter Länder. Namentlich an die sowjetische Botschaft wurden Briefe gerichtet. Dort wurden auch Delegationen vorstellig.

Mich besuchte in Bratislava eine Gruppe ehemaliger Partisanenkommandeure. František Hagara, František Mišeje, Ernest Bielik und andere boten ihre Hilfe an und verlangten, daß wirksame Maßnahmen gegen die drohende Gefahr ergriffen würden. Starker Druck kam aus Bezirken, Kreisen, aus Betriebs- und Dorforganisationen der Partei, aus der Armee und den Sicherheitsorganen. Alte, verdiente slowakische Parteimitglieder zeigten sich beunruhigt. Alle verlangten Informationen, worin die Absichten und Vorhaben der Prager Partei- und Staatsführung bestünden. Sie wollten wissen, warum nichts unternommen werde. Auch sie forderten, die Verbündeten um Hilfe zu bitten, sofern die Führung in Prag nicht genügend Kraft und Mut habe, sich der Konterrevolution in den Weg zu stellen. Kommunisten aus dem Parteiapparat, Parteimitglieder und Parteilose aus der staatlichen Verwaltung, der Armee und den Sicherheitsorganen kündigten an, sie würden notfalls zur Waffe greifen und in die Berge zu gehen.

Die Tschechoslowakei befand sich ganz offenkundig an der Schwelle zu einem Bürgerkrieg.

Damit rechneten auch einige westliche Botschaften in Prag. Innenminister Pavel informierte darüber das Präsidium des ZK der KPTsch. Er tat das ungewollt, gab es aber zu. In einem Bericht über die Lage in der Tschechoslowakei, den er dem Präsidium vorlegte, entschuldigte er sich sogar dafür, daß es ihm noch nicht gelungen sei, die Staatssicherheit – die Aufklärung und die Abwehr – zu liquidieren. Ihm sei eine Information von einem Abschiedscocktail in einer westlichen Botschaft zugegangen. Der Botschafter habe gesagt, daß er nach fünfjährigem Wirken in der Tschechoslowakei dieses schöne Land lieben gelernt habe, weshalb es ihm sehr leid tue, daß die Tschechoslowakei »nichts Gutes, nur Bürgerkrieg« zu erwarten habe. Angeblich seien die Vereinigten Staaten an einem Bürgerkrieg interessiert, um Rache zu nehmen für den Februar 1948.

In dem Geheimdienstbericht hieß es weiter, daß die anwesenden Diplomaten diese Einschätzung geteilt hätten.

Dubček, Kriegel und Smrkovský nahmen diese Information mit Gleichmut zur Kenntnis. Was konnte man dagegen tun?

Ich vermochte nicht abzuschätzen, welche Folgen wir auslösen und welche Kräfte wir aktivieren würden, wenn die marxistisch-leninistische Gruppe im Präsidium des ZK und im ganzen Zentralkomitee gegen diese Renegatenpolitik aufgetreten wäre?

Ich berief eine Beratung der Bezirks- und Kreissekretäre der slowakischen Partei ein. Es ging um die Kontrolle der Vorbereitung des Parteitages am 9. September. Hauptsächlich wollte ich jedoch ausloten, was geschehen würde, wenn das Zentralkomitee der KPS einen anderen Standpunkt als das Zentralkomitee der KPTsch beziehen würde.

Die Meinung der Kreis- und Bezirkssekretäre war bis auf wenige Ausnahmen einhellig. Sie drangen darauf, noch vor dem Parteitag die Lage zu klären und entschiedene Maßnahmen durchzusetzen.

Ich beriet mich mit Angehörigen der Armee und der Sicherheitsorgane. Ich ließ auch diejenigen Mitarbeiter des Rundfunks und des Fernsehens nicht aus, auf die ich mich glaubte verlassen zu können.

Die große Mehrheit der Kreis- und Bezirksfunktionäre der Partei, die führenden Kommandeure der Armee und der Sicherheitsorgane sowie ein Teil der Mitarbeiter in Massenmedien waren bereit, den offenen Kampf aufzunehmen.

Das Treffen in Čierná nad Tisou Ende Juli 1968

Das Präsidium des ZK der KPTsch hatte am 16. Juli der Führung der KPdSU bilaterale Verhandlungen am 20./21. Juli in Kosice vorgeschlagen. Notfalls könne das Treffen auch auf sowjetischem Territorium stattfinden, jedoch in Grenznähe. Kiew oder Lwow wären möglich.

Am 17. Juli war das Schreiben dem sowjetischen Botschafter Tscherwonenko übergeben worden.

Nach zwei Tage kam aus Moskau die Antwort. Das Politbüro der KPdSU erklärte sich mit dem 28. Juli einverstanden, bat aber darum, daß alle Mitglieder des Politbüros des ZK der KPdSU und des Präsidiums des ZK der KPTsch daran teilnehmen sollten.

Am 22. Juli informierte Dubček das Präsidium, daß das Treffen am 28. Juli 1968 um 10 Uhr im slowakischen Čierná nad Tisou stattfinden werde. Neben den Präsidiumsmitgliedern sollten an dem Treffen auch der Präsident der Republik, Ludvík Svoboda, teilnehmen.

Die sowjetischen Genossen hatten gebeten, die Vorbereitung des Treffens im Interesse einer ruhigen Arbeitsatmosphäre vertraulich zu behandeln, damit keinerlei Medienaktionen organisiert werden konnten.

Das paßte jedoch den rechten Elementen in der Parteiführung nicht. Sie begannen Unterschriften zur Unterstützung ihrer volksfeindlichen Politik zu sammeln. Diese wurden dann paketweise nach Čierná gesandt. Das war peinlich und ziemlich blamabel.

Auf die Frage der sowjetischen Genossen, warum wir solche Aktionen inszenierten, behauptete Dubček, daß wir das nicht organisiert hätten, das geschähe spontan. Worauf die sowjetischen Genossen dieser Argumentation folgten und meinten: Wenn heute die Resolutionen spontan *für* euch gemacht werden, ist es ja auch denkbar, daß nicht minder spontan morgen Resolutionen *gegen* euch verfaßt werden.

Niemand glaubte an Spontanietät. Einzig vielleicht Dubček ...

Am 22. Juli veröffentlichte die Moskauer *Prawda* einen Artikel über die Haltung des Präsidiums des ZK der KPTsch zum Warschauer Treffen. Darin hieß es, daß die Situation in der Tschechoslowakei zeige, daß die feindlichen Kräfte das Land vom sozialistischen Weg abbrächten und die Gefahr heraufbeschworen, daß die Tschechoslowakei von der sozialistischen Gemeinschaft losgerissen werde. Der Artikel endete mit einem Zitat aus jenem Brief, den das Präsidium des ZK der KPTsch von den Bruderparteien nach der Warschauer Beratung erhalten hatte. »Jede unserer Parteien trägt nicht nur gegenüber der Arbeiterklasse und ihrem Volk, sondern auch gegenüber der internationalen Arbeiterklasse und der kommunistischen Weltbewegung Verantwortung dafür, daß sie den Verpflichtungen nicht aus dem Wege gehen kann, die daraus erwachsen. Deshalb müssen wir uns solidarisch verhalten und einheitlich handeln bei der Verteidigung der Errungenschaften des Sozialismus und der internationalen Positionen der ganzen sozialistischen Gemeinschaft.«

Der *Prawda*-Beitrag signalisierte, welche Fragen in Čierná aufgeworfen werden würden.

Die Gruppe um Dubček hatte jedoch ihre eigenen Vorstellungen. Sie arbeitete sogar eine Direktive für das Vorgehen in Čierná aus, die für alle Präsidiumsmitglieder als verbindliche Verhandlungsrichtlinie gelten sollte.

Ich konnte mich mit dem Inhalt dieser Direktive erst nach dem Treffen vertraut machen und begriff, warum Smrkovský so vehement darauf gedrungen hatte, daß unser Standpunkt auf der Beratung ausschließlich durch Dubček vertreten werden sollte.

Der Schwerpunkt der Gespräche sollte gemäß dieser Direktive nicht in der Erläuterung unseres Standpunktes und nicht in einer Polemik mit unseren Partnern bestehen, sondern in einer Auszeit, die auf Korrektur der Position Moskaus spekulierte. »Weil es zum gegenwärtigen Zeitpunkt offensichtlich ist, daß es uns nicht gelingen wird, die sowjetischen Genossen von der Richtigkeit unserer Sichtweise zu überzeugen, wird es erforderlich, eine andere Taktik zu wählen.«

Die Taktik setzte auf Einschüchterung. Dubček sollte die Führung der KPdSU darauf aufmerksam machen, daß die in Warschau formulierte Stellungnahme als Einmischung in die tschechoslowakischen Angelegenheiten interpretiert werden könnte, was die Vorbereitung der Internationalen Beratung der kommunistischen und Arbeiterparteien in Moskau im Sommer 1969, zu der bereits Konsultativtreffen erfolgten, gewiß beeinträchtigte.

Ferner hieß es in der Direktive, daß die Bewertung der Situation in der Tschechoslowakei als konterrevolutionär strikt abzulehnen sei. Eine solche Einschätzung machte es erforderlich, Machtinstrumente zu ihrer Unterdrückung einzusetzen.

Die Logik dieser Argumentation bedeutete in der Umkehrung, daß Dubček und die Autoren der Direktive also nicht willens waren, die Konterrevolution aufzuhalten.

Wenn es aber sie nicht tun wollten, mußten es andere tun.

In Čierná nad Tisou, so in dem Papier weiter, sollten keinerlei Fehler eingeräumt und kein selbstkritisches Wort geäußert werden. Und es wurde empfohlen, eine Offene Erklärung herauszugeben, daß die Anwendung von Machtmitteln für die Tschechoslowakei undenkbar wäre, weil dadurch die Einheit von Partei und Volk geschwächt werden würde.

Es war dumm und unverschämt, den Rat der Bruderparteien auszuschlagen, die Partei und der sozialistische Staat sollten alle Kräfte zur Unterdrückung und Einschränkung der konterrevolutionären Kräfte einsetzen, und zu behaupten, daß der Einsatz entsprechender Machtmittel gegen die Konterrevolution die Positionen der Partei und des sozialistischen Staates schwächte.

Damit wurde eigentlich der Beweis erbracht, daß die Konterrevolution grünes Licht und freie Fahrt bekommen hatte.

Die Provokation erfuhr noch eine Steigerung. Von der sowjetischen Seite sollte gefordert werden, daß sie der Führung der KPTsch das volle Vertrauen ausspräche.

Kritische Artikel, antisozialistische und antisowjetische Auftritte in den Massenmedien sollten nicht als Standpunkte von Partei und Regierung, sondern als private Meinungsäußerungen einzelner Personen gesehen werden.

Die Abfahrt nach Čierná nad Tisou war für Sonntag vorgesehen. Am Mittwoch, dem 24. Juli, rief mich am frühen Abend im Zentralkomitee der KPS Dubčeks Frau an. Sie werde zurück nach Prag fahren, müsse mich aber vorher dringend sprechen. Ich sagte, sie könne sofort kommen, ich hätte Zeit für sie. Das gehe nicht, sagte sie. Wenn bekannt würde, daß sie mich im Zentralkomitee der KPS aufgesucht habe, wäre das nicht gut. Ich bot ihr an, sie in ihrer Wohnung aufzusuchen. Auch das lehnte sie ab und schlug stattdessen vor, daß wir uns »zufällig« auf dem Wege zum Slavin treffen könnten. (Der Slavin ist ein Hügel über der Stadt Bratislava, auf dem sich das Ehrenmal der sowjetischen Helden befindet.)

Ich stimmte zu. Wir vereinbarten, daß ich ungefähr gegen 20 Uhr über den Slavin schlendern würde.

Frau Dubčeková war ziemlich erregt. Sie wolle nach Prag fahren, um Alex zu warnen. Er dürfe sich nicht mit Verrätern wie Kriegel und Smrkovský verbünden. Und wenn Alex ihren Rat nicht annehme, werde sie ans Fernsehen gehen und die beiden bloßstellen.

Ich war sowohl über die Heftigkeit als auch über die Art ihrer leidenschaftlichen Reaktion sehr verwundert und erkundigte mich nach dem Anlaß.

Sie habe an einer Friedensmanifestation in Lísne bei Brno teilgenommen und sei unbeabsichtigt Zeugin eines Gespräches zwischen Kriegel und dem US-Botschafter geworden. Später hätte Kriegel Smrkovský informiert, welche Hinweise er von dem Diplomaten bekommen habe. Es seien eindeutig Handlungsanweisungen für ihr weiteres Vorgehen gewesen.

Ob die beiden wüßten, daß sie das mitbekommen habe?

Sie schüttelte den Kopf.

Ich sagte ihr, daß das sehr ernst und gefährlich sei. Doch ich glaube nicht, daß das Fernsehen die Lösung sei. Zudem halte ich die direkte Auseinandersetzung mit beiden für ein eher zweitrangiges Problem. Die Würfel würden am Wochenende in Čierná fallen. Dort, so hoffe ich, werden wir zu Verabredungen mit den Verbündeten kommen, in deren Folge unsere Probleme grundsätzlich geklärt werden. Dann werden wir uns auch mit Kriegel und Smrkovský auseinandersetzen und ihre staatsfeindlichen Vorhaben zunichte machen.

Ich wäre auch nicht böse auf Alex, wie sie vermutete, weil er sich nicht für mich engagierte und mich vor Angriffen in Schutz nähme, sagte ich. Er wäre halt so. Aber sie könne durchaus behilflich sein, ihn davon zu überzeugen, daß wir um jeden Preis in Čierná nad Tisou mit den Sowjets zu einer Einigung gelangen müssen.

Frau Dubčeková reiste am nächsten Tag nach Prag. Was sie ihrem Mann gesagt hat, werden wir nie mehr erfahren. Nach ihrer

Rückkehr nach Bratislava ging sie nicht ins Fernsehen, sondern nahm das Auto und die Kinder und fuhr über Wien nach Jugoslawien. Das österreichische Fernsehen zeigte sie beim Shoppen in Wien.

So erfuhr weder die Tschoslowakei noch die Welt aus dem Munde einer namhaften Zeugin, daß Kriegel und Smrkovský im Dienste feindlicher Mächte standen.

Am Sonntag flogen wir zunächst bis Košice mit dem Flugzeug, dann bestiegen wir den Zug. In Čierná gab es außer dem Haus der Eisenbahner, wo die Verhandlungen stattfinden sollten, keine angemessene Bleibe. Deshalb wurde der Zug für die Delegation und die Begleitung unser Quartier.

Am Montag traf die sowjetische Delegation ein. Sie logierte in Ushgorod und kam jeweils morgens und nach dem Mittagessen nach Čierná.

Das Treffen wurde nach Begrüßung der sowjetischen Delegation von Dubček eröffnet. Danach übergab er das Wort an die Gäste. Breshnews Ausführungen waren ruhig, überzeugend, es klangen darin Besorgnisse, aber auch die Überzeugung an, daß wir uns des Ernstes der Lage bewußt seien und angemessene Maßnahmen ergreifen würden.

Er sprach insgesamt an die zwei Stunden. Entsprechend der gegenseitigen Übereinkunft gaben wir nach dem Ende der Verhandlungen unsere Mitschriften ab. Das ist bedauerlich, zumal in seinen Ausführungen nichts enthalten war, was auf unserer Seite Anstoß hätte erregen können: keine kategorischen Forderungen, nicht der geringste Druck, keinerlei Androhungen.

Es war eine Liste von Tatsachen, eine von kommunistischem Verantwortungsbewußtsein diktierte internationalistische Rede, in der es um das Schicksal des Sozialismus ging.

Es folgte die Mittagspause. Wir speisten im Zug. Die sowjetische Delegation fuhr mit dem Zug über die Grenze.

Wir hatten etwas Zeit zum Nachdenken über die Ausführungen und diskutierten, wie wir darauf reagieren sollten.

Dubček hatte sein Auftreten nicht mit dem Präsidium des ZK der KPTsch abgestimmt. Daher wußten nur die ihm Nahestehenden, worüber er sprechen wollte. Ich kannte zu jenem Zeitpunkt noch nicht die Direktive, die im engsten Kreise in Prag verabredet worden war.

Ich dachte, wäre ich an Dubčeks Stelle, hätte ich es jetzt ziemlich leicht. Ich würde erklären, daß die Ausführungen des Generalsekretärs des ZK der KPdSU von Überzeugungskraft und brüderlichem Geist geprägt gewesen seien. Sie würden lange Verhandlungen überflüsig machen. Wir sollten rasch nach Prag zurückkehren und entschlossen so handeln, wie nötig. Wir gäben die Garantie, daß der Parteitag in würdiger Atmosphäre stattfinden wird und wir nicht zulassen werden, daß die Kaderauswahl durch antisozialistische Kräfte oder westliche antikommunistische Zentralen beeinflußt werde. So hätte ich geredet, wenn ich hätte reden müssen.

Dubček war jedoch anderer Auffassung.

Seine Erwiderung war schwach, wenig überzeugend und geradezu peinlich. Er ging mit keinem Wort auf Breshnew ein.

Mit seinen Ausführungen bestätigte er nur den schlechten Eindruck, den die Gegenseite gewiß schon geraume Zeit hatte: daß es um die Führung der KPTsch nämlich schlecht bestellt war. Sie war entweder unfähig, den Ernst der Lage zu erkennen, oder wollte diesen nicht sehen.

Beides war nicht hinnehmbar.

Die sowjetischen Genossen gewannen offenkundig die Überzeugung, daß wir die Gefahr nicht sehen wollten, weil sie nicht glauben konnten, daß an der Spitze der KPTsch soviel Inkompetenz versammelt war.

Die sowjetischen Genossen schlugen vor, daß jedes Delegationsmitglied seine Auffassung darlegen sollte, was von unserer Seite nicht geplant war. Nur Dubček war als Redner vorgesehen.

Für die sowjetische Seite begann Podgorny, der das Hauptaugenmerk auf die Rolle des sozialistischen Staates beim Aufbau des Sozialismus lenkte.

Nach ihm meldete sich Präsident Svoboda zu Wort. Er gehörte nicht dem Präsidium des ZK der KPTsch an und war mit den Inhalten früherer Gespräche nicht vertraut. Er redete ungefähr 15 Minuten und war dabei sehr leidenschaftlich und überzeugend. Als Patriot und aufrichtiger Freund der Sowjetunion appellierte er an uns alle, zu einer Einigung zu gelangen, weil er sich die Tragödie nicht vorstellen möchte, zu der es käme, wenn es zu einem Zerwürfnis zwischen der KPTsch und der KPdSU, zwischen der Tschechoslowakischen Sozialistischen Republik und der Union der Sozialistischen Sowjetrepubliken käme.

Nach unserem Präsidenten sprach der Vorsitzende des Ministerrates der UdSSR, Kossygin. Wie immer waren seine Argumente stark und überzeugend. Dagegen konnte man kaum polemisieren.

Oldřich Černík konnte nichts dagegen vorbringen.

So gingen wir auseinander, von gemischten Gefühlen erfüllt. Die rechte Gruppe hätte es am liebsten gesehen, wenn die Verhandlungen beendet worden und wir nach Prag zurückgekehrt wären. Wir warteten jedoch ab, wie es ausgehen würde. Wir wußten nur, daß wir keine Argumente hatten und nichts zurückweisen konnten. Aber wir hatten auch nicht den Mut zuzugeben, daß die Lage in der Tat sehr kritisch war. Es war nötig, daß wir uns am Abend zusammensetzten und berieten, was weiter zu tun wäre. Es ging nur um die eine zentrale Frage: Packen wir es allein – oder brauchen wir Hilfe von außen?

Niemand von unserer Seite rief jedoch nach einer Beratung, um den ersten Tag auszuwerten und zu besprechen, wie wir morgen weitermachen würden. Es gab auch keine Nachrichtenverbindungen nach Prag, um Rücksprache zu nehmen. Das war vorher so beschlossen worden. Unbefriedigt legte ich mich in meine Koje.

Wie am ersten Tag begrüßten wir auch an diesem Morgen die sowjetischen Delegation gegen 8 Uhr.

Für die sowjetische Seite sprachen außerdem noch Schelest und Masurow.

Für die tschechoslowakische Seite äußerten sich Smrkovský, Piller, Kolder und ich.

Breshnew zog sich am Nachmittag mit Dubček in einen Salonwagen zu einem langen Vieraugengespräch zurück.

Schelest, der gegen Nationalismus und Zionismus sprach, veranlaßte Kriegel zu einem albernen Ausbruch. »Warum sehen Sie gerade mich an, wenn Sie über Zionismus reden?«

Schelest entgegnete ruhig – obwohl er sonst von aufbrausender Natur war –, daß er ja irgendwohin habe schauen müssen.

Dubčeks engster Berater Ivan Synek schob seinem Chef einen Zettel mit der Aufforderung zu, er solle gegen Schelests Auftreten protestieren. Dubček tat es, und die sowjetische Seite erwiderte, wenn es die tschechoslowakische Seite wünsche, werde dieser Protest ins Protokoll aufgenommen.

Damit endete der zweite Tag.

Wir gingen auseinander und fühlten uns noch schlechter als am

Vortag. Als wir in den Speisewagen kamen, warteten Linsen mit Rauchfleisch auf uns.

Wir sahen, daß der sowjetische Zug noch immer stand. Plötzlich erschienen Podgorny, Kossygin und Schelest im Speisewagen. Das rief beträchtliche Aufregung hervor. Wir rückten zusammen. Die Tische waren klein und boten höchstens vier Personen Platz. Smrkovský wollte um jeden Preis zusammen mit Dubček und Svoboda am Tisch sitzen und klemmte sich an die Seitenwand.

Es wurden einige Gläser Cognac geleert. Dabei kam es sozusagen zu einer Versöhnung. Smrkovskýs Laune stieg. Obwohl er vor kurzem noch gegen Schelests Blick lauthals protestiert hatte, schien er nunmehr alles vergessen zu haben. Er umarmte Schelest und erklärte: »Eine sehr schöne Rede hast du gehalten. Hat mir wirklich gefallen!«

Es war unerklärlich, was da eigentlich vor sich ging.

Auch bei Smrkovský war schwer zu unterscheiden, wann er Theater spielt und wann er es ernst meinte. Meist spielte er jedoch Theater.

Etwa eine halbe Stunde später setzte sich der sowjetische Zug in Bewegung und passierte die Grenze.

Man konnte davon ausgehen, daß die sowjetischen Genossen den Tagesverlauf sehr gründlich analysierten. Wir hätten das auch tun sollen, aber wir brauchten das nicht. Der Abend verlief mit Diskussionen in kleinen Gruppen. Dubček und seine Leute gingen in den Waggon, wo sich die Dolmetscherinnen und Protokollantinnen aufhielten, und bewirteten sie mit Lammfleisch vom Rost, das die Genossen aus Trebišov spendiert hatten.

Kolder, Lenárt und ich liefen auf dem Bahnsteig umher, sprachen mit diesem und jenem und versuchten, die weitere Entwicklung abzuschätzen. Die übrigen Delegationsmitglieder gingen mir aus dem Wege. Mein Auftreten am Nachmittag hatte bei manchem Delegationsmitglied offenbar einen Schock ausgelöst.

Weil nur Dubček reden sollte, hatte ich keinen Beitrag vorbereitet. Ich trug alles im Kopf und im Herzen und notierte mir in aller Eile einige Stichpunkte.

»Genossen! Wir verstehen euch als Kommunisten und unsere engen Verbündeten. Ich bekenne, daß ihr recht habt in der Einschätzung der Menschen und der Situation.

Ich werde versuchen, einige Fragen zu erläutern.

Wir arbeiten unter anormalen Bedingungen. Es wirkt ein unglaublicher Druck der Straße, der bestimmt, was wir zu tun und zu lassen haben. Das Vorgehen in vielen Fragen bestimmen nicht wir im Präsidium, auch wenn wir uns darum bemühen, sondern das bestimmen die Massenmedien.

Das Zentralkomitee verfügt über Bezirks-, Kreis- und Grundorganisationen, die es bei weitem nicht nutzt, aber die anderen Kräfte, die sich formiert und organisiert haben, verfügen über die Presse, den Rundfunk und das Fernsehen und machen die öffentliche Meinung.

Auch Genossen Dubčeks Äußerungen gehen schon Minuten später unter, niemand wiederholt sie, niemand richtet sich danach, sofern er nicht das sagt, was sie wollen, weil das gleich durch andere Ereignisse und andere ihrer Wahrheiten übertönt wird.

Es hat sich etwas herausgebildet, was in der Geschichte schwerlich wiederzufinden ist: Ihr nehmt unsere Einladung an und augenblicklich wird eine Bewegung organisiert, als ob ihr euch den Weg zu uns erzwungen hättet und uns sogar bedrohen würdet. Das geschieht nicht spontan, wie behauptet wird, sondern organisiert.

Leider haben auch einige Mitglieder unseres Präsidiums mitgeholfen, das zu organisieren. Wir haben es mit einer Naivität zu tun, die ans Unfaßbare grenzt.

Genosse Smrkovský hat im Rundfunk verkündet, daß es als Verbrechen angesehen werden wird, wenn wir hier die Disziplin verletzten. Ist eine solche Druckausübung zulässig? Ist das die Freiheit des Wortes, auf eine solche Weise seine Ansicht zu Verhandlungen des Präsidiums mit den nächsten Verbündeten zum Ausdruck zu bringen? Schwer zu glauben, aber es ist so.

In der Vergangenheit war bei uns Ordnung, weil die Angst herrschte. Jetzt wurde große und öffentliche Angst produziert, damit das Zentralkomitee nicht die Ordnung im Lande herstellen kann. Genosse Smrkovský will mit Drohungen und Einschüchterungen bewirken, daß die Einheit nicht gestört werde. Aber was für eine Einheit ist das?

Ich stelle mir die Frage: Verletze ich die Disziplin oder verletze ich sie nicht? Es haben sie viele andere verletzt, als sie hätte eingehalten werden müssen, als sich die Partei damit auseinandersetzen konnte, was erforderlich war. Sie wurde nach dem Januarplenum verletzt, sie wurde jetzt nicht respektiert, als wir uns auf die Verhandlungen mit euch vorbereitet haben. Ich schäme mich dafür, daß wir euch so empfangen haben. Ich habe mir die Frage vorgelegt: Wenn ich auftrete und offen sage, was ich denke, werden sie morgen auf mir herumtrampeln, mich und meine Familie verleumden. Sie werden vor nichts haltmachen.

Wenn ich leise nicke, trample ich selbst auf mein Gewissen.

Ich bin mir dessen bewußt, daß dies möglicherweise mein letzter Auftritt ist. Nicht deshalb, weil das werktätige Volk schlecht wäre, sondern deshalb, weil es getäuscht werden und man die Dinge so darstellen wird, als hätte ich Verrat geübt. Und das Volk liebt keine Verräter.

Meine Auffassungen müssen nicht in allem objektiv sein, möglicherweise ist meine Sicht provinziell, denn ich lebe nicht in der Hauptstadt und kenne nicht alle Zusammenhänge. Dem, was Genosse Breshnew gesagt hat, stimme ich zu, weil wir fast jeden Tag im KPS-Präsidium die Lage einschätzen. Die Analyse, die Genosse Breshnew vorgetragen hat, ist so klar und wahrheitsgetreu, daß ich bei mir dachte: Das muß man billigen und dann handeln. Das, Genossen, was im Januar geschah, mußten wir tun. Wir haben das alles schon in Dresden und in Moskau erklärt. Ich bin überzeugt, Sie sind nicht gegen unsere Entscheidungen im Januar und auch nicht gegen unser Bestreben, gemachte Fehler zu revidieren.

Ich gehe davon aus, daß Sie Genossen Dubček in Moskau allseitige Hilfe zugesagt haben. So hat er uns das übermittelt. Sie haben aus Anlaß des 20. Jahrestages der Februarereignisse die eigenen Feierlichkeiten zum 50. Jahrestag der Gründung der Sowjetarmee verlegt, und Sie, Genosse Breshnew, und die anderen höchsten Repräsentanten kamen zu uns, wodurch wir internationale Unterstützung erfuhren. Wir haben das mit Genugtuung registriert. Ich glaube auch nicht, daß Sie uns in jene Zeit vor den Januar zurückhaben wollen, wie behauptet. Das kann ich nicht glauben. Man muß zugestehen, daß wir es nach dem Januarplenum nicht geschafft haben, die Meinungen zusammenzuführen, wie es weiter gehen soll, und so diskutieren wir von verschiedenen Positionen aus. Die Frage stellt sich so: Wie können Fehler und Deformation bereinigt werden, ohne dabei das Vertrauen in die führende Rolle der Partei in der Gesellschaft zu schwächen?

Indem nicht respektiert worden ist, was auf dem Januarplenum des Zentralkomitees beschlossen wurde, und weil viele Mitglieder des Zentralkomitees und des Präsidiums unter Berufung auf diese Organe, in Wirklichkeit aber über deren Köpfe hinweg, nicht die Bereinigung betrieben, sondern ausschließlich Kampagnen zur Aufdeckung von Fehlern organisiert haben, wurde der Partei nicht geholfen.

Es wurde davon ausgegangen, daß wir gut daran täten, wenn wir die schmutzige Wäsche auf der Hauptstraße waschen würden. Damit wir aber erfüllten, was wir uns vorgenommen haben – die Korrektur der Fehler zu gewährleisten und nicht die Existenz der Partei als solcher zu gefährden –, wäre es erforderlich, weniger zu schreien und mehr zu arbeiten, alle gesunden Kräfte, vor allem in der Partei, zu vereinigen und ihre organisatorische und ideologische Schwächung nicht zuzulassen.

Warum ist es soweit gekommen, Genossen? Wir sind Gefangene unserer eigenen Vorstellungen über die eigene Größe. Wir denken nicht darüber nach, was marxistisch und was antikommunistisch ist. Unsere ideologische Front ist zusammengebrochen, feindliche Ideologien können sich ungehemmt ausbreiten, die Verbreitung der kommunistischen jedoch wird verhindert. Es fehlt der Mut, sich dieser Entwicklung entgegenzustellen.

Wir haben keinen Arzt, der die Diagnose unserer Krankheit stellt und die Therapie festlegt. Im Gegenteil, die Situation ist in dem Sinne tragikomisch, daß uns westlicher Ärzte kostenlos raten, wie wir uns bei Fieber mit kaltem Wasser waschen sollen.

Wir stehen zusammen, andere dividieren uns auseinander. Wir sagen, daß wir geschlossen stehen, aber die Presse, der Rundfunk, das Fernsehen überzeugen das Volk und die Partei, daß die Führung nicht einheitlich ist und geben nur dem sogenannten progressiven Kern der Parteiführung ihre Unterstützung. Und so gibt es Konservative und Progressive. Wer eine leninistische Analyse der gegenwärtigen Verhältnisse fordert, wer objektiv unsere Entwicklung seit dem Januar zu bewerten und die weitere Linie festzulegen verlangt, wer gegen Einseitigkeit kämpft, wer die Absichten der Feinde des Sozialismus und der Partei entlarvt, wer die Freundschaft mit der Sowjetunion verteidigt, wer behauptet, daß unserer Souveränität seitens der Sowjetunion keine Gefahr drohe, ist konservativ und fast ein Volksfeind. Jeder jedoch, der ›kühn‹ den Sozialismus, alles, was das Volk unter Führung der kommunistischen Partei zustande gebracht hat, kritisiert, wer ›kühn‹ den neuen Weg eines ›besseren‹

Sozialismus verkündet, auch wenn er die Kommunistische Partei der Tschechoslowakei nicht als führende Kraft anerkennt, ist ein sogenannter Progressiver.

Und so wurden auch Mitglieder der Tschechoslowakischen Volkspartei, der Tschechoslowakischen Sozialistischen Partei, auch der Partei der Slowakischen Wiedergeburt und der Partei der Freiheit zu ›Progressiven‹, aber die wirklichen Kommunisten wurden ›Konservative‹. Es kam zu einer Verkehrung der Begriffe wie der Werte in unserer Gesellschaft.

Ihr habt uns aus Warschau in einem Brief geschrieben, daß bei uns die Konterrevolution voranschreite. Im Präsidium habe ich erklärt, daß ich das meiste, was in diesem Brief steht, unterschreiben könnte. Ich habe für den Standpunkt des Präsidiums und des Zentralkomitees gestimmt, daß das Präsidium eine einheitliche Linie festlegt und alles tut, damit es nicht zu einem Zerwürfnis kommt, damit die heutige Verhandlung stattfinden konnte.

Manche Behauptung in dem Brief kann ich nicht beurteilen, weil wir die Situation in unserem Land aus der Sicht der Staatssicherheit nicht kennen. Es ist eine Ironie, aber den Staatssicherheitsorganen wurde untersagt, den Feind bei uns zu Hause zu verfolgen. In einem vom Innenminister vorgelegten Bericht wird festgestellt, daß sich viele Leute von der Presse, aus dem Rundfunk und Fernsehen mit Mitgliedern westlicher Geheimdienste treffen, aber es wird hinzugefügt, daß das nicht dokumentiert wurde.

Die Mehrzahl unserer Menschen begreift nicht, was eine schleichende Konterrevolution ist. Die Ursache liegt darin, daß wir die Mairesolution des Zentralkomitees der Partei nicht erläutert haben. Die Mairesolution wurde unterdrückt. Die Werktätigen haben nicht begriffen, auf welche Gefahr das Zentralkomitee verwiesen hat. Die Konterrevolution wird doch nicht auf dem Dorf gemacht. Die Werktätigen verstehen unter Konterrevolution erst ihr Endergebnis, wenn zum Beispiel geschossen und gehenkt wird und Chaos ausbricht. Nichts von dem ist bei uns bisher geschehen. Was ist das schon für eine Konterrevolution, wenn nicht geschossen wird? Mit anderen Worten, wir haben nicht erläutert, worin die Gefahr besteht.

Die Massenmedien haben die Mairesolution nicht angenommen. Der Feind ist sehr schlau und ändert wöchentlich, manchmal täglich seine Taktik. Wir bringen es allerdings nicht fertig, den

Organisationen die Wahrheit zu erläutern, wenn wir die Informations- und Propagandamittel nicht in der Hand haben.

Nach dem Maiplenum haben unsere Gegner augenblicklich die Taktik geändert. Man griff nicht mehr die Partei als Ganzes an, es wurde nicht fortgesetzt, offen gegen die führende Rolle der Partei, gegen den Sozialismus vorzugehen, weil die Bürger das schwerlich angenommen hätten. Man begann einzelne Mitglieder anzugreifen. Dabei handelte man nach dem Prinzip: Je mehr ›konservative‹ Parteimitglieder wir abschießen, desto mehr ›Progressive‹ können nachrücken und nehmen ihren Platz ein. Auf die Schlüsselpositionen gelangen so zwar Leute mit Parteidokument, aber eben solche, die eine andere Vorstellung von Sozialismus haben.

Dabei drängen sich auch Leute in den Vordergrund, die in der Vergangenheit große Deformationen zuließen, heute aber lauthals als Kritiker gegen die führende Rolle der Partei auftreten. Auf sie trifft der alte Satz zu: Die schärfsten Kritiker der Elche waren früher selber welche. Sie verdummen das Volk.

Man sagt, wir haben eine Einheit von Volk und Partei, wie es sie bei uns lange nicht gegeben habe. Aber wie haben wir sie erlangt? Auf der Grundlage der Resolution des Maiplenums? Nein! In hohem Maße auf der Grundlage falscher Versprechungen und auf einer antisowjetischen Welle. Nicht, daß unser Volk etwa antisowjetisch orientiert wäre, aber es wurde so bearbeitet.

Es werden Bücher, Broschüren, Artikel verbreitet, die sich kritisch mit der Vergangenheit auseinandersetzen. Die die Prozesse der 50er Jahre beschreiben oder die Auswüchse des bürgerlichen Nationalismus in der Slowakei. Ja, es gibt Menschen, die sich damals schuldig gemacht haben. Man verzeiht ihnen, wenn sie zu Renegaten wurden. Doch wenn sie zu ihrer Überzeugung stehen, nützt ihnen die ganze Selbstkritik nichts. Sie werden angegriffen, verleumdet, diskreditiert. Nicht einmal das Präsidium der Partei hat sich schützend vor ehrenhafte Parteimitglieder gestellt.

Dort wird inzwischen die Partei in ›Progressive‹ und ›Konservative‹ geschieden, in konservative Kommunisten. Den Rest könne man abschreiben. Im Präsidium wurde die Teilnahme an der Wahl zu den Kreisdelegiertenkonferenzen eingeschätzt. Sie betrugt mancherorts nur 30 Prozentz. Das ist auch Ausdruck von Verweigerung, einer solchen Lesart zu folgen. Aber Schlußfolgerungen wurden daraus nicht gezogen.

Kohout, Vaculík, Liehm, Goldstücker, die Unterzeichner der ›2000 Worte‹, eines Pamphlets, das das Präsidium als konterrevolutionäre Plattform bewertete – das sind die sogenannten Progressiven.

Es wird ein unglaublicher Druck auf die öffentliche Meinung ausgeübt. Wer anders auftritt, als diese vorgibt, wird so verleumdet, daß er sich nicht einmal mehr am Arbeitsplatz zeigen kann. Manche Leute haben nicht die Nerven, um das auszuhalten. Es herrscht eine Atmosphäre geistigen Terrors und der Angst. Das ist eine massenhafte Einschläferung der Gesellschaft und damit im Wesen auch die Entwaffnung der Öffentlichkeit.

Wer nachdenklich ist, wer abwägt, wer Worte und Wirklichkeit kritisch prüft, ist ein Reaktionär und wird als solcher geächtet.

Kaum einer wagt bei uns noch zu sagen, daß sich zwei Welten gegenüberstehen – die kapitalistische und die sozialistische –, und daß uns das etwas angeht. Klassenkampf? Gibt es nicht.

Wir machen nicht klar, daß der Antisowjetismus eine der raffiniertesten Methoden ist, die auf die Zersetzung der kommunistischen Parteien auch in den sozialistischen Ländern gerichtet ist. Wenn diese Erkenntnis nach wie vor gilt, dann dürfte ihre Realisierung in der Praxis nicht geduldet werden. Wer hat uns denn eingeredet, daß die Sowjetunion unsere Souveränität bedroht? Das ist nicht im Volk entstanden. Das wurde uns suggeriert.

Es gilt das Bebel-Wort: Wenn dich der Gegner lobt, mußt du darüber nachdenken, welchen Fehler du gemacht hast. Es kann doch nicht normal sein, wenn ein Bischof für die Führung der Kommunistischen Partei betet. Aber das halten Genossen nicht für Konterrevolution, sondern für Fortschritt.

Dazu trägt bei, daß wir für viele Fragen weder Kraft noch Zeit haben, um zu klären, wo Gefahren lauern können, wie sie entstehen, wie unsere Reihen geschwächt werden. Solche Gefahr kann akut werden, wie das auch auf dem Maiplenum gesagt wurde. Das Volk ist erheblich desorientiert. Wir unterließen es, ihm zu sagen, wer die rechten Kräfte sind und woher Gefahr kommt. Es wird nicht nur nichts erläutert, sondern umgekehrt: es wird getäuscht, verdreht, der demokratische Zentralismus deformiert.

Auf einmal brauchen wir einen Sozialismus mit einem neuen Attribut. Der marxistische Sozialismus wird als kompromittiert hingestellt, und deshalb wird irgendein anderer Sozialismus verlangt.

Es wird auch von einem neuen christlichen Sozialismus gesprochen, und es werden auch Lobreden auf ihn gehalten. Alle sind für den Sozialismus, aber für einen anderen, als jenen, den wir kennen.

Wie soll der neue Sozialismus in der Tschechoslowakei aussehen? Die Frage ist so offen wie jene nach den Kräften, die ihn gestalten sollen. Die Arbeiterklasse soll es jedenfalls nicht sein, hieß es. Eine Elite. Was für eine Elite?

Täglich tauchen in den Zeitungen, in Rundfunk und Fernsehen verschiedene antimarxistische Theorien auf, die die Positionen untergraben, auf denen die Partei fußt. Wir haben nicht die Kraft, dagegen aufzutreten, und so verstreicht Tag für Tag und die Menschen – junge und alte – werden getäuscht und an einen Abgrund geführt.

Aus der Vielzahl von Briefen, die mir zugehen, wähle ich einen aus, mit dessen Inhalt ich mich fast identifiziere. Der Autor, ein Parteimitglied, schreibt: ›Ich muß bekennen, daß so, wie ich mich nach dem Januarplenum an der neuen Politik der Kommunistischen Partei aufrichtete, ich nun skeptisch zu werden beginne, soweit es um die Zukunft unseres Staates geht. Wir gehen nämlich viel zu weit und zwar soviel zu weit, daß jemand, der nicht die kommunistische Partei und die Sowjetunion verunglimpft, beschuldigt wird, ein Konservativer zu sein. Meiner Meinung nach hat sich die Mitgliedschaft in vier Gruppen gespalten, abgesehen von weiteren Abweichungen.

Die erste Gruppe: Novotný und einige seiner Anhänger. Das ist eine Handvoll diskreditierter Leute, die schon keine praktische Macht mehr haben.

Die zweite Gruppe: wirkliche Kommunisten. Es ist die Mehrheit, sie bildet aber nicht die führende Kraft, weil ihre nüchterne, nachdenkliche Stimme übertönt wird. Sie ist nicht progressiv genug. Diese Gruppe ist für die Erneuerung der Partei, aber auch gegen Vulgarisierung der Gedanken des Sozialismus.

Die dritte Gruppe: die ›populären Progressiven‹, die so reden, damit sie gefallen. Das sind Politiker, die um ihre Popularität stärker besorgt sind als um die Zukunft unserer sozialistischen Heimat.

Die vierte Gruppe: Parteimitglieder, aber keine Kommunisten. Und zwar die, die die 2000 Worte unterschrieben haben.‹

Mit geringen Abweichungen stimme ich mit diesem einfachen Parteimitglied überein. Insgesamt sieht es die Situation richtig.

Damit habe ich mich aber laut Genossen Smrkovský eines Verbrechens schuldig gemacht, weil ich aus der Reihe ausgeschert bin.

Ich will jedoch nicht, daß Schaden am Volk, an der Partei und in der internationalen kommunistischen Bewegung angerichtet wird. Ich kann mich irren, bin aber überzeugt, daß keine politische Kraft nur mit Losungen regieren kann. Bislang hat das auf der Welt noch niemand fertiggebracht, und diejenigen, die es versucht haben, endeten wie die Pariser Kommunarden.

Ich würde mir wünschen, wir fänden hier einen gemeinsamen Ausweg – nicht gegen den Demokratisierungsprozeß, sondern im Interesse des Sozialismus. Ich bitte darum, daß wir gemeinsam versuchen, einen Ausweg zu finden, solange wir uns mit den Mängeln allein und ohne Hilfe von außen auseinandersetzen können. Es ist jedoch erforderlich zu handeln und die Kraft, die wir noch haben, in richtiger Richtung zu bündeln.«

Als ich endete, herrschte Grabesstille.

Dubček, Smrkovský und Kriegel sahen mich an wie eine böse Erscheinung. Lenárt und Kolder stimmten offen zu, andere waren schweigend einverstanden. Sogar Piller behauptete anschließend, daß ich ihm Mut gemacht habe und er morgen »auspacken« werde. Er habe in der Aktentasche ein wichtiges Material, das Smrkovský im rechten Licht zeige.

Leider war Pillers Rede ganz und gar anders als angekündigt. Sie war weder Fisch noch Fleisch. Über Smrkovský kein Wort.

Ich schrieb ihm einen Zettel: »Honza, wenn es Meisterschaften im politischen Eiskunstlaufen gäbe, würdest du bestimmt den Meistertitel gewinnen.«

Er antwortete auf gleichem Zettel: »Entschuldige, ich konnte nicht anders, Dubček hat mich dringend gebeten, ihn zu unterstützen und nicht unsere Probleme auszubreiten. Wir sollten nach unserer Rückkehr nach Prag die Probleme lösen. Darum bin ich allen strittigen Fragen aus dem Wege gegangen.«

Am gleichen Tage erschien in *Rudé právo* folgende Anzeige:

»Das Präsidium der KL der KPTsch, Prag 1, schreibt die Besetzung folgender freier Stellen im Apparat der KL der KPTsch aus:
– Sekretär für ideologische Arbeit
Bedingungen: Hochschulbildung in geisteswissenschaftlichem Zweig, entsprechende politische Praxis eines professionellen oder ehrenamtlichen politischen Mitarbeiters

– Mitarbeiter in der Abteilung Parteiinformation
Bedingungen: Mittelschulbildung, entsprechende politische Praxis
– Sekretär der ökonomischen Kommission der KL der KPTsch
Bedingungen: Mittelschulbildung, entsprechende politische Praxis, Gehaltseinstufung in allen Fällen nach den Vergütungsrichtlinien für Mitarbeiter von Organen der KPTsch
Meldungen sind bis 15. August 1968 an das Sekretariat der Kreisleitung der KPTsch Prag 1, Altstädter Ring Nr. 22, Prag 1, zu richten.«

Wir hatten die Zeitung auch nach Čierná bekommen. Dubček begriff die Peinlichkeit und drang darauf zu achten, daß die sowjetischen Genossen davon nichts mitbekamen. Falls es noch eines Beweises für den Niedergang der politischen Kultur bedurft hätte: Hier war er im Zentralorgan zu besichtigen.

Smrkovskýs Vorgabe, wer ausschere, werde als Verräter betrachtet, fand umgehend auf mich Anwendung. Ich wurde wie ein Aussätziger behandelt, man grüßte mich nicht einmal mehr. Svoboda war der einzige, der das nicht mitmachte. Am Morgen, beim Frühstück, kam er im Speisewagen zu mir. Er habe die ganze Nacht kein Auge zumachen können und sei dabei ungewollt Ohrenzeuge eines Telefonats geworden, was doch eigentlich nicht hätte stattfinden dürfen. Smrkovskýs Personenschützer habe vermutlich Prag informiert, wobei er ganz offensichtlich mit Decknamen arbeitete. Die aber mußten vorher vereinbart worden sein, denn sonst hätte man am anderen Ende nicht den Satz entschlüsseln können, den Svoboda wörtlich aufgeschnappt hatte: »Der heutige Tag war sehr unruhig. Einer trat so scharf auf, daß das Rauschen zu Herzen ging.« (Rauschen heißt im Slowakischen *šelest*, also war Schelest gemeint.)

Svoboda informierte Dubček darüber, was diesen dazu zwang, vor die drei Telefonapparate eine Wache zu setzen, die weitere Gespräche verhindern sollte.

Am Morgen des dritten Tages kam wie üblich der Zug über die Grenze. Doch wir suchten nicht den Verhandlungsraum auf, sondern konferierten in zwei Vierergruppen im sowjetischen Waggon: Breshnew, Kossygin, Podgorny und Suslow auf der einen, Dubček, Svoboda, Černík und Smrkovský auf der anderen Seite. Wir anderen saßen draußen herum und warteten.

Die sowjetische Seite schlug vor, Ulbricht, Shiwkow, Gomulka und Kádár kommen zu lassen.

Dubček, Černík und Smrkovský lehnten das ab.

Dann ein Sechser-Gipfel in Bratislava?

Über diesen Vorschlag informierte Breshnew in der anschließenden großen Runde. Er betonte, daß es darum gehe, die Dinge auf einen positiven Weg zu bringen und vor der ganzen Welt die Einheit unserer sozialistischen Gemeinschaft, unsere Treue zu unseren internationalen Verpflichtungen, unsere Treue zur gemeinsam ausgearbeiteten Außenpolitik, die auf die Verteidigung der Sache des Friedens, des Sozialismus und der Freiheit der Völker gerichtet sei, zu demonstrieren.

Das Dokument, das in Bratislava ausgearbeitet werden würde, solle von jeder Seite unterschrieben und auch strikt und bedingungslos erfüllt werden. Damit würden die verschiedenen Mißverständnisse ausgeräumt werden und für die grundlegenden Fragen eine gleiche Sicht und eine gleiche Interpretation fixiert sein.

Breshnew unterstrich, daß es nicht um die Einschätzung oder Bewertung dieser oder jener Erscheinung gehe, sondern um die Deklaration einer gemeinsamen Politik.

Er schlug abschließend vor, über das Treffen in Čierná nichts zu veröffentlichen, um nicht jenen Argumente in die Hand zu geben, die wünschten, daß es zu keiner Klärung der Standpunkte zwischen den Bruderparteien komme. Und, mit Blick auf mich, äußerte er seine Erwartung, daß niemand, der hier gesprochen habe, in irgendeiner Form anschließend dafür gemaßregelt werde.

Die tschechoslowakische Delegation stimmte Breshnew zu.

Dubček, Svoboda, Černík und Smrkovský hatten überdies versprochen, gegen verschiedene Klubs – K 231, KAN (Klub der engagierten Parteilosen) – und andere konterrevolutionäre Nester vorzugehen. Die antisowjetische, antisozialistische Propaganda sollte unterbunden werden.

Dubček gab seiner Genugtuung Ausdruck, daß wir einen gemeinsamen Standpunkt gefunden und vereinbart hätten, wie weiter vorgegangen werden sollte. Sowohl das Präsidium des ZK der KPTsch als auch das Politbüro des ZK der KPdSU hätte seine Aufgaben ordentlich erfüllt. Wir halten es für sehr richtig, betonte er, daß alle Schritte auf die Festigung der allseitigen Beziehungen der Parteien und Staaten, der wirtschaftlichen und militärischen Zusammenarbeit gerichtet werden. Er unterstrich die Notwendigkeit der Zusammenarbeit auf dem Gebiet der Außenpolitik und bei der Vorbereitung der Beratung der kommunistischen und Arbeiterparteien.

Dubček stellte die Tatsache heraus, daß wir eine gemeinsame Sprache gefunden hätten. Wir hätten sehr offen und freundschaftlich miteinander geredet. Er dankte explizit für das Verständnis und das sowjetische Bemühen, zu einer Einigung zu kommen, die nunmehr erzielt worden sei.

Gegen Dubčeks Ausführungen konnte nichts eingewendet waren. Das war alles richtig. Er lobte das Vorgehen der Führung der KPdSU und ihr internationalistisches Herangehen.

Es war Nachmittag an jenem 31. Juli, als wir uns trennten.

Am 3. August sollte das Treffen in Bratislava sein.

Uns blieben nur drei Tage zur Vorbereitung.

Wir verabschiedeten uns in bester Laune und mit guten Gefühlen. Es hatte den Anschein, daß der kritische Punkt überwunden worden sei. Im Zug herrschte eine gelöste, fast fröhliche Atmosphäre. Černík setzte sich zu mir und flüsterte mir ins Ohr, was ich dazu sagen würde, wenn wir eine Vereinbarung schlössen? Er werde nicht verraten, wie ich in Čierná aufgetreten sei, und ich solle ihm dafür helfen, Kriegel aus dem Präsidium zu feuern.

Er könne ruhig verbreiten, was ich gesagt habe, antwortete ich ohne zu überlegen, es entspräche meiner Überzeugung. Gleichwohl könne er immer mit mir rechnen, wenn es darum gehe, Kriegel loszuwerden. Ich sei schon immer der Meinung, daß der nicht ins Präsidium des ZK der KPTsch gehöre.

Das Treffen von Bratislava – letzter Versuch zur Einigung

Ich suchte nach einem geeigneten Tagungsort, um vor zudringlichen Blicken und anderen Belagerungen sicher zu sein. Eigentlich war kein öffentliches Gebäude dafür geeignet. Soeben war das *Haus der Erholung* fertig geworden. Es stand an einem schönen Ort mit Blick auf die Donau. Dieses Objekt forderten wir vom Slowakischen Gewerkschaftsrat an und begannen, es für die internationale Beratung vorzubereiten.

Die sowjetische, polnische, bulgarische, ungarische Delegation und die der DDR kamen mit ihrem Ersten Sekretär bzw. Generalsekretär, dem Vorsitzenden des Ministerrates, dem Sekretär für internationale Beziehungen und weiteren Mitgliedern der Parteiführung. Sie stiegen im Gewerkschaftshaus ab.

In der tschechoslowakischen Delegation waren Dubček, Černík, Smrkovský, Lenárt, Svoboda, Mlynář und ich.

Auch eine große Zahl ausländischer Journalisten war erschienen. Wir ließen zur Eröffnung der Beratung Fernsehen, Rundfunk und Pressejournalisten zu. Dubček eröffnete, begrüßte die Delegationen der Bruderparteien und gab das Arbeitsprogramm bekannt.

Nach dem Abgang der Journalisten und Fotografen schlug Breshnew vor, keine Zeit zu verlieren. Die Parteichefs und Premierminister sollten sich zusammen zurückziehen und die Deklaration ausarbeiten. Danach könne man den Entwurf kollektiv beraten und abschließend unterzeichnen. Er gehe davon aus, daß man alles bis heute Abend unter Dach und Fach habe.

Das war die einzige Beratung in meinem Leben – und ich habe an vielen internationalen Beratungen teilgenommen –, wo das Abschlußdokument tatsächlich von A bis Z von den Generalsekretären bzw. Ersten Sekretären und Regierungschefs verfaßt wurde. Man kann sagen, daß sie sehr konzentriert und ohne Mittagessen gearbeitet haben. Wir anderen schlenderten unterdessen durchs Gebäude und über den Hof, da vereinbart worden war, daß niemand das Gelände verlassen sollte. Einigen tschechoslowakischen Journalisten war der Zutritt zum Hof gestattet worden.

Smrkovský war außer sich, daß er nicht an der Erarbeitung des Dokuments beteiligt war. Seinen Unmut artikulierte er auch in einigen Interviews. Er werde kein Papier unterschreiben, das er nicht kenne, tönte er.

Die Deklaration sollte im Spiegelsaal des Primacialpalastes, dem Sitz des Oberbürgermeisters, am Samstag, dem 3. August, unterzeichnet werden. Dort hatte auch schon Napoleon nach der Schlacht von Austerlitz einen Vertrag signiert.

Gegen 16 Uhr kamen die Film- und Fernsehteams. Das Dokument war jedoch noch nicht fertig. Es vergingen weitere Stunden. 19 Uhr hieß es, daß eine Plenarsitzung stattfinden solle.

Nach dem Studium des Dokuments nahmen die einzelnen Delegationen dazu Stellung. Alle sprachen sich dafür aus, das Papier zu unterschreiben. Danach begaben wir uns in das historische Rathaus.

Es war ein sehr würdiger und feierlicher Akt. In den Repräsentationsräumen war ein Cocktail vorbereitet. Auf dem Balkon standen Mikrofone für den Fall, daß die Delegationsleiter zu den Menschen sprechen wollten, die sich auf dem Vorplatz in beträchtlicher Zahl versammelt hatten. Sie standen Kopf an Kopf. Und sie harrten auch aus, als ein heftiger Platzregen niederging. Sie wollten wissen, was das Ergebnis der Beratung war. Niemand von den Delegationsleitern war jedoch geneigt, auf dem Balkon zu sprechen.

22 Uhr sollte ein festliches Abendessen im Gebäude des Korps der Beauftragten (später Sitz des Präsidiums der slowakischen Regierung) den Tag abschließen.

Inzwischen war auch bis Prag die Nachricht gedrungen, daß ein Papier ausgehandelt und unterzeichnet worden sei. Offenkundig war man damit keineswegs einverstanden. Der für die Sicherheit der Delegationen zuständige Oberst rief den Personenschutz zurück und hob die Sicherheitsmaßnahmen auf. Die Folge war ein Chaos. Wir steckten mit unseren Autos vor dem Rathaus fest, eingekeilt in einer Menschenmenge, und kamen nicht vorwärts und nicht zurück. Ich saß mit Breshnew und Dubček in einem Fahrzeug. Der drehte die Scheibe herunter und fragte die wogende Menge, was los sei, und ich drehte die Scheibe wieder nach oben. Ich wollte nicht, daß irgend etwas Unvorhergesehenes im Gedränge geschah.

Im Autoradio sprach einer über das soeben unterzeichnete Dokument. Breshnew fragte, wer das sei. Dubček antwortete, das wäre Smrkovský. Breshnew wieder: Ob er dazu den Auftrag gegeben habe? Sei Smrkovský dazu autorisiert?

Natürlich nicht. Smrkovský kam jedoch an keinem Mikrofon vorbei, und wenn dazu noch eine Menschenmenge vor ihm stand, kannte er nichts. Er hatte sich des Mikrofons auf dem Balkon bemächtigt und lobte die Deklaration, dann sang er die Nationalhymne. Breshnew schüttelte den Kopf über diese Disziplinlosigkeit.

Und auch ich wunderte mich ein wenig, weil Smrkovský offensichtlich nicht begriffen hatte, daß auch er der Hilfe von außen im Ernstfall zugestimmt hatte. Denn in dem Dokument hieß es eindeutig: »Die Unterstützung, der Schutz und die Festigung dieser Errungenschaften, die die Völker durch ihre heldenhaften Anstrengungen, die aufopferungsvolle Arbeit des Volkes jedes Landes erreicht haben, ist die gemeinsame internationalistische Pflicht aller sozialistischen Länder. Das ist die einheitliche Auffassung aller Teilnehmer der Beratung, die ihre unerschütterliche Entschlossenheit zum Ausdruck brachten, die Errungenschaften des Sozialismus in ihren Ländern zu entwickeln und zu schützen, neue Erfolge beim Aufbau des Sozialismus zu erreichen.«

Das Abendessen hatte noch nicht begonnen, als Dubček über das Echo in Prag informiert wurde. Kriegel soll im Büro von Císař erklärt haben: »Über die Verhandlungen wird behauptet, daß aus ihnen weder Sieger noch Verlierer hervorgegangen seien. In solchen Verhandlungen ist das nicht möglich. In jedem Falle haben wir aber Zeit gewonnen. Wir müssen sie nutzen, um die Nation in Spannung zu halten und sie auf die entscheidende Auseinandersetzung vorzubereiten.«

Dubček fuhr ob dieser Drohung die Angst in die Glieder. Während des Essens ging er Gesprächen mit der sowjetischen Delegation aus dem Wege, er ignorierte sie ziemlich auffallend. Ursprünglich wollten die Delegationen erst am nächsten Morgen fliegen, doch angesichts der frostigen Atmosphäre reisten alle noch in der Nacht. Bis auf Ulbricht, der Interesse an einer Betriebsbesichtigung von Slovnaft bekundet hatte.

Viele Genossen nahmen die Deklaration von Bratislava mit Erleichterung auf. Sie waren überzeugt, daß es nun zu der erhofften Wende kommen werde.

NEUES DEUTSCHLAND

ORGAN DES ZENTRALKOMITEES DER SOZIALISTISCHEN EINHEITSPARTEI DEUTSCHLANDS

Jahrgang / Nr. 215 — Berlin, Montag, 5. August 1968 — Republik-Ausgabe / Einzelpreis

Erklärung der kommunistischen und Arbeiterparteien sozialistischer Länder

m 3. August 1968 fand in Bratislava eine tung der Vertreter der kommunistischen Arbeiterparteien der Volksrepublik arien, der Ungarischen Volksrepublik, Deutschen Demokratischen Republik, Volksrepublik Polen, der Union der alistischen Sowjetrepubliken und der echoslowakischen Sozialistischen Repu- statt. An dieser Beratung nahmen teil:

n der Bulgarischen Kommunistischen ei Todor Shiwkow, Erster Sekretär des er BKP und Vorsitzender des Minister- der Volksrepublik Bulgarien, Stanko row, Mitglied des Politbüros und Sekre- es ZK der BKP, Pentscho Kubadinski, lied des Politbüros des ZK der BKP Stellvertreter des Vorsitzenden des sterrates der Volksrepublik Bulgarien;

n der Ungarischen Sozialistischen Ar- rpartei János Kádár, Erster Sekretär ZK der USAP, Jenö Fock, Mitglied Politbüros des ZK der USAP und Vor- nder der Ungarischen Revolutionären iter-und-Bauern-Regierung, Zoltan Ko- in, Mitglied des Politbüros und Sekre- es ZK der USAP;

n der Sozialistischen Einheitspartei schlands Walter Ulbricht, Erster Sekre- es ZK der SED und Vorsitzender des rates der Deutschen Demokratischen

Festigung und Entwicklung der brüderlichen Zusammenarbeit der sozialistischen Staaten.

In den Jahren nach der Zerschlagung des Faschismus und der Machtübernahme durch die Arbeiterklasse errangen die Völker der europäischen Staaten, die den Weg des Sozialismus beschritten haben, Siege in allen Bereichen des gesellschaftlichen Lebens. In diesen Jahren wurde in jedem sozialistischen Land eine mächtige Industrie aufgebaut und das Leben des Dorfes umgewandelt, wobei Schwierigkeiten überwunden und die Arbeit der Parteien ständig vervollkommnet wurden; stetig wächst auch der Wohlstand des Volkes und entfaltet sich die nationale Kultur der Völker. Millionen Werktätige wurden in das bewußte politische Leben einbezogen. Besonders große Erfolge beim Aufbau des Sozialismus und Kommunismus errang die Sowjetunion. Unermeßlich wuchsen der internationale Einfluß der sozialistischen Staaten und ihre Rolle bei der Lösung bedeutender Fragen der Weltpolitik.

Es ist die gemeinsame internationale Pflicht aller sozialistischen Länder, diese Errungenschaften, die dank den heldenhaften Anstrengungen und der selbstlosen Arbeit eines jeden Volkes erkämpft wurden, zu unterstützen, zu festigen und zu verteidi-

Das ND *berichtet über Bratislava am 5. August 1968*

Die Erfahrung hatte uns jedoch gelehrt, vorsichtig zu sein. Wie oft waren wir schon enttäuscht worden. Doch der Mensch hofft auch in ausweglosen Situationen immer auf ein glückliches Ende. Daraus entwickelte sich die Redewendung: die Hoffnung stirbt zuletzt. Auch wir glaubten noch daran, daß sich Dubček eventuell doch änderte.

Nach Bratislava entfachte die Reaktion eine wütende Kampagne. Es war durchgesickert, daß Dubček, Černík, Smrkovský und Svoboda zum Beweis ihrer Aufrichtigkeit in Čierná nad Tisou versprochen hatten, daß das Präsidium des ZK der KPTsch nach seiner Rückkehr vier grundsätzliche Schritt unternimmt:

– František Kriegel wird aus dem Präsidium des ZK der KPTsch abberufen;

– Cestmír Císař wird von seiner Funktion als Sekretär des ZK der KPTsch entbunden, bleibt aber Vorsitzender des Tschechischen Nationalrates,

– Die Machtbefugnisse des Ministers des Innern, Josef Pavel, werden eingeschränkt, indem die Staatsicherheit aus diesem Ministerium ausgegliedert und von einem zuverlässigen Genossen geleitet wird;

– Es werden radikale Maßnahmen zur Kontrolle der Massenkommunikationsmittel ergriffen. In diesem Kontext wird Jiří Pelikán von der Funktion des Generaldirektors des Tschechoslowakischen Fernsehens abberufen. Die Partei- und Staatsführung unterwirft die Redaktionen einer strengen Kontrolle.

Am Tag nach dem Treffen in Bratislava fand im Gebäude des ZK der KPTsch eine Beratung mit Mitarbeitern der Massenmedien statt, auf der Císař Instruktionen mit ganz entgegengesetzter Zielsetzung erteilte. Er erklärte, daß in Čierná und Bratislava alles verspielt worden sei, weil man habe zurückweichen müssen. Deshalb sollten die Ergebnisse dieser Treffen paralysiert werden.

Das war klarer Verrat und eine völlige Diskreditierung der Parteiführung.

Am Abend des 4. August trat Dubček im Fernsehen auf und teilte der Öffentlichkeit mit, daß die Gespräche in Bratislava erfolgreich gewesen seien und unsere Erwartungen erfüllt hätten. Er versicherte, daß nur ein einziges Dokument ausgearbeitet und gebilligt worden sei, das auch veröffentlicht werde. Niemand müsse um unsere Souveränität fürchten. Ferner erklärte er, daß das Präsidium des ZK der KPTsch seine Aufgabe in Bratislava erfolgreich erfüllt hätte, die ihm das Zentralkomitee gestellt habe.

Niemand hatte irgend etwas beschlossen, schon gar nicht das Zentralkomitee.

Sein Auftritt im Fernsehen richtete sich auch nicht an das Volk, auf das er sich berief, sondern wohl mehr an die konterrevolutionären Kräfte, die beruhigt werden sollten.

Unser Volk, Parteimitglieder und Parteilose, fürchtete keineswegs, daß bei den Treffen mit der Führung der KPdSU etwas gegen uns beschlossen worden sein könnte. Das Volk wußte, die Vereinbarung über das gemeinsame Vorgehen wurde zum Nutzen der Partei und des Sozialismus getroffen.

Angst hatte einzig die Konterrevolution, und Dubček mußte sie ihr nehmen.

Seine Pflicht wäre es jedoch gewesen, die Menschen darüber zu informieren, von wo tatsächlich Gefahr ausging. Das tat er jedoch nicht.

Ungeduldig wartete ich auf die nächste Sitzung des Präsidiums des ZK der KPTsch. Es trat am 6. August zusammen.

Die erste Überraschung erwartete uns gleich zu Beginn. Auf dem Tisch im Sitzungszimmer lag ein grünes Papier. Nicht nur die Farbe war ungewöhnlich. Auch die darauf geschriebene Mitteilung.

Es handelte sich um Überlegungen, auf welche Weise die ČSSR den Import von Getreide, Erdöl, Erdgas, Nichteisenmetallen und anderen Rohstoffen, die für unsere Industrie notwendig waren, gewährleisten könnte für den Fall, daß die Sowjetunion ihre Lieferungen einstellte.

Das war eine unverschämte Provokation.

Als erster faßte sich Kolder, als Sekretär des ZK der KPTsch für die Wirtschaft zuständig. Er kannte das Papier nicht, und seine Frage nach der Urheberschaft blieb unbeantwortet.

Auch Dubček fragte er, wer dieses Material verteilt habe.

Dubček warf nur einen flüchtigen Blick auf den Umschlag, zeigte sich in keiner Weise überrascht und bemerkte trocken, wer das vorgelegt habe, wisse nichts von der jüngsten Entwicklung, und schlug vor, das Papier einzuziehen.

Damit schien für ihn die Sache erledigt.

Dubček mußte wissen, wer diesen Vorschlag an das Präsidium ausgearbeitet und vorgelegt hatte. Und wenn nicht, wäre es seine Pflicht gewesen, die Wahrheit herauszufinden.

Dieser Auftakt der Präsidiumssitzung deutete darauf hin, daß alles in alten Geleisen verlaufen würde. Das Präsidium behandelte den Bericht über die Treffen in Čierná nad Tisou und Bratislava und billigte die Stellungnahme, daß es dem Vorgehen und der angenommenen Deklaration von Bratislava zustimme. Es konnte gar nichts anderes tun. Dubček hatte unsere Zustimmung ja schon vor zwei Tagen der Nation mitgeteilt.

In meiner Unbedarftheit dachte ich jedoch – und mit mir sicher mancher Genosse –, daß Dubček wenigstens mündlich einige der besprochenen Maßnahmen vorschlagen würde, zu denen er sich verpflichtet hatte. Vielleicht hatte er deshalb keinen schriftlichen Entwurf einbringen wollen, um nicht vorher zu verraten, welche Maßnahmen für Rundfunk, Fernsehen und wichtigen Presseorgane sowie für die Redaktion von *Rudé právo* beschlossen wurden.

Ich wartete darauf, daß Černík, wie versprochen, einen Vorschlag einbrachte, daß Kriegel als Präsidiumsmitglied und Císař als Sekretär des ZK abberufen werden sollten.

Nichts dergleichen geschah.

Als sich die Präsidiumssitzung schon dem Ende neigte, erkundigte sich Emil Rigo, wann wir über die Maßnahmen beraten würden, die sich aus den Treffen ergäben.

Dubček reagierte darauf ziemlich gereizt und meinte, daß das nicht so einfach sei und eine gewisse Zeit brauche. Darüber hinaus sei zu überlegen, was jetzt das Wichtigste wäre. Es warteten angeblich viele andere wichtige organisatorische Fragen auf uns. Deshalb müßten wir mit der Ausarbeitung von Schlußfolgerungen und Maßnahmen noch etwas warten.

Und was war wichtiger als wirksame Maßnahmen gegen die Konterrevolution?

Das Treffen mit Josip Broz-Tito vom 9. bis 11. August, der Besuch Walter Ulbrichts am 12. August in Karlovy Vary sowie die Begegnung mit Nicolae Ceaucescu vom 15. bis 17. August.

Das war Kalkül. Mit »großer Außenpolitik« sollte alles überdeckt und unsere innenpolitischen Verpflichtungen ausgesetzt werden.

Dubček, Kriegel, Smrkovský und Außenminister Hájek setzten offenbar große Hoffnungen in den Besuch des jugoslawischen Staats- und Parteichefs. Unserer Delegation sollten Dubček, Svoboda, Černík, Smrkovský, Lenárt und ich angehören.

Dubček war sehr daran gelegen, Tito davon zu überzeugen, daß in der Tschechoslowakei alles in bester Ordnung sei.

Um es kurz zu machen: Seine Erwartungen erfüllten sich nicht. Einige Chaoten erzwangen sich Zutritt zum ersten Vorhof der Prager Burg, um dort ihre Zustimmung zur »neuen Politik«, zu Freiheit und Demokratie zu bekunden. Dabei beschädigten sie das Matyas-Tor schwer. Die Armee mußte aus Lastkraftwagen eine Barrikade bauen. Tito beobachtete alles vom Fenster seiner Residenz. Während des festlichen Abendessens kam er darauf zu sprechen. Er sehe das keineswegs als Ausdruck von Demokratie, sagte er. Wenn ihm in Belgrad Ähnliches passieren sollte, würde er sehr schnell dieser Anarchie und der Unordnung ein Ende bereiten.

Kriegel war geschockt und sorgte dafür, daß Titos Ausführungen nicht nach draußen und in die Presse gelangten.

Am 12. August fand das Treffen mit einer DDR-Delegation in Karlovy Vary statt. Die Begegnung, an der Dubček, Černík, Smrkovský, Kolder und Lenárt teilnahmen, erfolgte auf Ersuchen Ulbrichts, der noch einmal versuchen wollte, zu retten, was zu retten war. Er war überzeugt, daß es ihm gelingen würde, Dubček, Černík und die anderen davon zu überzeugen, daß der Tschechoslowakei große Gefahr drohe, wenn sie die abgegebenen Versprechen nicht erfüllen würde.

Dubček, Černík und Smrkovský kam dieses Treffen deshalb entgegen, weil sie damit Aktivitäten vorweisen und seriöse Beratungen im Präsidium des ZK der KPTsch hinauszögern konnten.

Vom 15. bis 17. August 1968 weilte eine von Ceaucescu geleiteten rumänischen Delegation in Prag. Auf tschechoslowakischer Seite nahmen an den Beratungen teil: Dubček, Černík, Kriegel, Císař, Klokoč, Hájek, Kucera – der Vorsitzende der Tschechoslowakischen Sozialistischen Partei –, Antonín Pospísil – Vorsitzender der Tschechoslowakischen Volkspartei – und Karel Kurka, unser Botschafter in Bukarest.

Im Kommuniqué hieß es, daß die rumänische Delegation mit Befriedigung die Ergebnisse zur Kenntnis genommen habe, die die Völker der brüderlichen ČSSR erreicht hätten, was die Überzeugung von der gesunden Entwicklung in der Tschechoslowakei verstärkt habe. Das war Wasser auf die Mühlen der Konterrevolution.

Mit jedem neuen Tag wurde deutlich, daß die übernommenen Verpflichtungen nicht eingelöst werden würden. Die Blätter hetzten weiter, Rundfunk und Fernsehen schürten den Antikommunismus und den Antisowjetismus. Dubček jedoch ließ sich feiern. Er war überzeugt, daß ihn das Volk liebte. Lehrerinnen mit ihren Kindern

Pressekonferenz in Karlovy Vary mit Ulbricht und Dubcek (dazwischen Dolmetscher Kukuk), rechts außen Cerník, links außen Stoph; Neues Deutschland *am 14. August 1968*

kamen zu ihm ins ZK-Gebäude, Popsängerinnen und Schauspieler, in den Kirchen wurde für ihn gebetet, Gebäck wurde nach ihm benannt. Er schien im Rausch zu leben. Er konnte schon nicht mehr Wahrheit und Lüge, Gutes und Böses unterscheiden.

Černík, obgleich sonst ein vernünftiger Mann, war ebenfalls infiziert. Er spürte zwar, daß man etwas tun müsse, hatte aber Angst, daß er dabei seine Popularität einbüßte. Einen sehr negativen Einfluß übte offenkundig seine Ehefrau auf ihn aus.

Am 8. August 1968 brachten die *Literarní listy* einen Artikel unter der Überschrift »Von Warschau nach Bratislava«. Darin wurde die Politik der sozialistischen Länder mit der Politik Hitlers verglichen. Die Zeitungen der sozialistischen Bruderländer wurden, weil sie unseren Weg zum »Sozialismus mit menschlichem Antlitz« nicht lobten, als Propagandainstrumente Goebbelsschen Typs denunziert. Seine Kollegen in den sozialistischen Ländern nannte der Autor »publizistische Lakaien« und prophezeite, daß eine Kohorte zu allem fähiger Schreiber antreten werde, um auf Anweisung »ihrer ideologischen Chefs scharfes Feuer auf die tschechoslowakische Konterrevolution« zu richten.

Einen nicht minder beleidigenden Artikel brachte *Mladá fronta* am 10. August. Darin wurde die Deklaration eingeschätzt und prophezeit, daß »Bratislava nicht das Ende, sondern der Anfang der Diskussion und womöglich der Polemik sei«.

Das Nachrichtenmagazin *Reportér*, das sich von Beginn seines Erscheinens mit revisionistischen und konterrevolutionären Beiträgen hervortat, griff mit seinem Artikel »Luxus der Illusionen« von Jiří Hochman die sozialistischen Länder massiv an. Angeblich fürchteten sie, daß unser Sozialismus ihr bürokratisches System bedrohe und »langsam, aber sicher den Sozialismus im Weltmaßstab begraben« werde. »Wir bringen die Vision der Liquidierung der absoluten Macht einer bürokratischen Kaste auf die Bühne«, schrieb der *Reportér*, »die das Stalinsche Modell des Sozialismus im internationalen Maßstab produziert hat«.

Es war sonnenklar, daß die Vereinbarungen von Čierná und Bratislava aufs Gröblichste verletzt wurden. Die Sowjetunion blieb jedoch geduldig, Geduld brachten auch die anderen sozialistischen Länder auf. Öffentlich enthielten sie sich jeder Polemik und fragten nicht einmal an, wann wir die ausgehandelten Abkommen realisieren wollten.

Die konterrevolutionären Kräfte lebten in der illusionären Hoffnung, daß die Sowjetunion sich fürchte und still zurückzöge.

Am 13. August, am Dienstag, rief Breshnew bei Dubček an. Er kündigte die Übergabe eines Aide mémoire an, das noch am gleichen Tage Botschafter Tscherwonenko bringen werde.

Dubček informierte darüber das Präsidium nicht.

Ich traf mich mit Dubček und Černík in einem Separée des Hotels Praha und versuchte sie zu überzeugen, daß die Uhr laufe. Wenn wir nicht rasch etwas unternähmen, würden nach meiner Überzeugung schon in den nächsten Tagen die verbündeten Armeen in die Tschechoslowakei einrücken. Ich schlug ihnen vor, mit einem Plan nach Moskau zu fliegen, wie wir in der Tschechoslowakei alle konterrevolutionären Kräfte unterdrücken würden.

Dubček und Černík reagierten wie erwartet: Sie würden es nicht schaffen, eine solche Mission zu Hause zu begründen. Beide fürchteten sich vor den Kräften, die sie selbst herangezogen hatten, mehr als vor dem Volk.

Ich meinte, sie könnten inkognito fliegen: frühmorgens los und abends zurück. Es wäre alles zu schaffen, nur müsse ein genauer Plan ausgearbeitet und auch realisiert werden.

Sie lehnten ab.

Ich bat Dubček eindringlich, sich bewußt zu werden, was er tue, daß er große Schuld auf sich lade, wenn er die Nation in den Abgrund führe. Unterdessen lief er, wild gestikulierend, im Raum nervös auf und ab, fuchtelte mit den Armen und wiederholte unentwegt, daß er nicht glaube, daß die Verbündeten die Lage in der Tschechoslowakei mit Panzern und ohne uns lösen würden. Wenn diese jedoch geschehe – er nahm ein Messer in die Hand, das auf dem Tisch lag und deutete mit einer Bewegung an, was er tun werde.

Dieses Bild eines angedeuteten Suizids hatte ich ständig vor Augen, als die Panzer kamen. Ich war mir nicht sicher, ob es ihm mit seiner Ankündigung ernst war oder ob es nur Theaterdonner war wie so vieles bei ihm.

Tage darauf gingen wir am Ufer der Moldau spazieren. Wir flanierten am Abend lange in den Grünanlagen, die heute Ludvík Svoboda-Ufer heißen. Ich flehte, bat, bedrängte, beschwor ihn, sich endlich zu besinnen und nicht länger mit dem Schicksal der Partei und der Republik Hasard zu spielen.

Er wollte nichts davon hören.

Meine Verzweiflung trieb mich so weit, daß ich mit dem Gedanken spielte, das Zentralkomitee der KPS zusammenzurufen und Dubček, eventuell Černík und Präsident Svoboda hinzuzubitten. Dann würden wir sie auffordern, einer Erklärung des Zentralkomitees der Kommunistischen Partei der Slowakei zuzustimmen, mit der es sich an die Bruderparteien mit der Bitte um Hilfe wandte, weil die ČSSR bedroht sei.

Das war zwar ein riskanter Plan, aber noch realisierbar. Die Initiative lag bei uns und wir würden vielem zuvorkommen. Denn das war doch der zentrale Punkt: die Offensive. Entweder blieb sie bei uns, im Lande, oder sie ging an die Verbündeten über.

Vor einem hatte ich jedoch Angst: Was geschah, wenn sie sich weigerten, unserem Hilferuf zuzustimmen? Wenn sich der Präsident der Republik sperrte?

Eine zweite Variante war: den Parteitag vorzubereiten und dort, vor allen Delegierten, die Verschwörung zu entlarven, die gegen die Partei und die ganze Republik lief, und dem Parteitag vorzuschlagen, internationale Hilfe anzufordern.

Kriegel und Smrkovský hielten sich nicht an die Verabredung, Stillschweigen über die Gespräche in Čierná zu wahren. Sie denunzierten mich als Verräter und erfanden Sätze, die ich nie gesagt hatte. Rundfunk und Fernsehen kolportierten das. Ich erhielt Drohbriefe. So entschloß ich mich, auf einige Fragen und Beschuldigungen öffentlich zu reagieren.

Das geschah am Freitag, dem 16. August. Ich erklärte, daß ich mich ausschließlich von den Interessen unseres Landes und unserer Partei habe leiten lassen. Denn es stünde in unserem Interesse, die Beziehungen zwischen der KPdSU und der KPTsch und damit auch die Beziehungen zwischen der ČSSR und der UdSSR nicht fortgesetzt zu belasten und zu verschlechtern, sondern diese zu verbessern.

In der Fernsehdiskussion wurde auch der Vorwurf erhoben, die Slowakei sei zum Bremsklotz des »Demokratisierungsprozesses« geworden. Ich sagte, daß das Demagogie sei. Die Abkehr von den Leninschen Prinzipien, der Ausverkauf des Sozialismus, die Schwächung der führenden Rolle der Partei, die Gefährdung unserer Freundschaft mit der Sowjetunion – all das bedeute keine Verbesserung des Sozialismus. Das habe auch nichts mit Freiheit, Demokratie und Souveränität zu tun.

Ich betonte, daß in der Slowakei das Statut der Partei strikt eingehalten werde, daß die Beschlüsse des ZK der KPTsch erfüllt würden und wir genau dafür als Dogmatiker, Konservative und Bremsklötze des sogenannten Demokratisierungsprozesses stigmatisiert würden. Dem gegenüber respektieren viele Mitglieder des ZK der KPTsch und manche Mitglieder seines Präsidiums in Prag weder das Statut noch die vom Zentralkomitee gefaßten Beschlüsse. Doch gerade sie, die die Leninschen Prinzipien auf das Gröblichste verletzten, gelten als progressiv, als Träger des neuen »Sozialismus mit menschlichem Antlitz«.

Heute weiß ich, daß es nötig gewesen wäre, mich klar zu äußern. Die Disziplin wurde von Dubček, vor allem von Smrkovský, Kriegel, Mlynář und Císař verletzt. Das hätte ich auch deutlich sagen müssen und es nicht bei vagen Andeutungen belassen dürfen.

Ich wußte nicht, daß es die letzte Gelegenheit sein würde, öffentlich die Wahrheit zu sagen und die Verräter in der Partei- und Staatsführung namentlich zu nennen.

Heute weiß ich auch, daß es erforderlich gewesen wäre, stärker mit Präsident Ludvík Svoboda, aber auch mit Ministerpräsident Černík zusammenzuarbeiten. Ludvík Svoboda stand, weil er nicht Mitglied des Präsidiums des ZK der KPTsch war, in gewisser Hinsicht am Rande des politischen Geschehens. Er wußte nichts von den Diskussionen im Präsidium des ZK der KPTsch. Und wir informierten ihn auch nicht. Und sofern es Dubček tat, dann nicht unbedingt korrekt.

Ludvík Svoboda spielte eine sehr positive Rolle, aber er hätte noch wirksamer sein können. Ich bin zutiefst davon überzeugt, daß auch er um internationale Hilfe ersucht hätte, wenn er die ganze Wahrheit und das Ausmaß der Gefahr gekannt hätte, die der Partei und der Republik drohten.

Černík hatte beträchtlichen Anteil an der tschechoslowakischen Krise, aber er war nicht der Organisator der Konterrevolution, wenn auch ihr ziemlich gehorsamer Vollstrecker und ein Instrument Smrkovskýs und Kriegels. Er war ein Politiker besonderen Charakters. Er war gebildeter und intelligenter als Dubček, Smrkovský, Kriegel und Spacek, aber auch furchtsam und zu hilflos, um sie loszuwerden. Er hatte Angst vor dem, was käme. Doch daß etwas geschehen würde, dessen war er sich bewußt. Noch größer als diese Angst war jedoch die Furcht vor dem Verlust seiner Popularität.

Die offene Konfrontation

Die konterrevolutionären Kräfte in den Massenmedien hielten Dubček und Černík im Schwebezustand dauernder Unsicherheit. Jede Woche organisierten sie Umfragen zur Popularität, darüber, wer die »Sympathie des Volkes« besaß. Niemand hat untersucht, niemand darüber nachgedacht, wer sich da eigentlich als Volkes Stimme ausgab und wessen Sympathien sie besaßen.

Die Rechtsopportunisten und Revisionisten hatten sich zum Volk erklärt, und die Mehrheit der Parteiführung ordnete sich ihrem Willen unter. Černík brachte es fertig, innerhalb einer Woche zweimal seine Haltung zu ändern.

Sonnabend und Sonntag verbrachte er in seinem Wochenendhaus. Dort besuchten ihn die größten Reaktionäre aus den Massenmedien, Schriftsteller und Schauspieler. Mit Unterstützung seiner Ehefrau bearbeiteten sie ihn derart, daß es am Montag und Dienstag kaum möglich war, mit ihm vernünftig zu diskutieren.

Unter dem Eindruck der Erkenntnisse aus Betrieben und LPG, auf der Grundlage von Informationen über den tatsächlichen Zustand im Volk, die stetig hereinkamen, wurde er am Mittwoch zugänglicher. Am Donnerstag räumte er ein, daß die Lage anders sei, als offiziell behauptet, und am Freitag stand er mehr oder weniger auf unserer Seite. Dann aber kam wieder das Wochenende …

So ging das Woche zu Woche. Doch der Druck auf ihn wuchs, und Černík entglitt uns immer mehr. Vielleicht lag der Fehler darin, daß hauptsächlich Drahomír Kolder mit Černík zusammenzuarbeiten hatte, aber Černík zu ihm kein Vertrauensverhältnis hatte. Ich will meine Person nicht überbewerten, aber ich habe bis heute das Gefühl, daß ich manche Dinge hätte verhindern können und Dubček und Černík gerettet worden wären, wenn ich dauerhaft in Prag an ihrer Seite hätte wirken können. Mit beiden nur eine bis zwei Stunden wöchentlich zu reden war zu wenig. Da konnte man gegen die Einflüsterungen ihrer Umgebung nur wenig ausrichten.

Ich dachte ständig darüber nach, welche Rettung es vor der drohenden Katastrophe wenigstens in der Slowakei gäbe. Ein Bürgerkrieg ist schrecklich. Es kommt zu schlimmen Ungerechtigkeiten, persönliche Rechnungen werden beglichen, es trifft Unschuldige und Schuldige. Schwer ist zu unterscheiden, wer Freund und wer Feind ist. Der Nachbar erschlägt den Nachbarn, der Bruder den Bruder, der Vater den Sohn und der Sohn den Vater. Der gesellschaftliche Bodensatz wird nach oben gespült und schlägt sich mit seinen Leidenschaften – die einen aus Überzeugung und die anderen aus krimineller Energie – auf die Seite jener, die die bestehende Ordnung umstürzen wollen.

Es wurde immer klarer, daß der Tschechoslowakei ein Golgatha drohte, wenn mit Rücksicht auf internationale Implikationen – worauf die tschechoslowakische Rechte spekulierte – die Verbündeten es unterließen, den gesunden Kräften rechtzeitig zu Hilfe zu eilen.

Jeder Politiker, der Augen und Ohren offen hielt, mußte sehen und fühlen, daß die Gefahr mit jedem Tag näherrückte wie ein Steppenbrand. Die Konterrevolution wartete auf den Parteitag, um Legalität zu erlangen. Aber unser Bemühen, sie daran zu hindern, trieb sie in die offene Konfrontation ohne Rücksicht auf den Parteitag.

Der Parteitag der KP der Slowakei sollte vor dem Parteitag der KPTsch stattfinden. Zum Konvent mußte eine repräsentative Delegation aus Prag kommen. Die gegenwärtige Situation erforderte es geradezu, daß die Delegation von Dubček geleitet werden würde. Erstens, um sich auf dem slowakischen Parteitag zu präsentieren und zweitens, um zu verhindern, daß wir auf dem Parteitag etwas für ihn Schlechtes beschlössen.

Parallel zur Erarbeitung des offiziellen Berichts, der in Prag vom Präsidium abgesegnet werden mußte, bereitete ich eine Information vor, die ich auf dem Parteitag vorzutragen beabsichtigte. Darin wollte ich die tatsächliche Situation in der Partei und der Republik erläutern. Ich wollte nach der offiziellen Eröffnung des Parteitages erklären, daß die Lage so ernst sei, daß wir den Bericht schriftlich verteilten, um Zeit zu gewinnen. Die Verantwortung vor der Partei, dem Volk und der internationalen kommunistischen und Arbeiterbewegung zwinge mich nämlich, den Parteitag wahrheitsgemäß über die Gefahr zu informieren, die der Partei und der Republik drohte. Ich wollte den Parteitag davon in Kenntnis setzen, daß die Verpflichtungen, die die Parteiführung während der Moskauer Verhandlungen, in Čierná nad Tisou und Bratislava übernommen habe, sabotiert und nicht erfüllt werde.

Das Konzept dafür sah so aus:

Erstens: Ablehnung einer Politik, die der Block der Rechten und Revisionisten im ZK der KPTsch, der Regierung und der Nationalversammlung betreibt;

Zweitens: Der Parteitag ruft Dubček auf, sich von der Politik des »zweiten Zentrums« zu distanzieren;

Drittens: Den Vorschlag zur Verlegung des Außerordentlichen XIV. Parteitag der KPTsch zu beschließen, und zwar deshalb, weil seine Vorbereitung nicht im Einklang mit den bestätigten Grundsätzen verläuft;

Viertens: Im Falle, daß Dubček diese Vorschläge ablehnte, soll ihn der slowakische Parteitag auffordern, von der Funktion des Ersten Sekretärs der KPTsch zurückzutreten, sonst würde der slowakische Teil der Partei aufhören, ihn anzuerkennen.

Fünftens: Wenn es die Situation erfordere, könnte sich der Parteitag der KPS auch an die Verbündeten mit der Bitte um internationale Hilfe wenden.

Das alles sollte eine kleine Gruppe formulieren, von der ich überzeugt war, daß auf sie voll und ganz Verlaß war.

Für diesen Schritt wollte ich möglichst viele Kreis- und Bezirkssekretäre der Partei in der Slowakei und tschechische Mitglieder des ZK der KPTsch gewinnen. Ich war mir dessen sicher, daß sie augenblicklich nach Bratislava kommen und sich mit dem Parteitag der KPS identifizieren würden, wodurch alles auch einen gesamtstaatlichen Charakter annehmen würde.

Ich entschloß mich, kurz vor dem Parteitag auch Gustáv Husák in den Plan einzuweihen. Er war ordentlicher Delegierter zum Parteitag der KPS und zu jener Zeit zwar stellvertretender Ministerpräsident, aber durch Dubčeks Schuld weder Mitglied des ZK der KPTsch noch des ZK der KPS, so daß er viele wichtige Details, die sich aus den Verhandlungen in Dresden, Moskau, Čierná nad Tisou und Bratislava ergaben, nur aus dritter Hand erfuhr.

Der Plan war zweifellos riskant, möglicherweise auch naiv, aber ich suchte jede Möglichkeit, um unabsehbare politische, wirtschaftliche und moralische Schäden abzuwenden.

Eine Woche vor dem Parteitag, am Montag, dem 19. August, fand eine Friedensmanifestation in Remeta bei Handlová statt. Ich erhielt eine Einladung und wollte diese Zusammenkunft nutzen, um zu testen, wie Publikum auf offene Worte reagieren würde.

Auf der Kundgebung sprach ich über die komplizierte Entwicklung seit dem Januar, als verschiedene Kräfte an die Oberfläche kamen, von denen wir glaubten, daß sie längst untergegangen seien. Damit erlagen wir einem Irrtum. Im Gegenteil, sie umkreisten das Licht wie Motten und begannen den Sozialismus, die Partei und unsere Freundschaft mit der Sowjetunion zu beschmutzen. Als ich ausrief, daß wir trotz Fehler und Deformationen Werte geschaffen hätten, für die wir uns nicht schämen müßten und auf die wir uns auch in Zukunft stützen werden, kam spontaner Beifall.

Ich betonte die existentielle Notwendigkeit, unsere Freundschaft mit der Sowjetunion zu verteidigen, und erinnerte daran, daß aus diesem Bündnis nicht nur Rechte, sondern auch Pflichten resultierten. Wir sollten uns unserer Pflichten bewußt sein, die wir übernommen hätten. Ich machte darauf aufmerksam, daß wir in den nächsten Tagen unsere Aufrichtigkeit und politische Reife unter Beweis stellen müßten. Ich zitierte aus der Deklaration von Bratislava. »Es ist möglich«, sagte ich, »daß ich heute etwas altmodisch rede. Heute ist es Mode, anders zu reden, oft auf alles zu schimpfen, die Arbeit des Volkes zu schmähen, die Arbeit der Partei zu verunglimpfen, unsere Freundschaft mit der Sowjetunion zu diskreditieren, Floskeln zu wiederholen und pseudorevolutionäre Losungen auszuhecken. Wenn wir es nicht fertig bringen, wirklich mit all unserer Energie und Entschiedenheit unsere gegenwärtige komplizierte Situation zu überwinden, dann sind alle Worte über Freundschaft, Demokratie, Sozialismus, die heutzutage im Rundfunk, Fernsehen und in den Zeitungen zu vernehmen sind, nur Phrase.«

Und ich erinnerte daran, daß es immer die Sowjetunion war und auch sein werde, die uns helfen würde, die Freiheit und die sozialistischen Errungenschaften zu verteidigen.

Ich versuchte so zu reden, daß mich die Menschen verstanden, und Interesse dafür zu wecken, was in Prag und Bratislava geschieht. Auf einer öffentlichen Kundgebung findet begreiflicherweise keine Diskussion statt, es können nicht einmal Fragen gestellt werden, das findet erst danach, im kleinen Kreis statt. Und das wollte ich erreichen. Man muß sich auch die Tatsache vergegenwärtigen, daß solche Bergarbeiterstädtchen wie Handlová mit ihren eigenen Problemen lebten und größtenteils wenig davon mitbekamen, was in Prag oder Bratislava vor sich ging. So war es für die Menschen dort schwer vorstellbar, daß jemand aus dem Präsidium des ZK oder der Regierung den Sozialismus gefährden könnte.

Ein langes Gespräch mit den Organisatoren der Friedensmanifestation ließ erkennen, daß sie nur ahnten, aber nichts wußten. Sie lebten in der Überzeugung, daß sich das Präsidium des ZK einig sei und Dubček rechtzeitig gegen die antisozialistischen Kräfte vorgehen würde. Sie lebten zufrieden und ohne Ängste.

Am 17. August, dem Samstag, traf in Prag ein Brief des Politbüros des ZK der KPdSU, gerichtet an das Präsidium des ZK der KPTsch, ein. Dubček war jedoch zum Treffen mit Kádár gefahren, das Schreiben wurde ihm darum erst am Montag, dem 19. August, um 22.10 Uhr ausgehändigt.

Am Sonntagabend, nach meiner Rückkehr aus Remeta, erwartete mich in Bratislava Karel Hoffmann, Generaldirektor der Zentralverwaltung für Fernmeldewesen. Er eröffnete mir, daß die konterrevolutionären Kräfte in Prag entschlossen seien, in den nächsten Tagen, vielleicht auch Stunden einen konterrevolutionären Umsturz durchzuführen. Nach Čierná und Bratislava konnten sie nicht mehr sicher sein, auf dem Parteitag durchzukommen. Sie glaubten, zum Handeln gezwungen zu sein.

Daß die Lage bis zum Äußersten angespannt war, spürte auch Dubček, der das Wochenende in Bratislava verbrachte. Am Sonntagabend rief er mich gegen 21 Uhr an und fragte, ob ich mich mit ihm treffen könnte. Ich hoffte, daß er sich vielleicht für eine härtere Gangart entschieden habe und von hier aus kommandieren wollte. Unter diesen Umständen hätte ich ihn mit dem Plan bekanntgemacht, den ich für den Parteitag der KPS vorbereitet hatte.

Wir liefen mehr als drei Stunden durch die Straßen Bratislavas und spielten verschiedene Varianten durch. Dubček glaubte der Nachricht aus London, daß die Sowjets nicht eingreifen würden. Er war darin von Außenminister Hájek, von Kriegel und von Smrkovský bestärkt worden. Moskau werde nicht das Treffen der kommunistischen und Arbeiterparteien im kommenden Jahr mit einer Militäraktion gefährden wollen, sagte er.

Das behauptete auch der amerikanische Theoretiker und Diplomat George F. Kennan. Breshnew drohe nur, meinte er. Er verlege Armee-Einheiten an die Grenze lediglich zur Beruhigung der eigenen Partei und des sowjetischen Volkes und um Prag zu drohen.

Denn wenn die Sowjearmee einrückte, gäbe es blutige Zusammenstöße, die weltweiten Protest auslösten. Breshnew sei daraufhin gezwungen, seine Truppen zurückzuziehen. Das bedeutete Gesichtsverlust für Moskau, und das werde der Kreml nicht riskieren.

Riskierte er es dennoch, beschleunige sich der Prozeß der politischen Liquidierung der konservativen und dogmatischen Kräfte nicht nur in der Tschechoslowakei, sondern auch in der UdSSR.

Das war die westliche Lesart. Und der schien Dubček zu folgen.

Im Gespräch wurde mir klar, daß er die gleiche Information erhalten hatte wie ich von Karel Hoffmann. Er wußte, was uns erwartete.

Der Grund für das abendliche Treffen mit mir bestand also nicht darin, wie ich zunächst annahm, eine Entscheidung zu suchen. Dubček wollte lediglich sondieren, was ich wisse und wie ich mich verhalten würde.

Wir gingen ohne Vereinbarung auseinander, jeder mit seinen Ansichten, Befürchtungen und Hoffnungen. Wir verabredeten uns für Montagvormittag, um gemeinsam nach Prag zu fliegen.

Ich wurde den Eindruck nicht los, daß Dubček auf etwas wartete, dem er gern aus dem Wege gehen würde. Warum hatte er keine Eile, nach Prag zu kommen? Stattdessen lief er mehrere Stunden mit mir durch die Stadt.

In Prag erwartete uns auf dem Flugplatz Viliam Salgovic, der Stellvertreter des Innenministers, zuständig für die Staatssicherheit. Er informierte Dubček, daß Smrkovský Anstrengungen unternähme, für heute Abend eine Sitzung des Präsidiums des ZK der KPTsch einzuberufen. (Den Hintergrund erfuhr ich erst später: Kriegel, Smrkovský und Mlynář wollten die militärische Mobilmachung veranlassen. Es waren bereits die Kuriere vorbereitet, die die entsprechenden Befehle in den Bezirken und Kreisen übergeben sollten. Alle Beweise ließ Mlynář später vernichten und die Spuren verwischen.)

Dubček winkte ab, er habe die Präsidiumssitzung für den morgigen Dienstag geplant und werde das nicht ändern.

Das war, glaube ich, eine der wenigen guten Entscheidungen, die er in seiner Funktion als Erster Sekretär des ZK der KPTsch traf.

Der 21. August 1968

Die Tagesordnung für die Sitzung des Präsidiums des ZK der KPTsch am Dienstag, dem 20. August, umfaßte mehr als 15 Punkte und Unterpunkte, wir begannen um 14 Uhr. Am Vormittag hatten wir in Gruppen diskutiert. In Prag kursierten viele Gerüchte.

Ein tschechoslowakischer Korrespondent der Nachrichtenagentur *CTK* in Budapest wollte von seinem ungarischen Kollegen die Information erhalten haben, daß am 21. August ungarische Militäreinheiten die Grenze der Tschechoslowakei überschreiten würden. Er gab die Information an unseren Botschafter Jozef Púcik weiter. Der benachrichtigte augenblicklich Černík und Dubček.

Der Erste Sekretär reagierte nicht.

Es war irrational und aberwitzig. Es stand offenkundig auf des Messers Schneide, doch die politische Führung arbeitete ungerührt bürokratisch ihr Tagespensum ab.

Mit Kolder, Švestka und Rigo hatte ich mich am Vormittag darauf verständigt, daß wir bei der Behandlung des Tagesordnungspunktes 2 – gegenwärtige politische Lage in der ČSSR, die Bedingungen der Tätigkeit der KPTsch und Vorschläge zum weiteren Vorgehen – eine grundsätzliche Diskussion in Gang setzen wollten. Wir müßten entschiedene Maßnahmen verlangen, die sich aus den Verhandlungen in Čierná nad Tisou und Bratislava ergaben.

Ich hatte auch mit Barbírek und Piller geredet. Beide sicherten Unterstützung zu. Von elf Mitgliedern des Präsidiums wollten also sechs eine Klärung der Situation. Lenárt war krank und nicht erschienen, was bedauerlich war. Er gehörte zwar nicht dem Präsidium an, aber sein Wort besaß Gewicht.

Von Dubček und Černík glaubte ich, daß sie sich der Mehrheit anschließen würden.

Císař, Mlynář, Slavík und Sádovsky besaßen kein Stimmrecht. Indra stand eindeutig auf der Seite der gesunden Kräfte.

Wir waren entschlossen, wenn nötig die ganze Nacht zu verhandeln und die Annahme verbindlicher Beschlüsse zu erzwingen.

Dubček aber wollte dem um jeden Preis aus dem Wege gehen.

Nach Billigung des Referats zum Außerordentlichen XIV. Parteitag und des Resolutionsentwurfs schlug er plötzlich vor, die Sitzung zu beenden und die Tagesordnung am Mittwochmorgen, also am 21. August, fortzusetzen.

Die Mehrheit lehnte das ab. So wurde Punkt 2 aufgerufen. Die Diskussion war scharf und sehr konkret. Mit Fakten wurde nachgewiesen, daß nicht einmal der Parteitag stattfinden könne, wenn nicht augenblicklich mit allen Machtmitteln gegen die konterrevolutionären Kräfte vorgegangen werde.

Unterdessen trugen Mitarbeiter immer neue Nachrichten herein. Die Meldungen über einen bevorstehenden Einmarsch militärischer Einheiten der Verbündeten verdichteten sich.

Černík verließ wiederholt den Sitzungsraum, kehrte bleich und nervös zurück und flüsterte mit Dubček.

Ungefähr gegen 22 Uhr, nach einem Telefongespräch, bestätigte Černík, daß die Informationen über die Konzentration verbündeter Truppen an den tschechoslowakischen Grenzen zuträfen.

Daraufhin forderten Kriegel, Smrkovský und Mlynář die Unterbrechung der Sitzung.

Das sei unlogisch, rief man ihnen zu. Wenn es wahr sei, daß die Verbündeten kämen, dann sei es erforderlich, daß das Präsidium des ZK der KPTsch permanent tage. Wir seien die Führung.

Wir saßen beieinander, aber kaum einer war richtig da. Die meisten gaben sich so, als habe das alles nichts mit ihnen zu tun, nichts mit ihrer Heimat, nichts mit ihrem Vaterland und ihrer Partei.

Dann dröhnte plötzlich Flugzeuglärm über unseren Köpfen. Es war gegen 22.30 Uhr.

Jemand öffnete das Fenster, starrte in den schwarzen Himmel und fragte, ob es eine Übung unserer Luftstreitkräfte gäbe.

Dubček sagte, er wisse davon nichts, und reagierte nicht weiter. Černík verließ den Raum, kam schon bald zurück und teilte mit, daß die Landebahnen auf dem Flugplatz Ruzyne beleuchtet seien und schwere Transportmaschinen landeten.

Was für welche? Unsere oder sowjetische?

Keine Ahnung.

Dubček drängte auf Fortsetzung der Debatte. Was interessierten ihn diese Flugzeuge.

Wir diskutierten also weiter über die politische Lage in der Tschechoslowakei.

Kolder bekam einen Zettel gereicht, auf dem stand: »Der Einmarsch der verbündeten Truppen wird verlegt.«

War das ein Witz oder eine Provokation? Es landeten offensichtlich bereits Militärmaschinen der Verbündeten in Ruzyne. Oder sollte das bereits alles gewesen sein?

Wollte man uns nur einschüchtern, wie Kriegel behauptete und Dubček annahm?

Ungefähr eine halbe Stunde vor Mitternacht traf die Meldung ein, daß Truppen die Grenze überschritten haben. Es wurden viele Grenzübergänge genannt, Zinnwald und Vysné Nemecké blieben mir in der Erinnerung haften. Sie kamen aus allen Nachbarstaaten.

Die rechten Elemente im Präsidium des ZK verfielen in Panik. Sie verlangten von Černík, augenblicklich den Minister für Nationale Verteidigung, Martin Dzúr, ins ZK zu beordern.

Černík ging telefonieren. Nach zehn Minuten kam er wieder und teilte mit, daß der Minister bedauere, er könne augenblicklich nicht den Generalstab verlassen.

Einer schlug vor, den Präsidenten der Republik anzurufen.

Von der Burg kam die Nachricht, daß der Präsident schlafe.

Dubček verlangte, daß der Präsident geweckt werde. Er müsse umgehend ins Zentralkomitee kommen.

Ludvík Svoboda traf ungefähr 0.30 Uhr ein.

Er öffnete die Tür. Sein freundliches, sympathisches Gesicht leuchtete zufrieden, er lächelte fast, und fragte: »Nun, sind sie schon hier?«

Kriegel und Smrkovský, aber auch Dubček und Černík waren konsterniert ob dieser Begrüßung.

Dubček schrie: »Du hast sie eingeladen!«

Svoboda wehrte ab. Nein, nein, aber Tscherwonenko sei bei ihm gewesen.

Dubček brach theatralisch in Tränen aus, riß sich das Hemd auf und rief: »Was haben sie mir angetan, mein Gott, was haben sie mir angetan!«

Dann sagte er, von dieser Minute an sei er nicht mehr Erster Sekretär des ZK der KPTsch.

Ich saß etwa zwei Meter von ihm entfernt und beobachtete ihn aufmerksam. Würde er jetzt auch noch Hand an sich legen, wie er es unlängst angedroht hatte, wollte er als Märtyrer enden? Das wollte ich unbedingt verhindern. Doch er sank auf den Stuhl und schaute nur ins Leere. An den aufgeregten Gesprächen beteiligte er sich nicht.

Černík war bleich wie die Wand und schwieg ebenfalls.

Kriegel stützte sich auf die Stuhllehne. Sein ganzer Haß brach aus ihm heraus, das war eine rassistische, nationalistische Suada. So hatte er sich noch nie gehen lassen und seinen wahren Charakter gezeigt. Er, der Sohn eines ukrainischen Baumeisters, befand, daß die Tataren über uns gekommen wären, um unsere Kultur, das Erbe unserer Väter zu vernichten. Das christliche Abendland müsse gegen die Barbaren verteidigt werden. Mlynář stieß ins gleiche Horn. Sie wetterten und rasten wie wilde Tiere, die festgestellt hatten, daß sich der Käfig hinter ihnen geschlossen hatte.

Auf den Gängen des ZK wieselten Jornalisten herum.

Und schon hatte Mlynář den Entwurf einer Protestnote in der Hand. Sieh an, sieh an, dachte ich. Man hatte also den Einmarsch erwartet und sich darauf vorbereitet.

Kolder, Jakeš, Indra, Rigo, Švestka und ich versuchten, die Annahme dieser Note zu verhindern, nachdem wir einen Blick darauf geworfen hatten. Mit einer solchen Erklärung wurden nicht nur Chancen für eine Vereinbarung mit den Verbündeten zunichte gemacht. Damit stellte sich das Präsidium des ZK der KPTsch praktisch an die Spitze der tschechoslowakischen Konterrevolution!

Wir mußten Zeit gewinnen. Ich verlangte eine Pause zum Studium des Entwurfs. Das Papier war so unverschämt, böse und feindlich, so grob und vulgär, daß daran nichts zu studieren war. Man konnte es nur in den Papierkorb werfen und die Autoren aus der Partei ausschließen.

Es war mir klar, daß Kriegel, Smrkovský und Mlynář ihre Haltung nicht ändern würden. Aber was war mit Dubček, Černík und Spacek, wenn sie wieder Herr ihrer Sinne wären?

Kein Politiker darf sich in einer Krisensituation verhalten wie eine verstoßene Geliebte. Der Verstand muß dominieren, nüchterne Lagebeurteilung hat zu erfolgen. Wenn das Haus brennt, muß nicht geklärt werden, warum es in Flammen steht, sondern wie man es gelöscht bekommt und dabei möglichst vieles retten kann.

Kriegel, Smrkovský und andere hatten das Haus angezündet, sie waren die Brandstifter, und so führten sie sich auch auf. Deshalb wollten sie den Brand auch nicht löschen, sondern versuchten weiter Öl in die Flammen zu gießen.

Dubček hatte die Nerven verloren und als unfähiger Kapitän als erster das Schiff verlassen.

Doch was machten wir mit dieser saublöden Protestnote?

Ich hoffte, die Tür öffnete sich, ein Offizier der Sowjetarmee käme herein und meldete, daß sie auf der Grundlage der Verabredung von Bratislava gekommen seien, ihre internationalistische Pflicht zu erfüllen. Genossen, wartet die Anweisungen ab.

Damit wäre zumindest die Notwendigkeit entfallen, über den Entwurf Mlynářs zu diskutieren. Doch das passierte nicht. Keiner kam.

Und ich ärgerte mich wieder, daß sich zwar die Konterrevolutionäre, nicht aber wir auf diesen Moment vorbereitet hatten. Nicht einmal das hatten wir in Erwägung gezogen.

Wir trommelten einige treue und zuverlässige Mitarbeiter des Apparates des Zentralkomitees zusammen und ließen sie vor dem Sitzungsraum des Präsidiums aufziehen mit dem Auftrag, niemanden hinein- und herauszulassen.

Und während wir zugleich an einem neuen Entwurf schrieben und herauszukriegen versuchten, wo die Einheiten sich bereits befanden, gingen Kriegel, Smrkovský, Mlynář, Císař und Spacek wesentlich überlegter zur Sache: Sie besetzten die Telefone und Fernschreiber und erteilten ihren Leuten draußen Anweisungen.

Die Bezirks- und Kreisleitungen sowie die Volksmilizen hingegen wußten nicht, was sie tun sollten. Sie erhielten keinerlei Direktiven aus der Zentrale. Sie warteten.

Der Rundfunk und das Fernsehen war in der Hand konterrevolutionärer Kräften, die unablässig zum Kampf gegen »die Okkupanten« aufriefen. Die Taxifahrer fuhren auftragsgemäß durch Prag und hupten die Stadt aus dem Schlaf.

Das »zweite Zentrum« verfügte über eine für den Alarm- und Katastrophenfall vorgesehene Aufstellung aller Ersatzdienststellen, Bunker und Standorte der Zivilverteidigung sowie Notfalltelefonverbindungen. Sie waren vorbereitet, weil sie mit allem rechneten. Sie verfügten sogar über Ersatzstandorte für Rundfunk- und Fernsehsender.

Im Präsidium indes herrschte Ratlosigkeit. Nachdem Dubček seine Funktion zur Verfügung gestellt hatte, mußte jemand provisorisch an seine Stelle treten. Aber wer?

Ich nahm das Wort und bat die Anwesenden, sich unserer

gemeinsamen Verantwortung vor der Geschichte, vor der Partei, vor dem Volk bewußt zu werden und nichts zu unternehmen, worunter noch unsere Kinder und Enkel würden leiden müssen. Wir sollten nie vergessen, daß Sowjetsoldaten uns 1944 die Freiheit brachten, daß die Sowjetunion unser treuester Verbündeter sei. Deshalb kämen ihre Soldaten auch nicht als Okkupanten, wie einige Mitglieder des Präsidiums behaupteten, sondern zur Sicherung unserer Ordnung. Die ČSSR werde nicht von Feinden besetzt, sondern von Freunden gesichert, damit sie nicht von Feinden okkupiert werde.

Wer sich heute überrascht zeigt, habe die Zeichen der Zeit nicht richtig gelesen. Das ist die logische Konsequenz. Sie war, weil wir nicht handelten, unausweichlich.

Kriegel, Smrkovský und Mlynář verlangten, die Sitzung zu beenden und der tschechoslowakischen und der Weltöffentlichkeit die Erklärung – ihre Erklärung – zur Kenntnis zu geben.

Černík forderte ebenfalls die Beendigung der Sitzung, weil er die Regierung zusammenrufen wolle, die ebenfalls zum Einmarsch der Truppen Stellung beziehen müsse.

Ich hoffte, die Diskussion so lange hinziehen zu können, bis der Beschluß oder die Erklärung nicht mehr gesendet werden könnte, weil inzwischen dort unsere Leute sitzen würden.

Trotz starken Widerstandes gelang es uns, den von Mlynář vorgelegten Entwurf beträchtlich zu überarbeiten. Dabei erwies es sich als hilfreich, daß Dubček, der aus seiner Lethargie erwacht war, offenbarte, er habe einen Brief von Breshnew erhalten. Der trüge zwar das Datum 17. August, aber er habe ihn erst am 21. gelesen.

Er zog ihn aus der Mappe.

Schon der Anfang signalisierte, daß die Lage sehr ernst ist.

»Teure Genossen,

die Entwicklung der Ereignisse nach unseren Treffen in Čierná nad Tisou und Bratislava zwingt uns, Ihnen eine Frage vorzulegen: Bleibt zwischen uns noch etwas von dem gegenseitigen Verständnis, das auf der Grundlage dieser Treffen erreicht worden war, und ist die Führung der KPTsch bereit, die erzielte Vereinbarung zu realisieren?«

Breshnew erinnerte daran, daß wir doch gemeinsam zu dem Schluß gelangt seien, daß die innere Entwicklung der ČSSR die Lebensinteressen der ganzen sozialistischen Gemeinschaft berührte.

Das Präsidium des ZK der KPTsch habe in Čierná anerkannt, daß die Lage in der Partei und im Lande aktive und entschiedene Maßnahmen gegenüber jedem erfordere, der die KPTsch verunglimpfe, die Grundlagen des Sozialismus angreife, der die brüderliche Freundschaft zwischen der Tschechoslowakei und der Sowjetunion sowie den anderen sozialistischen Ländern untergrabe.

Entgegen den abgegebenen Versicherungen habe die Führung der Kommunistischen Partei der Tschechoslowakei keineswegs den Kampf gegen die Konterrevolution organisiert, sondern ihr freien Lauf gelassen. »Wir sind gezwungen, Ihnen das in Erinnerung zu rufen, weil viele ernste Faktoren davon zeugen, daß sich die Ereignisse in einer solchen Richtung entwickelt haben, die nicht im entferntesten dem Sinn unserer Vereinbarungen entsprechen.«

Das Politbüro des ZK der KPdSU, so hieß es zum Schluß, möchte mit allem gebotenen Ernst die unaufschiebbare Notwendigkeit betonen, die Verpflichtungen zu erfüllen, die das Präsidium des ZK der KPTsch auf der Beratung der Bruderparteien übernommen habe, weil die Vernachlässigung dieser Verpflichtungen sehr gefährlich werden könnte. Man sei überzeugt, daß das Präsidium des ZK der KPTsch den Brief mit der gebotenen Aufmerksamkeit aufnehmen werde, daß es die Befürchtungen der sowjetischen Kommunisten und ihre Beunruhigung richtig verstehe und unerläßliche, unaufschiebbare Maßnahmen beschließe.

Man bitte darum, den Brief augenblicklich den Mitgliedern des Präsidiums des ZK der KPTsch zur Kenntnis zu geben.

Dubček hat auch diesen Auftrag nicht erfüllt. Ich bin überzeugt, die Geschichte wird auch dieses Vorgehen angemessen bewerten.

Was wir damals noch nicht wußten: Weil die Antwort aus Prag ausblieb, trafen sich am 18. August in Moskau die fünf Parteichefs. Sie hatten die Verhandlungen mit Dubček für gescheitert erklärt und einstimmig beschlossen, die vorbereiteten Hilfsmaßnahmen in der Nacht zum 21. August anlaufen zu lassen.

Die Kenntnis des Breshnew-Briefes vom 17. August erlaubte es uns, in die Erklärung des Präsidiums ein oder zwei Sätze hineinzuformulieren, die der unverändert schlechten Erklärung ein wenig die Schärfe nahmen. Das Präsidium des ZK der KPTsch, hieß es darin, rufe alle Bürger der Republik auf, Ruhe zu bewahren und den einrückenden Truppen keinen Widerstand entgegenzusetzen.

Deshalb haben weder unsere Armee noch die Sicherheitsorgane und die Volksmiliz den Befehl zur Landesverteidigung erhalten.

Ich hoffte trotzdem, daß die Erklärung nicht angenommen werde. Barbírek und Piller fielen jedoch um und stimmten nicht mit uns. Das bedeutete: Für diese Erklärung an das Volk der ČSSR stimmten: Barbírek, Černík, Dubček, Kriegel, Piller, Smrkovský, Spacek.

Dagegen: Kolder, Švestka, Rigo und ich.

Indra und Jakeš hatten kein Stimmrecht.

Wenn Piller und Barbírek sich an ihre Zusage gehalten hätten, wäre das Votum anders ausgefallen und die Folgen, die diese Erklärung vom 21. August nach sich zog, wären unserem Volke vermutlich erspart geblieben.

Das Papier desorientierte sehr viele Menschen. Die konterrevolutionären Elemente bekamen einen quasi-legalen Status.

Die Erklärung des Präsidiums des ZK der KPTsch war über weite Teile mit den Parolen der Konterrevolution identisch. Die antisozialistischen Elemente, die die Straßen beherrschten, wurden auf einmal zu »Verteidigern der Parteibeschlüsse« und vertraten »die Interessen des tschechischen und slowakischen Volkes«.

Primitiver Nationalismus und Antisowjetismus wurden geschürt und fanden Resonanz.

Der Rundfunk schürte Unsicherheit und Angst. Man meldete Massenverhaftungen, Übergriffe bis hin zum Mordterror. Es tauchten die ersten »vertraulichen Informationen« auf, etwa wie das Präsidium gestimmt habe, wer für die Erklärung votiert hatte und sich damit als »Patriot« gezeigt habe – und wer die »Verräter« waren.

Der Informant war Dusan Havlícek, der Leiter der Presseabteilung des ZK der KPTsch.

Zwar indirekt, aber ziemlich verständlich, rief schon bald der Rundfunk auf, die Verräter zu liquidieren. Man hängte Puppen an Galgen, die Namen trugen wie Bilak, Kolder, Indra und Jakeš.

Vor Kreisleitungen der KP rotteten sich Banden zusammen und verlangten, daß die Führungen öffentlich ihre Treue zum Präsidium des ZK der KPTsch und seiner Proklamation erklärten. Zahlreiche Parteigremien gaben dem Druck nach. Auf Gebäuden der KPTsch und der KPS wurden schwarze Fahnen gehißt oder die Staatsflagge auf Halbmast gesetzt.

Mich befiel Ohnmacht, Wut und Angst. Wir hatten uns im Präsidium kampflos der Konterrevolution ergeben, uns überfahren lassen. Ich bangte nicht um mein Leben, auch nicht um meine Zukunft, denn mir war bewußt, daß der Sieg der Konterrevolution allenfalls ein temporärer war.

Angst hatte ich vor den Folgen der schädlichen Erklärung des Präsidiums, Angst vor einem möglichen Bürgerkrieg. Ich fürchtete, daß die Tschechoslowakei ihr in Jahrzehnten erarbeitetes Ansehen in der Welt und in der internationalen kommunistischen Bewegung einbüßen würde. Ich war unsicher, ob das Präsidium des ZK der KPS nicht auch schwanken und eine ähnliche Erklärung abgeben könnte. Mich vertrat in Bratislava Miloslav Hruškovič, der in die meisten Vorgänge eingeweiht war. Wie sich zeigte, war meine Sorge begründet: Er brachte nicht die Kraft auf, um sich unseren »Reformern« Zrak, Pavlenda und Sedláková entschieden entgegenzustellen und andere gesunde Kräfte mitzureißen.

Mit dem Flugzeug nach Bratislava zu fliegen war unmöglich, mit dem Auto zu unsicher, und außerdem hatte das Prager Präsidium eine Tagung des Zentralkomitees einberufen. Es sollte auch eine Sitzung der Nationalversammlung stattfinden.

Die weiteren Ereignisse führten mir vor Augen, daß ich sowohl auf die Teilnahme an der ZK-Tagung als auch auf die Parlamentssitzung hätte verzichten können. Es wäre notwendiger gewesen, nach Bratislava zu fahren. Wenn schon die Mutter stirbt, sollte man zumindest das Kind zu retten versuchen.

Das Präsidium des ZK der KPTsch ging am 21. August gegen drei Uhr in der Frühe auseinander. In sechs Stunden wollten wir uns wieder zusammensetzen. Dubček, Kriegel, Smrkovský und die ihnen Nahestehenden gingen ins Arbeitszimmer des (zurückgetretenen) Ersten Sekretärs.

Ich begleitete Kolder in dessen Büro. Dort rief ich den politischen Dienst im Außenministerium an, nannte meinen Namen und meine Funktion. Unsere 17jährige Tochter Nadja weilte seit einer Woche mit einer Gruppe des tschechoslowakischen Jugendverbandes in einem internationalen Camp in Großbritannien, um dort zu arbeiten und ihre Sprachkenntnisse zu verbessern. Nun war ich in großer Sorge, daß sie in gewisser Weise in Sippenhaft genommen werden könnte. Außerdem wollte ich in Verbindung mit ihr treten, da auch meine Frau sie nicht erreichen konnte, weil sie mit unserem 13jährigen Sohn Mitja in die Ostslowakei gefahren war.

Mein Ansinnen wurde von dem Mitarbeiter mit der Bemerkung abgewiesen, daß sich das Ministerium nicht um jeden einzelnen Bürger kümmern könne, der sich im Ausland aufhalte. – Die Ansage war klar und unmißverständlich. Ich hatte verstanden.

Kolder und ich diskuierten noch und kamen zum Schluß, daß es am sinnvollsten wäre, in die Botschaft der UdSSR zu gehen und sich dort zu informieren. Gleichzeitig wollte ich die sowjetischen Genossen bitten, über Moskau ihrer Londoner Botschaft den Auftrag zu erteilen, zu meiner Tochter Kontakt aufzunehmen.

Meine Befürchtungen erwiesen sich als berechtigt: Wenige Stunden, nachdem ein Mitarbeiter der sowjetischen Botschaft Nadja abgeholt hatte, tauchten im Camp Kameraleute und Journalisten auf, die Bilaks Tochter suchten. In der tschechoslowakischen Botschaft sollte eine Kreatur bereits eine »Straße der Schande« geplant haben: Tschechische Staatsbürger, die zur Stunde in Großbritannien weilten, sollten sich in der Vertretung einfinden und eine Gasse bilden, durch die man die Tochter des »Verräters Bilak« zu jagen gedachte. Spießrutenlaufen nannte man das im Mittelalter, jetzt hieß das »Sozialismus mit menschlichem Antlitz«.

Noch immer bin ich den Genossen in London sehr dankbar, meine Tochter vor dieser Meute bewahrt zu haben.

In der sowjetischen Botschaft in Prag ging es trotz nächtlicher Stunde wie vermutet sehr lebhaft zu. Es herrschte ein Kommen und Gehen, Zivilisten und auch Militärs waren zu sehen. Wir wurden General Iwan Grigorjewitsch Pawlowski vorgestellt, er leitete die konzertierte militärische Operation. Er plante, über die Hauptstadt den Ausnahmezustand zu verhängen. Kolder, Indra und ich redeten auf ihn ein, dies zu unterlassen. Natürlich war die Lage ernst. Aber mußte man soweit gehen?

Ich bin Soldat, sagte er, Sie Politiker. Wir sind gekommen, um der verbündeten ČSSR militärische Hilfe zu leisten im Kampf gegen die Konterrevolution. Haben Ihre Reden geholfen?

Erstmals sahen und hörten wir, was Rundfunk und Fernsehen ausstrahlten. Da wurde mir bewußt, welchen riesigen Fehler wir begangen hatten, als wir diese Waffen der Konterrevolution überlassen hatten. Am meisten wütete die Fernsehansagerin Kamila Moucková. Sie und anderen trugen demonstrativ Schwarz. Mit Pathos verlasen sie Erklärungen und Nachrichten, zwischendurch gab es patriotische Gedichte und Zitate. Sie agierten souverän und überzeugend, als hätten sie sich auf diesen Moment intensiv vorbereitet.

Gegen 5 Uhr brachte ein sowjetischer Offizier Oldřich Švestka in die Botschaft. Der Chefredakteur von *Rudé právo,* der sich vor reichlich zwei Stunden von der Präsidiumssitzung verabschiedet hatte, war kaum wiederzuerkennen. Sein Gesicht war geschwollen und der Blick trübe, die Lippen waren blau angelaufen. Er war nicht in der Lage zu erklären, was ihm widerfahren war. Dem Anschein nach schien er mißhandelt worden zu sein. Erst später klärte sich alles auf.

Švestka war in die Redaktion gefahren und mußte dort feststellen, daß die Präsidiumserklärtung dort für reichlich Verwirrung gesorgt hatte. Er und sein Stellvertreter Fojtík verlangten gemäß Chefredakteursprinzip, daß die nächste Ausgabe mit einem Gruß an die eingerückten Truppen der Verbündeten und nicht mit deren Verurteilung erschien. Sie vermochten sich nicht durchsetzen. Švestka erlitt einen Nervenzusammbruch. Sowjetische Soldaten, die die Redaktion besetzten, fanden ihn hilflos am Boden liegend. Man richtete ihn auf, erkundigte sich besorgt, was mit ihm sei, ob man ihn geschlagen habe, wie es ihm gehe und dergleichen. Und er habe nur »Da, da, da« gestammelt, was die Soldaten als »Ja, ja, ja« deuteten: Man habe ihn mißhandelt.

Kolder schlug vor, den Vorsitzenden der Regierung, Oldřich Černík, schriftlich aufzufordern, sich in der sowjetischen Botschaft einzufinden, um nach einem Ausweg zu suchen.

Der Premier lehnte ab.

Das war zum Schaden der Sache und zu seinem eigenen.

Gegen 9 Uhr erschien Jozef Lenárt, obgleich krank, in der Botschaft. Er berichtete, daß es ihm wegen des riesigen Auflaufes vor dem ZK-Gebäude nicht gelungen sei, in die Zentrale zu gelangen. Piller habe sich irgendwohin in den Kreis Prag-West zurückgezogen. Und die Stadtleitung rufe die Parteitagsdelegierten zusammen.

Dann, noch am Vormittag, rief Breshnew in der Botschaft an. Er machte weder mir noch Indra und Kolder Vorhaltungen. Gleichwohl war sein Unverständnis herauszuhören: Weshalb habt ihr es soweit kommen lassen?

Wir haben jetzt, heute nacht, handeln müssen, erklärte er. Der Schaden wäre noch größer gewesen, wenn wir nur wenige Tage später gekommen wären. Breshnew klang keineswegs zufrieden.

Am Nachmittag fuhr ich mit Kolder, Lenárt und Indra zu Ludvík Svoboda. Wir informierten das Staatsoberhaupt, daß das Präsidium des ZK der KPTsch auseinandergelaufen und nicht wieder zusammengetreten sei, und daß die Regierung sich irgendwo verborgen halte. Damit sei die Republik ohne Führung. Aus diesem Grunde müsse er als Präsident der Republik gemäß der Verfassung handeln.

Svoboda empfahl, das Präsidium des ZK der KPTsch und die erreichbaren Mitglieder des ZK zusammenzuholen. Wir sollten uns am Abend im Hotel Praha einfinden. Offenkundig war schon alles festgelegt, wenngleich für mich nicht ersichtlich war, wer Ort und Zeitpunkt bestimmt hatte. Wir sollten auf jeden Fall dort hingehen und ihn anschließend informieren, sagte Svoboda, und nannte uns dann noch den aktuellen Aufenthalt von Piller.

»Lenárt, Kolder, Indra – ihr werdet dafür sorgen, daß die Organe in Prag wieder zu arbeiten beginnen. Und du, Genosse Bilak, kehrst nach Bratislava zurückkehren und siehst zu, daß sich die Lage in der Slowakei rasch stabilisiert.«

An unserem Gespräch nahm auch der Leiter der Präsidialkanzlei, Ladislav Novák, teil. Er sollte umgehend den Stab der Konterrevolution – die Stadtleitung der Partei – über dieses Treffen in der Burg informieren. Die Nachricht, die daraus gemacht wurde, war kriminell. Es habe sich eine Gruppe gebildet, die die Regierungsmacht übernehmen wolle – das heißt, sie plane den Umsturz.

Den Staatsstreich hatten andere geplant, nicht wir! Wir wollten hingegen dafür sorgen, daß die bestehenden demokratischen Institutionen ihren Verfassungsauftrag wahrnehmen und arbeiten konnten. Wir wollten verhindern, daß das Land in Anarchie und Chaos versank.

Das war genau das Gegenteil von dem, was per Meldung über uns verbreitet wurde.

Es war sehr schwer, sich ein Bild von der Lage im Lande wie in der Hauptstadt zu machen. Soweit feststellbar, schienen Kriegel und Smrkovský abgetaucht und sich nicht in der Stadtleitung Prag zu befinden. Das erwies sich als nützlich, denn den Weisungen, die von dort an die Bezirke und Kreise gerichtet wurden, schienen ohne ihre Unterschrift nicht sehr ernst genommen zu werden und entfalteten nicht jene Wirkung, die sie im Parteiapparat und damit im Lande auslösen sollten.

Gleichwohl hatte die Konterrevolution das Kommunikationsnetz des Ministeriums für Verkehr und Fernmeldewesen vollständig in der Hand, und sie vermochte es auch, die Fernsprechverbindungen aus dem Gebäude des Zentralkomitees zu unterbrechen.

Als ich am Abend im Hotel Praha eintraf, drängten sich im Souterrain bereits sehr viele Menschen. Auf den ersten Blick sah ich schon, daß nur wenige ZK-Mitglieder aus Prag und dem Bezirk Mittelböhmen anwesend waren. Die meisten Funktionäre kamen von der Stadtleitung Prag der KPTsch sind.

Insbesondere sie forderten umgehend einen außerordentlichen Parteitag, er müsse sofort die Arbeit aufnehmen.

Die Mehrzahl der Anwesenden wollte jedoch zunächst über die Sitzung des Präsidiums des ZK der KPTsch informiert werden.

Gemeinsam mit Piller übernahm ich diese Aufgabe.

Wahrheitsgemäß berichtete ich über den Verlauf wie auch über die Tatsache, daß uns Dubček einen Brief des Politbüros des ZK der KPdSU vorenthalten hatte. Die Mitteilung, daß und wie Dubček als Erster Sekretär zurückgetreten sei, löste geteiltes Echo aus. Insbesondere Stefan Sádovsky zeigte sich ungehalten. Allerdings nicht, weil Dubček gegangen war, sondern weil wir dies überhaupt mitgeteilt hatten. Es gab Pfiffe und Unmutsbekundungen.

Das wertete ich als ein gutes Zeichen, als Rückkehr zur Vernunft, und meinte, daß man vielleicht jetzt die Stellungnahme des Präsidiums annullieren könnte. Ich verständigte mich mit Kolder. Der hatte Bedenken. Nach seinem Überblick wäre höchstens ein Drittel der gewählten ZK-Mitglieder im Raum, zu wenige also. Ich hielt dagegen: 55 bis 60 Prozent seien für den Einmarsch der Verbündeten im Ernstfall gewesen!

Ja, schon, aber die Stimmung machten die von der Stadtleitung, warf Kolder ein.

Das stimmte. Zu den aggressivsten Schreiern dort gehörte Dr. Bedrich Rattinger, ein Wendehals allererster Güte. Er war juristischer Berater von Novotný und Hendrych, sammelte dort Orden und Anerkennungen, machte Karriere und wärmte sich in der Sonne des Partei- und Staatschefs. Doch nun goß der vormalige Günstling Gift und Galle über die Partei, den Sozialismus und die Sowjetunion.

Obgleich plötzlich durch die Reihen das Gerücht lief, die sowjetischen Panzer seien bereits auf dem Weg zum Hotel Praha, um alle

Teilnehmer der Zusammenkunft festzusetzen, blieben die meisten im Raum und stimmten unserem Vorschlag zu, eine Resolution zu zu erarbeiten und zu beschließen. Denn die Initiatoren der »Warnung« (»Die Panzer kommen!«) wollten eben dies verhindern, indem sie die improvisierte ZK-Tagung auseinandertreiben wollten.

Das gelang ihnen nicht.

In unserer Resolution hieß es, das ZK habe die entstandene Lage nach dem Einmarsch der verbündeten Truppen eingeschätzt, eine Information über die Sitzung des Präsidiums des ZK der KPTsch am 20. August sowie den Inhalt des an das Präsidium des ZK der KPTsch gerichteten Briefes des Politbüros des ZK der KPdSU vom 17. August 1968 zur Kenntnis genommen.

Dieses Schreiben, so hieß es weiter, habe einen derart gewichtigen Charakters besessen, daß es dem Präsidium des ZK der KPTsch hätte augenblicklich zur Kenntnis gebracht werden müssen, danach hätte man es dem Zentralkomitee zur Beurteilung vorlegen müssen. Daß war eine eindeutige Kritik an Dubček.

Das Zentralkomitee rief die Bevölkerung auf, Ruhe zu bewahren, Arbeits- und staatsbürgerliche Disziplin zu beweisen und keine Provokationen gegenüber den verbündeten Truppen zuzulassen.

In dieser Resolution distanzierte sich das ZK zwar nicht von der Erklärung des Präsidiums, es bestätigte sie jedoch auch nicht.

In Anbetracht der Tatsache, daß nicht alle Präsidiumsmitglieder an dieser ZK-Tagung teilgenommen hatten und das Arbeits- und Führungsinstrument der Partei de facto nicht mehr existent war, erklärte das Zentralkomitee, daß es permanent tagen werde.

Mitglieder der Stadtleitung versprachen, dafür zu sorgen, daß die Resolution des Zentralkomitees über den Rundfunk verbreitet werden würde.

Das aber geschah nicht.

Gleichwohl empfanden wir Genugtuung, zumindest teilweise den Fehler des Präsidiums korrigiert zu haben.

Wir gingen gegen Mitternacht auseinander mit der Maßgabe, uns am nächsten Tag um 15 Uhr im ZK-Gebäude neuerlich zu treffen. Bis dahin sollten die anwesenden Mitglieder des Präsidiums und Sekretariats des ZK einen Bericht über die Lage in der Republik und einen Entwurf von Maßnahmen für das weitere Vorgehen ausarbeiten.

Ehe wir jedoch aufbrachen, hieß es auf einmal, es seien Delegierte des Außerordentlichen Parteitages aus dem Land im Anmarsch. Sie verlangten nach Aufklärung.

Vaculík schlug vor, ich solle das morgen auf einer Informationsveranstaltung machen.

Instinktiv lehnte ich ab. Man solle sie besser nach Hause und an ihre Arbeit schicken, das sei momentan wichtiger.

Mein Verdacht, daß es sich um eine Finte handeln könnte, war völlig begründet. Bei der vermeintlichen Informationsveranstaltung handelte es sich bereits um den Parteitag! Als Erster Sekretär der KP der Slowakei und Präsidiumsmitglied der KPTsch sollte ich dieser Zusammenkunft, die im Widerspruch zu unserem Parteistatut stand, gleichsam einen legalen Anstrich geben.

Mit dem Mandat der ZK-Tagung im Hotel Praha suchten Kolder, Indra, Lenárt und ich im Anschluß General Pawlowski auf. Wir wollten erstens in Erfahrung bringen, wo sich die Präsidiumsmitglieder Dubček, Černík, Smrkovský, Kriegel und Spacek befänden, und zweitens, sofern die sowjetischen Truppen sie im Gewahrsam hätten, ihnen die Teilnahme an der ZK-Tagung am Nachmittag zu ermöglichen.

Und auch das mußte mit dem sowjetischen Oberkommandierenden geklärt werden: Wer waren seine Ansprechpartner?

Die Parteiführung war auseinandergefallen, die Regierungsmitglieder hatten sich mehrheitlich verdrückt – etliche wurden in Blaumännern in Fabriken entdeckt, wo sie untergetaucht waren. Das Parlament, die Nationalversammlung, war nur zu Teilen zusammengekommen, und das waren nicht die besten Abgeordneten. Diese zumeist antikommunistisch orientierten Parlamentarier verbreiteten gefährliche Erklärungen und Proklamationen.

Mit wem sollten die Militärs reden, mit wem die Lebensfunktionen der Stadt entweder in Gang setzen oder am Laufen halten? In Prag drohte das Leben zu kollabieren. Die Lebensmittelbestände in den Läden schrumpften, weil nichts geliefert wurde. Es verkehrten nur Taxi und Privat-PKW, sonst nichts.

Aus diesem Grunde nahmen wir auch den Minister für Binnenhandel, Oldřich Pavlovsky, mit. Er gehörte ebenfalls dem ZK an. Und den Chef des Generalstabes der tschechoslowakischen Volksarmee, General Otakar Rytír, auch Kandidat des ZK.

Bis morgens 3.30 Uhr konferierten wir mit den sowjetischen

Militärs in der Botschaft. Wir erörterten alles: Verkehr, Versorgung, Warentransporte etc.

Allen Beteiligten war bewußt, daß das zentrale politische Fragen waren. Denn die Menschen beurteilten ihr Dasein nach den existentiellen Dingen, nicht nach Parolen. Mit denen waren die Konterrevolutionäre aber eindeutig in der Vorhand, solange Chaos, Verunsicherung und Angst herrschten. Sie brauchten die Unruhe. Und deshalb schürten sie diese.

So gaben sie beispielsweise im Radio Kennzeichen von PKW durch, mit denen angeblich Mitarbeiter der Staatssicherheit oder des NKWD unterwegs seien, um Verhaftungen vorzunehmen.

Wir mußten daher so rasch wie möglich und gemeinsam mit unseren Verbündeten für Ruhe und Ordnung sorgen.

Und was den Aufenthaltsort der Präsidiumsmitglieder Dubček, Černík, Smrkovský, Kriegel und Spacek betraf: Die seien, wie er gehört habe, in Moskau.

Wir schauten uns wortlos an. Waren sie verhaftet worden?

10.15 Uhr trat im Gebäude des Zentralkomitees das Präsidium des ZK der KPTsch zusammen. Von den elf Mitgliedern des Präsidiums waren sechs erschienen.

Im Haus hatte auch die Prager Stadtleitung und die Bezirksleitung Mittelböhmen ihren Sitz.

Mehr als 50 Prozent der Mitarbeiter des ZK-Apparates waren zur Arbeit erschienen. Durch die Flure und Gänge liefen auch die Vertreter der Stadt- und der Bezirksleitung. Sie gaben sich arrogant bis feindlich, auf alle Fälle distanziert.

Kolder leitete die Sitzung, an der auch die ZK-Sekretäre Lenárt, Indra, Sádovsky, Mlynář sowie der Vorsitzende der Revisions- und Kontrollkommission, Jakeš, und das Mitglied des Sekretariats Voleník teilnahmen. Gekommen waren auch der Zuständige für Staatssicherheit Salgovic und Minister Pavlovsky.

Císař, so meldete der Rundfunk, sei von der Staatssicherheit verhaftet worden. Das traf nicht zu, wie bald dementiert werden mußte. Er hatte sich in einer Datsche verkrochen.

In die Debatte platzte die Nachricht, daß der konterrevolutionäre Stab den Generalstreik ausgerufen habe. Alle sollten zum Wenzelsplatz kommen. Das war ernstzunehmen. Andere Tatarenmeldungen, die unablässig hereingereicht worden, eher nicht. Hier sollte ein Kinderkrankenhaus brennen, dort würde gefoltert werden, da seien Hausdurchsuchungen erfolgt, irgendwo stünde ein Sowjetpanzer in Flammen. Gleichwohl: Später, als sich alles wieder normalisiert hatte und auch das Zählen begann, mußten wir mit Schrecken feststellen, daß 58 Soldaten der verbündeten Armeen ihren internationalistischen Einsatz mit dem Leben bezahlten und an die hundert Landsleute umgekommen waren.

Die Zusammenrottung auf dem Wenzelsplatz mußte verhindert werden, weil eine solche Menschenansammlung nicht zu kontrollieren war. Massenaufläufe entwickeln eine eigene Dynamik, und in der aufgeladenen Situation konnte das zu einer Explosion führen.

Wir verständigen uns mit General Pawlowski und forderten ihn auf, die Brücken und Zugänge zum Platz zu blockieren.

Ungefähr gegen 11 Uhr klingelte das Telefon. Ein Unbekannter teilte mit, daß der Außerordentliche XIV. Parteitag der KPTsch im Stadtteil Vysocany soeben seine Arbeit aufgenommen habe. Alle bisherigen Parteiorgane hätten somit ihre Kompetenz verloren, der Parteitag sei bekanntlich laut Statut das höchste Organ der Partei.

Kurzum: Wir könnten beschließen, was wir wollten, wir hätten nichts mehr zu bestellen – wohl aber könnten wir am Parteitag teilnehmen. Wo dieser tage, könne man uns aus Sicherheitsgründen nicht mitteilen. Man würde uns aber dorthin bringen.

Eine Mehrheit von uns lehnte diese unverschämte Offerte ab.

Uns war aber auch klar, daß mit dieser telefonischen Mitteilung die am Nachmittag geplante ZK-Tagung obsolet war.

Mlynář schlug vor, zur sowjetischen Botschaft zu fahren und von dort mit Moskau telefonieren. Wir kündigten Tscherwonenko unser Kommen an. Es war inzwischen 20 Minuten nach 12 Uhr.

Die Moldaubrücken waren bereits dicht. So fuhren wir nicht in Kolonne, sondern versuchten, uns auf unterschiedlichen Routen zur Botschaft durchzuschlagen.

Eine Gruppe schaffte es über die Sverma-Brücke. Eine andere, in der Kolder und ich waren, sollte über die Hlavek-Brücke fahren, auf der zwei Panzer quer standen. In unmittelbarer Nähe war die Zentrale der Prager Verkehrsbetriebe, vor der sich eine beachtliche Menschenmenge versammelt hattte. Wir kamen nicht durch und kehrten zum ZK zurück. Aus der Botschaft wurde mitgeteilt, man werde einen Schützenpanzerwagen schicken, der uns abhole.

Mit dem Militärfahrzeug kamen wir bis zur Mitte der Hlavek-Brücke, dann mußte der Fahrer stoppen. Draußen tobte der Mob.

»Schlagt sie tot!«, skandierten die meist jugendlichen Demonstranten. »Schiebt das Fahrzeug in die Moldau!«.

Der Oberleutnant, der uns fuhr, steckte den Kopf aus der Luke und schrie unbeeindruckt: »Platz da!« Er gab Gas, der SPW setzte sich wieder in Bewegung. Die Leute bildeten langsam eine Gasse. Wir fuhren nach Holesovice und über die Letna in die sowjetische Botschaft Pod Kastany.

Nachdem auch wir präsent waren, begann Mlynář, ohne von jemandem beauftragt worden zu sein, Tscherwonenko unsere angeblich gemeinsamen Positionen vorzutragen. Dann verlangte er in unserem Namen eine Telefonverbindung mit Breshnew, um diesen aufzufordern, Dubček, Smrkovský, Černík, Spacek und Kriegel augenblicklich in die Tschechoslowakei zurückkehren zu lassen.

Der Botschafter, ganz Diplomat, war dennoch wegen der Tonart sichtlich überrascht, stellte aber eine Telefonverbindung her.

Man teilte uns mit, daß Breshnew keine Zeit habe. Podgorny werde uns anhören. Dieser versprach, sich in der Angelegenheit kundig zu machen und uns zu informieren.

Inzwischen versuchte Mlynář Tscherwonenko unter vier Augen zu überzeugen, daß in Anbetracht der Abwesenheit der Regierung und der Unvollständigkeit des Präsidiums des ZK der KPTsch nach der tschechoslowakischen Verfassung der Präsident die Macht auszuüben habe. Er machte sich anheischig, daß wir auf die Burg fahren und Svoboda veranlassen sollten, daß er die Regierung und den Rest des Präsidiums des ZK der KPTsch zusammenrufe. Diese Organe sollten sich dann mit dem Oberkommandierenden der verbündeten Truppen über das weitere Vorgehen verständigen.

Das repetierte anschließend Tscherwonenko. Wenn wir Mlynárs Vorschläge teilten und unterstützten, sollten wir zur Burg fahren.

Wir stimmten zu.

Tscherwonenko griff zum Hörer und ließ sich mit dem Staatsoberhaupt verbinden, um uns zu avisieren.

Gegen 15 Uhr trafen wir auf der Burg ein. Wir waren müde und hungrig. Svoboda ließ ein paar Würstchen warmmachen. Dann trug Piller im Beisein der Minister František Hamouz und Bozena Machácová-Dostalová vor, was wir in der Botschaft verabredet hatten. Ich kann bestätigen, daß Piller alles korrekt geschildert hat.

Es kamen immer mehr Personen hinzu: Minister und ihre Mitarbeiter, die in den letzten Tagen untergetaucht waren, nun aber wieder ins Licht drängten. Svoboda wurde zunehmend ungehaltener und schickte schließlich die Regierungsmitglieder aus dem Raum.

Später wurde erzählt, daß der Präsident alle hinausgejagt habe.

Nein, uns hat er nicht vor die Tür geschickt. Mit uns hat er sich beraten. Jedoch: Er lehnte ab, so wie vorgeschlagen zu verfahren. Es seien schon so viele Fehler und Dummheiten passiert, daß er keine andere Möglichkeit sehe, als eine Delegation zusammenzustellen und zu direkten Verhandlungen nach Moskau zu reisen. Dann ließ er die Mitglieder der Regierung rufen und gab die Entscheidung bekannt. »Ich habe mich entschlossen, nach Moskau zu fahren. Mich werden begleiten – als Vertreter des Präsidiums des ZK der KPTsch die Genossen Bilak, Indra und Piller, als Regierungsvertreter der Stellvertretende Ministerpräsident Husák und der Minister für Nationale Verteidigung Dzúr, für die Nationale Front der Vorsitzende der Tschechoslowakischen Sozialistischen Partei.«

Dann ließ er eine Telefonverbindung mit Tscherwonenko herstellen und bat diesen auf die Burg zu kommen. Sollte der Botschafter glauben, wir hätten eine Provisorische Regierung gebildet?

Eine halbe Stunde später traf Tscherwonenko ein.

Svoboda erklärte, daß er die ihm vorgetragenen Überlegungen nicht teile. Er sehe keine andere Möglichkeit, als im Kreml die entstandene Situation zu verhandeln. Seine Haltung sei: »Nicht warten, nicht abwarten, nicht telefonieren. Ich bin überzeugt, daß ich mich mit Breshnew einigen werde. Wir sind alte Frontkameraden. Breshnew hatte immer ein Herz für die Tschechoslowakei, er hat für uns Verständnis und tut jetzt nur das, was unvermeidlich war!«

Er nannte Tscherwonenko die Zusammensetzung der Delegation und bat ihn, mit Breshnew einen Termin zu vereinbaren. Er sei bereit, sofort zu fliegen, auch um Mitternacht.

Tscherwonenko nahm die Entscheidung des Präsidenten kommentarlos zur Kenntnis und versprach lediglich, daß er das unverzüglich nach Moskau übermitteln werde.

Während wir auf die Antwort aus Moskau warteten, erklärte Mlynář dem Präsidenten, daß er sich nicht mehr an die Pflichten eines Sekretärs des ZK der KPTsch gebunden fühle und künftig keiner Regierung angehören wolle. Stefan Sádovsky bat mich flüsternd, ihm in Bratislava irgendeine Arbeit zu geben, weil er in Prag auch keine Funktion mehr haben möchte.

Moskauer Verhandlungen im August 1968

Kurz nach Mitternacht teilte Tscherwonenko mit, daß er die Anweisung aus Moskau erhalten habe, Svoboda eine Einladung des Zentralkomitees der KPdSU, des Präsidiums des Obersten Sowjets der UdSSR und der sowjetischen Regierung zu übermitteln. Der Präsident der ČSSR und seine Begleitung würden am morgigen Freitag, dem 23. August, in Moskau erwartet werden.

Wir fanden uns am Freitagmorgen auf dem Flugplatz ein, wo die sowjetische Maschine bereits auf uns wartete. Kurz vor dem Abflug kam ein Diensthabender und teilte mit, daß für den Präsidenten ein dringendes Telefongespräch anliege.

Svoboda verließ das Flugzeug und ging zum Telefon in seinem Dienstwagen.

Die Tür des Flugzeugs blieb offen. Das Auto mit dem Funktelefon stand neben der Gangway. Ich sah, wie der Präsident eine Weile zuhörte und dann resolut verkündete: »Ich habe mich entschlossen, daß ich fliege, um mit Breshnew zu verhandeln. Ich halte das für richtig, und von dieser Entscheidung wird mich nicht einmal die Nationalversammlung abbringen!«

Er legte den Hörer auf und kehrte ins Flugzeug zurück.

Die Nationalversammlung habe beschlossen, daß das Staatsoberhaupt das Land nicht verlasse, erklärte er verärgert.

Es war der letzte Versuch, Svoboda daran zu hindern, in Moskau das Porzellan zu kitten, das die Konterrevolution zerstört hatte. Die antisozialistischen Kräfte wollten den vollständigen Bruch mit Moskau, sie wollten die Opferrolle, mit der sie die »Hilfe der freien Welt« erbitten konnten. Wenn das Staatsoberhaupt souverän und in freier Entscheidung mit der Führungsmacht verhandelte, ging diese Rechnung allerdings nicht mehr auf.

Wir atmeten erleichtert auf, daß Svoboda dem Druck nicht nachgegeben hatte.

Wir flogen über Bratislava. Auf dem Flugplatz war die Mehrzahl der Mitglieder des Präsidiums des ZK der KPS erschienen. Einige begrüßten mich, wie unter Genossen üblich, und gaben ihrer Freude Ausdruck, daß ich mit nach Moskau fliegen durfte. Zrak, Pavlenda und Sedláková hingegen zeigten sich sehr reserviert. Sedláková forderte mich sogar auf, bei meiner Ehre zu erklären, ob ich Verrat geübt und die verbündeten Truppen eingeladen habe.

Ich antwortete mit einer Gegenfrage: »Besteht der Verrat nicht darin, den treuesten Freund und die Verbündeten hintergangen zu haben? Du solltest darüber nachdenken, wer tatsächlich die Partei und die Republik verraten hat. Ich tat es jedenfalls nicht.«

Nach der kurzen Zwischenlandung startete das Flugzeug wieder. Der zugestiegene Gustáv Husák gab sich überrascht, mich in der Delegation zu sehen. Das Präsidium des ZK der KPS und des Slowakischen Nationalrates habe ihn beauftragt, im Namen der Slowakei zu verhandeln. Aber wir könnten uns darauf verständigen, daß ich den slowakischen Standpunkt vertrete.

Während des Fluges gab es keine Verständigung, wie das normalerweise geschieht, wenn man zu einem Staatsbesuch fliegt. Jeder hing seinen Gedanken nach. Und wenn ich es recht bedenke: Wir hatten noch nicht einmal eine Linie. Worüber wollten wir verhandeln, was sollte dabei herauskommen? Wie souverän waren wir, wenn einige hunderttausend Soldaten auf unserem Territorium standen? Und wie lange blieben sie? Wie sollten wir sie nennen? Und den Zustand, indem wir uns augenblicklich befanden?

Alles, was man verderben konnte, hatte wir vergeigt. Versprechen und Verpflichtungen, wieder und wieder abgegeben, waren nicht eingehalten worden. Die Staats- und Parteiführung hatte wie ein Hochstapler gehandelt. Ihre Repräsentanten hatten das Gesicht und ihren Ruf verloren, das Land war gezeichnet von ihrer Unfähigkeit. Würden uns die sowjetischen Genossen noch ernst nehmen? In Čierná nad Tisou hatten sie eindeutig gesagt, daß es die letzten Verhandlung gewesen wären, wenn wir sie noch einmal täuschten.

Wir hatten sie getäuscht.

In Moskau bot sich uns ein unerwartetes Bild. Auf dem Flugfeld war eine Ehrenformation verschiedener Waffengattungen angetreten. Zehntausende Moskauer mit tschechoslowakischen und sowjetischen Fähnchen und das ganze Politbüro des ZK der KPdSU waren zu unserem Empfang erschienen. Es wurden die Hymnen gespielt und 24 Salven geschossen.

Ludvík Svoboda genoß in der Sowjetunion schon immer hohe Achtung, auch zu jener Zeit, als er in der Tschechoslowakei von allen Funktionen entbunden war und als Buchhalter in einer LPG arbeitete. Auch damals lud ihn die sowjetische Regierung zum Urlaub in die Sowjetunion ein. Nun kam er erstmals als Präsident. Ungeachtet dessen, was sich in Prag abspielte, wurde er als Staatsoberhaupt und Freund willkommen geheißen. Das war schön, beeindruckend und ermutigend. Wir schöpften Hoffnung, daß die Verhandlungen erfolgreich sein könnten.

Nach Beendigung des Zeremoniells fuhr eine lange Autokolonne durch Moskaus Straßen. Dort begrüßten uns Hunderttausende.

Wir wurden im Kreml untergebracht, in jenen Räumlichkeiten, die besonderen Ehrengästen vorbehalten waren. Präsident Svoboda hatte mindestens vier Salons und ein großes Speisezimmer zu seiner Verfügung. Ich erwähne das einzig deshalb, weil in Prag verbreitet wurde, daß der Präsident der Republik schlecht empfangen worden sei und sogar auf dem Erdboden habe schlafen müssen.

Leider fiel selbst diese primitive Lüge auf fruchtbaren Boden. Es fanden sich nicht wenige Landsleute, die das glaubten.

Jedes Delegationsmitglied bekam im Stockwerk darüber ein abgeschlossenes Appartement.

Präsident Svoboda wünschte, daß Gustáv Husák, Jan Piller und ich mit ihm zu Tisch saßen.

Entsprechend der üblichen Praxis und umso mehr deshalb, weil Ludvík Svoboda als Staatsoberhaupt erstmalig zu einem Besuch in Moskau weilte, kamen zunächst Svoboda und Breshnew zuammen. Danach absolvierte der Präsident beim Vorsitzenden des Obersten Sowjets, Podgorny, einen Höflichkeitsbesuch.

Die offiziellen Verhandlungen begannen gegen 19 Uhr Moskauer Zeit. Sie fanden in den Räumen statt, wo zu Lenins Lebzeiten die Partei- und Staatsführung zusammenkam.

Breshnew eröffnete. Nach der Begrüßung faßte er die jüngsten Ereignisse zusammen und verlieh seiner Überzeugung Ausdruck, daß die Verhandlungen fruchtbar sein würden. Das sei, sagte er, im Interesse der Tschechoslowakischen Sozialistischen Republik, des Sozialismus, der gegenseitigen Beziehungen und der ganzen internationalen kommunistischen Bewegung. Er erinnerte daran, daß in Partei- und Staatsorganen und Organisationen in der Tschechoslowakei feindliche Kräfte Funktionen übernommen hätten, Chaos und Gewalt um sich griffen und konterrevolutionäre Elemente den Terror anheizten. Dagegen müsse mit Entschiedenheit vorgegangen werden – durch die tschechoslowakischen Organe.

Der aktuelle Parteitag, der ohne Kenntnis des rechtmäßigen Präsidiums und Zentralkomitees der Partei einberufen worden sei, habe die Lage erheblich verschlimmert.

Es müsse, koste es, was es wolle, Ordnung geschaffen und die Lage unter Kontrolle gebracht werden.

Sodann übergab er Ludvík Svoboda das Wort.

Dieser dankte für das herzliche Willkommen. Das gebe ihm Hoffnung, daß die Mißverständnisse, zu denen es gekommen sei, schnell überwunden werden könnten. Er wisse, daß die Tschechoslowakei ihre Verpflichtungen nicht erfüllt habe. Gleichwohl bitte er darum, daß die festgehaltenen Mitglieder des Präsidiums des ZK der KPTsch rasch wieder ihre Plätze einnehmen könnten. Er würde es begrüßen, wenn wir noch heute Abend oder spätestens morgen früh gemeinsam nach Prag zurückkehren könnten.

Breshnew lächelte und fragte, ob noch jemand aus der tschechoslowakischen Delegation das Wort zu nehmen wünsche.

Es meldete sich Gustáv Husák.

Er schließe sich Svobodas Ausführungen an. Er habe das Mandat der slowakischen nationalen Organe. Das sei auch der Standpunkt der Slowakei.

Es schien, als steuerten wir in eine Sackgasse. Wir hatten noch nicht einmal angefangen zu verhandeln und nichts dazu gesagt, *was* in der Tschechoslowakei vor sich gehe. Wir hatten uns noch nicht einmal für den Bruch der Vereinbarungen von Čierná und Bratislava entschuldigt, kein Wort der Reue war über unsere Lippen gekommen, keine Silbe dazu, in welch mißliche Lage wir unsere Verbündeten gebracht hatten – aber erhoben schon wieder Forderungen. Freiheit für Dubček, Černík, Kriegel, Smrkovský und Spacek! Als ob dies das wichtigste tschechoslowakische Problem und der hauptsächliche Grund unserer Reise nach Moskau sei.

Breshnew und den anderen Mitglieder des Politbüros war anzumerken, wie sie darüber dachten. Sie beherrschten sich jedoch. Wenn Ludvík Svoboda nicht eine derart hohe Reputation genossen hätte, da bin ich mir noch heute sicher, wäre bereits an dieser Stelle die Mission beendet gewesen.

Svoboda, Husák, Bilak, Breshnew und Štrougal (v.r.n.l.), 1969

Scheinbar ruhig erinnerte uns Breshnew daran, was in der Tschechoslowakei geschehen sei und wer daran Schuld trüge. Die Frage des Sozialismus sei nicht nur unsere, sondern unser aller Sache, wie das in Bratislava unterschrieben wurde. Dessen sollte sich jeder bewußt sein. Wüßten wir, was im Lande geschieht?

Genosse Husák spreche zum Beispiel im Namen der nationalen slowakischen Organe – in Bratislava wird aber ein Parteitag der KPS einberufen. Was wird dieser Parteitag lösen? Der Erste Sekretär der KPS ist hier in Moskau, und zu Hause wird ein Parteitag einberufen, von dem er offenbar nichts weiß. Ist das normal?

Betroffenes Schweigen im Saale.

Ich bat ums Wort.

Ich hatte eine Analyse vorbereitet, die ich ursprünglich zu einem späteren Zeitpunkt vortragen wollte. Doch nun mußte ich reden, um nicht den Eindruck zu vermitteln, wir wären blind oder blöd.

Meinen Ausführungen stellte ich die Bemerkung voran, daß die sowjetischen Genossen nicht glauben sollten, daß das von unseren Medien vermittelte Bild die Wirklichkeit sei. Dort werde suggeriert, daß die Hilfe der Verbündeten auf massive Ablehnung stoße, daß sich allerorts Widerstand rege und Haß die einzige Reaktion sei. Die Wahrheit jedoch sehe anders aus. »Die Mehrheit der Bevölkerung in der Tschechoslowakei ist damit einverstanden, daß Sie uns zu Hilfe kamen.«

Man solle darum den unzähligen Horrormeldungen keinen Glauben schenken und sie auch nicht in der »Prawda« drucken. Das nütze niemandem. Ich kam auf die Nachricht über die angebliche Folter des Chefredakteurs der *Rude pravo* zu sprechen. Švestka sei weder von sowjetischen Soldaten mißhandelt worden, wie es bei uns behauptet wurde, noch hätten Konterrevolutionäre ihn gefoltert, wie es in sowjetischen Blättern zu lesen war.

Oder Husák werde unterstellt zu verschweigen, daß ein illegaler Parteitag der KPS einberufen worden sei. Das ist hinter seinem und meinem Rücken geschehen.

Die Genossen der sowjetischen Führung sahen mich ein wenig verwundert an, als ich endete. Ich wurde betrachtet, als sei ich nicht von dieser Welt.

Breshnew erklärte schließlich, wir sollten unterbrechen und eine Pause machen.

Er kam auf mich zu: »Was ist mit dir los? Bist du krank?«

Ich verstand, was in ihm vorging. Doch ich kam nicht umhin, in aller Offenheit zu erklären: »Genosse Breshnew, die Lage in der Tschechoslowakei ist schwierig, wirklich schwierig. Hier hilft keine herkömmliche Lösung.«

In den Köpfen mischten sich Lügen und Wahrheiten. »Die Menschen können nicht mehr unterscheiden: Was trifft zu, was ist erfunden? Der eine wird zum Nationalhelden erklärt, der andere zum nationalen Verräter.« Und außerdem: Unangenehme Wahrheiten möchte niemand gern hören. So sei der Mensch nun mal.

Breshnew lachte kurz auf, er hatte mich verstanden. Er wandte sich Husák zu und sagte ausgemacht freundlich: »Ich freue mich, Sie kennenzulernen. Möglich, daß ich Sie nicht gut verstanden habe. Aber so, wie unsere Verhandlungen begonnen wurden, finden wir schwerlich einen positiven Ausweg.«

Gustáv Husák stimmte zu. Wir sollten jetzt nicht über alte Fehler meditieren, sondern gemeinsam nach Wegen suchen, die aus der Krise führten. Über die Irrtümer könnten wir uns zu einem späteren Zeitpunkt verständigen.

Dieser erste Kontakt Breshnews mit Husák erwies sich als sehr nützlich. Insofern sollte man ihn als historisch bezeichnen. Husák leistete in Moskau eine sehr verdienstvolle Arbeit.

Nach der Pause teilte Breshnew mit, die Probleme umfassender zu behandeln. Es bestünden keine Einwände, daß Dubček und

Černík an den Verhandlungen teilnähmen, sofern sie ihren Standpunkt zum illegalen Charakter des KPTsch-Parteitages von Vysocany erläuterten und der für den 24. August einberufene Parteitag der KPS verschoben werde.

Ich versicherte noch einmal, daß weder Husák noch ich etwas von diesem Parteitag wüßten, bezweifelte sogar, daß diese Information korrekt sei. Dies müsse ich erst mit einem Anruf in Bratislava klären.

Breshnew nickte und meinte, daß wir dazu bis morgen 10 Uhr Zeit hätten. Erst dann sollten wir wieder zusammenkommen.

Damit war die Beratung beendet.

Ich rief aus unserem Quartier zu Hause an. Ich bekam eine Verbindung zu Klokoč, dem Vorsitzenden des Slowakischen Nationalrates. Er gehörte auch dem Präsidium des ŽK der KPS an.

Er bestätigte mir, was Breshnew uns vorgehalten hatte: Es sei tatsächlich ein Parteitag einberufen worden. Maßgeblichen Anteil am Zustandekommen dieses Beschlusses trüge die Stadtleitung von Bratislava und deren 1. Sekretär, Jozef Zrak.

Ich verlangte Zrak zu sprechen.

Ausführlich versuchte ich ihm bewußtzumachen, daß die Einberufung des Parteitages ein falscher Schritt sei. Dieser habe unsere Position hier in Moskau beträchtlich geschwächt. Ich bat Klokoč und Zrak, dem Präsidium diese Tatsache zur Kenntnis zu geben und den Beschluß zu korrigieren.

Zrak versprach, den Parteitag zu verschieben, und begann dann zu scherzen. Ich solle Wodka und Kaviar aus Moskau mitbringen, damit wir das auch feiern könnten.

Gut, sagte ich, ich wolle mich darum bemühen – obgleich ich weder eine Kopeke in der Tasche noch Zeit hatte, mich darum zu kümmern. (Ich erwähnte das beim Abendessen mit dem Präsidenten. Das hörte offenkundig einer der Kellner. Später standen zwei Büchsen Kaviar und eine Flasche Moskovskaja auf dem Tisch. Ich greife vor: Die Feier mit Zrak fand nicht statt. Er hielt sein Versprechen nicht.)

Zrak und Klokoč verlangten Husák zu sprechen, der sie ebenfalls um eine Verschiebung des Parteitages ersuchte. »Wir sollten erst nach unserer Rückkehr über einen Termin reden.«

Auch ihm versicherten beide, daß dies so geschehen werde.

Aber entweder wollten sie nicht, oder sie besaßen keine Kraft mehr, den Parteitag aufzuhalten. Ich vermute, daß beide Momente im Spiel waren. (Der Parteitag der KP der Slowakei tagte in den Chemischen Werken »Georgi Dimitroff«. Als ich später das Protokoll von der Eröffnung las, war mir zum Heulen zumute. Wie konnte es nur geschehen, daß so viele kluge und anständige Leute sich so hinters Licht führen, sich manipulieren und lächerlich machen ließen?)

Gegen 21 Uhr kamen Dubček und Černík in den Kreml. Sie waren in einer Regierungsvilla auf den Leninbergen untergebracht worden. Dubček gab sich arrogant und beleidigt, Černík verängstigt. Er beschwor geradezu den Präsidenten, daß dieser nicht ohne sie nach Prag zurückkehren dürfe. Svoboda versprach es.

Beide verfügten über keine aktuellen Informationen aus Prag. Wir setzten sie in Kenntnis, daß dort ein Parteitag statutenwidrig zusammengetreten sei und neue Organe gewählt habe. Wir als rechtmäßige Parteiführung müßten dazu Stellung nehmen.

Wir hätten also unter uns die Frage zu beantworten, ob wir diesen Parteitag der KTsch als illegal betrachteten und folglich auch dessen Beschlüsse für ungültig erklärten – oder nicht.

Wenn wir ihn akzeptierten, könnten wir gleich unsere Koffer packen, denn dann wir besäßen auch kein Mandat, mit der sowjetischen Parteiführung zu verhandeln.

Dubček wollte wissen, wer in das neue Zentralkomitee gewählt worden sei.

Husák fiel die schwierige Aufgabe zu, Dubč ek und Černík begreiflich zu machen, daß dies unerheblich sei, weil der KPTsch-Parteitag allein schon deshalb nicht legal gewesen sei, weil die KP der Slowakei dort nicht vertreten war.

Nach Mitternacht erklärte Dubček, er wolle ungern in die Villa auf den Leninbergen zurückkehren und im Kreml übernachten. Er bat mich, daß ich dies klären möge.

Ich sah darin kein Problem, stellte aber nach einer Weile fest, daß es doch eines war. Wen sollte ich darum ersuchen, wer mußte dazu seine Zustimmung erteilen? Tief in der Nacht erreichte ich einen Sekretär des ZK der KPdSU, der mir verschlafen erklärte, daß Dubček seinen Platz zum Schlafen habe und es keinen Grund gäbe, aus dem Kreml eine Herberge zu machen. Dubček solle in die Villa zurückfahren und gut. (Am nächsten Tag meldete sich daraufhin Dubček krank und blieb in Dzúrs Appartement liegen.)

Hundemüde legte ich mich in Unterwäsche ins Bett. Ich hatte nur eine Aktentasche und ein paar Unterlagen mitgenommen, weil ich annahm, wir würden bereits am Abend nach Hause zurückkehren. Ich hatte keinen Schlafanzug, kein Ersatzhemd, keine Zahnbürste, kein Rasierzeug dabei.

Als ich am Morgen erwachte, lag mein Hemd gewaschen und gebügelt auf dem Stuhl, und im Badezimmer war alles vorhanden, was ein Mann zur Morgentoilette brauchte.

Beim Frühstück informierte mich Gustáv Husák, wie die nächtliche Diskussion mit Dubček und Černík verlaufen sei. Nein, beide hätten keine eindeutige Aussage zum Parteitag getroffen.

Damit war klar, daß wir die für 10 Uhr geplante Fortsetzung der Gespräche verschieben mußten.

Kurz vor 10 Uhr trafen wir uns bei Svoboda.

Er schaute Dubček, Černík, Husák, Piller, Indra und mir in die Augen und erklärte, was er von uns erwarte. Er selbst gehe jetzt allein zu Podgorny.

Černík hatte begriffen, was die Glocke geschlagen hatte und machte einen Rückzieher. Er erkenne die Legalität des Parteitages nicht an, erklärte er.

Dubček hingegen sträubte sich weiter.

Wir versuchten ihm wieder und wieder bewußtzumachen, daß seine Haltung die Partei zerstöre und Unruhen provoziere. Er blieb bei seiner Verweigerung.

Gegen Mittag setzten wir uns zu Tisch. Dubček saß mir gegenüber.

Plötzlich erschienen Breshnew, Podgorny, Kossygin und Suslow.

Leonid Breshnew stellte sich hinter meinen Stuhl und schaute auf Dubček. Zu Černík hatte sich Kossygin gestellt. Suslow und Podgorny hielten sich abseits.

Breshnew sagte: »Verehrte Genossen, es ist notwendig, die Verhandlungen fortzusetzen. Unsere bisherigen Gesprächserfahrungen mit tschechoslowakischen Genossen sind nicht gut, wie Sie wissen. Das, was sie versprechen, halten sie nicht, sie verschweigen manches und bestreiten vieles. Deshalb schlage ich vor: Alles, was wir künftig bereden, muß aufgeschrieben und abgezeichnet werden.

Und was das Abschlußpapier betrifft: Arbeiten Sie einen Entwurf aus, den wir gemeinsam unterschreiben.

Damit das Dokument noch mehr Gewicht bekommt, schlagen

wir vor, daß auch die übrigen Mitglieder des Präsidiums des ZK der KPTsch nach Moskau kommen und es unterschreiben.

Wir bitten Sie, Ihre Meinung zu unserem Vorschlag zu sagen.«

Schweigen im Raum.

Alle Blicke richteten sich auf Dubček, den Breshnew, ohne ihn namentlich anzureden, angesprochen hatte. Jeder wartete, was dieser nun sagen würde.

Der räusperte sich und sagte auf slowakisch: »Genosse Bilak, frag' sie, was sie eigentlich wollen.«

Dubček beherrschte die russische mindestens so gut wie seine Muttersprache. Ich zögerte einen Augenblick und wiederholte dann auf Russisch, was er geantwortet hatte.

Breshnew atmete tief durch, aber wiederholte mit ruhiger Stimme Wort für Wort.

Ich schaute Dubček an: »Hast du das verstanden oder soll ich dir das ins Slowakische übersetzen?«

Dubček reagierte nicht auf meine Bemerkung.

In der Sache stimme er Breshnew zu, sehe aber keinen Grund, warum weitere Mitglieder des Präsidiums nach Moskau geholt werden sollten. Das nähme nur Zeit in Anspruch, die wir nicht hätten. Wir müßten so schnell wie möglich nach Hause.

Wir anderen stimmten Breshnews Vorschlag hingegen zu.

Morgen seien sie da, sagte Breshnew.

Kossygin erkundigte sich, wieviel Zeit wir zur Ausarbeitung des Dokuments brauchten, und Dubček versprach, daß wir gegen 20 Uhr mit der gemeinsamen Beurteilung des Dokuments beginnen könnten.

Die sowjetischen Genossen waren damit einverstanden und verließen den Raum.

Aber niemand übernahm die Leitung, niemand raffte sich auf, um mit der Arbeit an dem Papier zu beginnen.

Präsident Svoboda bat mich, mit den sowjetischen Genossen zu reden, daß auch Smrkovský, Spacek, Kriegel und Simon an dem Dokument mitarbeiten sollten. Dazu müßte man sie hierher in den Kreml bringen.

Bis auf Kriegel entsprach man meiner Bitte.

Das war keine gute Idee. Smrkovský schrie hysterisch herum. Er wisse, welche Verschwörung gegen ihn ausgeheckt worden sei, daß ein Volkstribunal gebildet und er physisch liquidiert werden solle.

Es war nicht zum Aushalten.

Wenn er beseitigt werden sollte, hätte man ihn nicht erst hierher bringen müssen, versuchte ich ihm diese unsinnige Vorhaltung auszureden. Doch logischen Argumenten schien er nicht zugänglich zu sein.

Dubček wies Spacek, Simon und einen Mitarbeiter des Außenministeriums mit Namen Paris an, den von uns erbetenen Entwurf auszuarbeiten. Dann griff er sich ans Herz und tat so, als erlitte er einen Anfall. Man führte ihn in die Gemächer von Dzúr.

Gegen 19 Uhr lag das Papier vor. Es las sich wie eine sowjetische Kapitulation, nachdem die Tschechoslowakei Moskau besetzt hatte. Wir diktierten Bedingungen. – Es war eine Unverschämtheit.

Kurz vor 20 Uhr wurde ich in einen Raum im Zwischengeschoß gerufen. Dort erwarteten mich Kossygin und Ponomarjow. Sie erkundigten sich, wie weit wir mit der Arbeit seien und ob die Verhandlungen, wie von Dubček erklärt, um 20 Uhr beginnen könnten.

Es war mir peinlich zu sagen, wie die Dinge standen. Ich war zwar Mitglied der tschechoslowakischen Delegation, wollte aber nicht unaufrichtig sein.

Ich wählte eine Notlüge, um unsere Ehre zu retten.

Es sei doch erst 18 Uhr, sagte ich, wir hätten ja noch etwas Zeit und die benötigten wir auch noch. Dubček habe 20 Uhr MEZ und nicht Moskauer Zeit gemeint.

Die beiden schauten sich mit einer gewissen Verwunderung an, nickten dann aber.

Zwei Stunden später ging ich wieder zu ihnen und zeigte vier Seiten vor mit der Bemerkung, daß weitere noch ins Russische übersetzt werden müßten.

Svoboda, Indra, Husák, Dzúr und Kucera kannten diesen Text nicht.

Kossygin las. »Was soll das sein? Eine Provokation?«

Was sollte ich dazu sagen?

Daß ich es ebenso empfand? Dann würden sie mich zurecht fragen, warum ich es ihnen gäbe. Würde ich das Papier hingegen verteidigen, könnten sie meinen, daß ich ins Lager der Konterrevolution gewechselt sei. Ich zog es darum vor zu schweigen.

Unter diesen Umständen ist ein Treffen sinnlos, meinte Kossygin. »Welchen Ausweg sehen Sie, Vasil Michailowitsch?«

Ich zögerte. »Üblicherweise werden für jede Verhandlung von beiden Seiten Entwürfe vorbereitet. Ich bin überzeugt, daß auch Sie einen Vereinbarungsentwurf haben. Geben Sie ihn mir. Ich verspreche Ihnen, daß wir ihn verantwortungsbewußt beurteilen werden.«

Nach kurzer Verständigung untereinander zog Ponomarjow einen Entwurf aus der Aktentasche.

Ich sicherte zu, daß wir ihn weder vervielfältigen noch aus dem Kreml schmuggeln würden.

Unser Botschafter Vladimír Koucky war die ganze Zeit bei uns. Er, ein Mitarbeiter der Botschaft und ich übersetzten den Text rasch ins Tschechische. Er bestand aus 14 Punkten. Dann bat ich Černík, alle Mitglieder der Delegation zusammenzurufen. Ich übermittelte Kossygins Reaktion und daß es mir gelungen sei, den Entwurf der sowjetischen Seite zu bekommen.

Wir sollten ihn studieren und uns anschließend verständigen, was wir annehmen und was wir zu ändern hätten. Das könnten wir schließlich als unseren eigenen Vorschlag präsentieren.

Zu meiner Überraschung stimmten alle zu, auch Smrkovský hatte nichts darwider.

Das Dokument zerschnitten wir und häuften die einzelnen Positionen in vier Problemkreise. Dann bildeten wir vier Arbeitsgruppen.

Am Morgen – es war inzwischen Sonntag, der 25. August – war das Dokument mit allen Änderungen und Ergänzungen im wesentlichen fertig. Inzwischen waren auch die anderen Präsidiumsmitglieder eingetroffen. Kolder war nach Rücksprache in Prag geblieben, Antonín Kapek hielt sich irgendwo in Westböhmen auf und war nicht erreichbar, Stefan Sádovsky hatte Prag in Richtung Bratislava verlassen. Aber auch der Vorsitzende der Kontroll- und Revisionskommission, Miloš Jakeš, sowie der Sekretär des ZK der KPTsch, Jozef Lenárt, und Zdeněk Mlynář waren angereist. Mlynář kam, wie er sagte, in Vertretung des neuen Ersten Sekretärs, Veněk Silhan, und sollte als Verbindungsmann zwischen Prag und dem Präsidenten fungieren. Zumindest hatten ihm die Rechten diese Aufgabe zugedacht. Er übergab drei Briefe an Svoboda, Dubček und Černík. Keiner fand sich später in den Archiven, Černík bestritt, überhaupt einen bekommen zu haben. Auch der erste Entwurf des Vertragsdokuments ist nicht mehr auffindbar.

Ich suchte das Appartement von Martin Dzúr auf, wo sich Dubček seit seiner vermeintlichen Herzattacke aufhielt.

Dubček lag mit entblößtem Oberkörper auf dem Bett, auf seiner Brust war ein Taschentuch ausgebreitet, am Kopf trug er ein Pflaster.

Ich fragte ihn, was ihm fehle.

Er sagte, es gehe ihm schlecht. Er wär im Bad ausgerutscht und habe sich an der Stirn verletzt.

Ob ich einen sowjetischen Arzt rufen lassen solle?

Das lehnte er ab.

Er gab die Rolle des leidenden Opferlammes.

Die aus Prag Angereisten wollten ihn natürlich sehen.

František Barbírek betrat auf Zehenspitzen das Zimmer.

Dubček hielt die Augen geschlossen und atmete schwer, schwerer als noch eben.

»Alex, Genosse Dubček, was ist mit dir?« Barbírek flüsterte.

Dubček hob kraftlos die linke Hand ein wenig, neigte den Kopf. Das konnte heißen: Alles ist aus, oder auch: Laßt mich in Ruhe. Auch die Interpretation »Abschied für immer« war möglich.

Nach Barbirek trat Mlynář an das Bett. Er verzog keine Miene. Aus der Brusttasche fingerte er einen Umschlag und steckte ihn unter die Bettdecke. Dann beugte er sich über ihn und flüsterte Dubček etwas ins Ohr.

Nach Beendigung dieses Melodrams berief Černík eine Beratung ein, um über den gegenwärtigen Stand der Gespräche zu informieren. Daran konnte ich nicht teilnehmen, weil mich der Präsident zu sich rief. Svoboda lief im Zimmer auf und ab. Er trug kein Jackett, über das Hemd spannten sich weiße Hosenträger, die linke Hand hatte er im Hosenbund verhakt, mit der rechten gestikulierte er. Es schien, als repetierte er einen Text.

Als er mich sah, unterbrach er die Übung.

»Ich muß mit dir etwas beraten, bevor ich es den anderen sage. Was hältst du davon, wenn wir mit einer Liste einer neuen Partei- und Staatsführung nach Hause zurückkehrten? Vorher unterschreiben wir so schnell wie möglich den Vertrag.

Dubček ist von seiner Funktion zurückgetreten, wir sind ohne Ersten Sekretär. Das sollte Černík machen. Husák wird Regierungschef, Vorsitzender der Nationalversammlung Indra oder Lenárt. Was sagst du dazu?«

Was sollte ich dazu sagen? War das einen Ausweg aus der gegenwärtigen Krise? Und war das sein Einfall, oder hatte ihm das jemand eingeflüstert?

Dieses hohe Maß an Vertraulichkeit überraschte mich nicht. Wir kannten uns sehr gut. Er war regelmäßig zu Besuch in der Slowakei, kam auch in mein Heimatdorf, mit dem ihn Kampferinnerungen verbanden. Mit den Menschen unterhalb des Dukla-Passes hätte er die letzte Brotrinde geteilt. 1967, noch immer Persona non grata und Buchhalter, prophezeite ich ihm, daß er binnen Jahresfrist Präsident werden würde. (Er selbst hat das später zuweilen erzählt, insofern kann ich mich hier zu meiner Prophetie bekennen.)

Ich antwortete ganz offen, daß ich das für keine so gute Idee hielte. Dubček würde auf diese Weise zum Märtyrer werden. Denn die Nachricht wäre doch klar: Moskau hat ihn abgeschossen.

Ich erzählte Svoboda, was man bei uns mit jungen Hunden oder Katzen machte, die ins Zimmer pinkelten: Man steckte ihre Nase in die Pfütze, bis sie merkten, daß sie es unterlassen sollten. Man solle auch mit Dubček so verfahren. Er müsse in seiner Funktion erfahren, was er angerichtet habe. Über kurz oder lang werde ihn die Partei dann abwählen, wenn sie endlich begriffen habe, daß er für dieses Amt nicht tauge.

Svoboda nahm wieder seinen Gang auf, zog unterwegs sein Jackett über und blieb dann vor mir stehen. »Danke. Wahrscheinlich hast du recht. Ich muß zu Podgorny.«

Bereits im Hinausgehen meinte er, es wäre gut, wenn ich mit Kossygin über Kriegel reden würde.

Auf dem Weg zu Kossygin zermarterte ich mir das Hirn, wer auf die abwegige Idee gekommen sein konnte, Dubček in Moskau als Ersten Sekretär abzusetzen. Ich vermutete, daß vielleicht Svoboda und Podgorny sie gemeinsam ausgeheckt haben könnten.

Kossygin empfing mich umgehend. Ich kam gleich zum Thema. Kriegel müsse unbedingt mit uns nach Hause zurückkehren, sagte ich. Wir sollten ihn nicht zum tragischen Helden machen, indem wir ihn festsetzten, was er zweifellos verdiente.

Kossygin pflichtete mir bei. »Wir werden erlauben, daß Kriegel in die Tschechoslowakei zurückkehrt. Aber den heiligen Boden des Kreml zu betreten, erlauben wir ihm nicht.«

Im Speiseraum diskutierte man noch immer über den Entwurf des Dokuments. Smrkovský versuchte alle zu disziplinieren und erklärte, mit Blick auf mich, er wünsche keine Alleingänge und bitte darum, daß außerhalb dieses Raumes nichts besprochen werde, was mit diesem Papier zu tun habe.

Ich konnte mir nicht verkneifen zu erklären, daß ich auf Ersuchen Svobodas einen Bittgang für Kriegel gemacht habe. Wenn er dagegen Einwände habe, würde ich das selbstverständlich wieder rückgängig machen.

Nachdem wir fertig waren, trug ich eine Kopie des Dokumentes zu Svoboda. Der las es und sagte, daß er das augenblicklich unterschreiben würde. Danach flögen wir umgehend nach Hause.

Nicht zum ersten Mal gab er mir damit zu verstehen, daß er so schnell wie möglich nach Prag zurückwollte. Das lag nicht an möglichem Heimweh, sondern war dem Wissen geschuldet, wie der lange Aufenthalt in Moskau dort interpretiert würde. Jeder Tag, an dem hier nachrichtenmäßig nichts geschah, konnte doch so gedeutet werden, daß uns die Sowjets bearbeiteten, unter Druck setzten, erpreßten, agitierten und nötigten.

Auf der anderen Seite wußte Svoboda, wußten wir alle nicht, was sich zu Hause zutrug.

Mlynář hatte ihm einen Brief zugesteckt, dessen Inhalt mir Svoboda zur Kenntnis gegeben hatte. Es war das übliche Gemisch aus halben und ganzen Wahrheiten und Lügen, eben Desinformationen, die für Verwirrung sorgen konnten, zumal wenn man fernab des Geschehens war.

Die Nationalversammlung und die Regierung tagten angeblich unter schwierigsten Umständen in Permanenz, Rundfunk und Fernsehen würden zensiert, die Sendeanlagen des Ministeriums für Auswärtige Angelegenheiten, über die die Verbindung zu den diplomatischen Missionen gehalten werde, wären besetzt worden. Sehr viele Menschen seien inzwischen getötet, einige Hundert verwundet, Tausende verhaftet worden.

Aber: Den »Okkupanten« sei es nicht gelungen, auch nur die geringste Unterstützung durch die Bevölkerung zu erreichen.

Die Nationalversammlung verfügte inzwischen über Beweise für den »Machtmißbrauch«. (Wie kann ein angeblicher Okkupant Macht mißbrauchen? Er hat sie. Mißbrauch kann es doch nur dann geben, wenn er nicht als Okkupant kommt und auch nicht wie ein solcher handelt! Dieser logische Widerspruch schien den Verfassern des Schreibens offenkundig nicht bewußt gewesen zu sein.)

Sie beklagten in Prag, daß man nicht wisse, was in Moskau besprochen werde. – Dabei telefonierten sie täglich mit Svoboda.

Sie schilderten dramatisch die wirtschaftlichen Schwierigkeiten. Der Eisenbahnverkehr sei gestört, es existiere keinerlei Flugverbindung, Import und Export ruhten, die Kohlereserven seien auf ein Minimum geschrumpft und, und, und.

Das alles sei unmittelbar Folge der Okkupation.

Sie hatten offenkundig vergessen, daß sie selbst zu Streiks aufgerufen, den Verkehr zum Erliegen gebracht, die Weisung zur Einstellung des Außenhandels erteilt hatten. Mit großer Befriedigung notierten sie aber auch, daß bei der Behandlung der tschechoslowakischen Frage im Sicherheitsrat der UNO der Standpunkt der Sowjetunion völlig isoliert geblieben sei.

»Sehr geehrter Genosse Präsident, im Bewußtsein dessen, daß keine schriftlichen Informationen die Atmosphäre in den Städten und den Geist der Menschen wiedergeben können und *TASS* absolut verzerrt und nicht objektiv berichtet, halten wir es für eine unerläßliche Voraussetzung Ihrer weiteren Verhandlungen, daß Sie genauer und vollkommener informiert sein sollten über den realen Stand der Entwicklungen. Deshalb empfehlen wir Ihnen die Möglichkeit zur Abwägung, daß Ihnen diese Informationen eine spezielle Gruppe von Beratern aus Vertretern des ZK der KPTsch, der Nationalversammlung und der Regierung vermittelt.

Des weiteren regen wir an, eventuell eine kurze Unterbrechung der Verhandlungen und die Rückkehr nach Prag mit den Genossen Dubček, Černík und Smrkovský in Erwägung zu ziehen. Diese kurze Unterbrechung könnten Sie zu Konsultationen mit den zuständigen Organen nutzen.«

Sie wollten also den Präsidenten daheim bearbeiten.

Der Präsident ließ sich von solchen »Botschaften« nicht nervös machen. Er wußte, was seine Pflicht war. Aber er konnte nicht so tun, als wäre in Prag alles ruhig und bereits auf dem Wege der Besserung. Insofern hatte er objektiv ein Interesse, daß wir alle zurückkehrten und die Ärmel aufkrempelten.

Er stimmte also dem Entwurf des Abschlußdokuments zu.

»Sind alle bereit, es zu unterzeichnen?«

»Es gibt bei einigen Vorbehalte. Dubček gibt vor, krank zu sein und nicht an den Verhandlungen teilnehmen zu können, was soviel bedeutet wie: Er will nicht unterzeichnen.«

Hm, sagte Svoboda, dann wollen wir mal.

Gemeinsam kehrten wir in das Beratungszimmer zurück. Er war sichtlich erregt, als er an die Stirnseite des Tisches trat. Die Gespräche verstummten.

»Meine Lieben, ich empfehle euch, diese unfruchtbare Diskussion zu beenden. Ich stimme dem Entwurf des Dokuments zu. Ich habe keine Bemerkung dazu und unterschreibe.

Ich unterschreibe, wenn erforderlich, auch allein. Die Partei und das Volk sind ins Unglück geraten. Mancher von euch hat daran einen großen Anteil, will aber weiter mit dem Schicksal unserer Völker spielen. Das werde ich nicht zulassen!

Ich habe in meinem Leben viel erlebt. Ich habe zwei Weltkriege überstanden. Angst um mein Leben habe ich nicht, ich würde nicht zögern, mir eine Kugel in den Kopf zu jagen, wenn es denn sinnvoll wäre und unserem Lande nützte. Ich habe mein Leben ehrenhaft gelebt, so werde ich es auch bis ans Ende meiner Tage halten. Und deshalb werde ich, wie gesagt, notfalls auch allein unterschreiben.

Aber ich werde nach Hause zurückkehren und überall erklären, daß ihr euch feige und verantwortungslos verhalten habt.«

General Svoboda drehte sich um und verließ den Raum.

Die Standpauke verfehlte ihre Wirkung nicht.

Aber was machte daraus die Konterrevolution?

Der Präsident habe den Sowjets gedroht, wenn sie nicht Alexander Dubček, Černík und Smrkovský freiließen, werde er sich erschießen.

So werden nicht nur Niederlagen zu Siegen umgedeutet, sondern auch Legenden geboren.

Gustáv Husák verlangte eine namentliche Abstimmung. Er saß neben Černík, der den Vorsitz hatte, und erklärte als erster: »Ich unterschreibe das!«

Danach äußerte sich jedes Delegationsmitglied in der Reihenfolge, wie wir am Tisch saßen: ich unterschreibe, ich unterschreibe, ich auch …

Bis Mlynář an der Reihe war. Der sagte: »Das ist grausam – ich unterschreibe das nicht«.

Sein Nachbar Smrkovský hingegen erklärte: »Wenn ich nicht Frau und Kinder hätte, würde ich nicht unterschreiben, aber in dieser Situation – unterschreibe ich.« (Später, in Prag, behauptete er, zur Unterschrift vergewaltigt und gezwungen worden zu sein.)

Als Letzter sagte Černík: »Ich unterschreibe.«

Mir schien, daß wir einen bedeutsamen Erfolg errungen hatten.

Dann nahm Gustáv Husák noch einmal das Wort. Er wandte sich an Mlynář und fragte ihn, was er eigentlich wolle?

Er, Husák, halte ihn für verantwortungslos. Er habe doch mitgeholfen, die Republik ins Unglück zu stürzen. Pubertäre Politiker wie er hätten, nachdem sie soviel Schaden angerichtet haben, nicht das Recht, auch noch Bedingungen zu stellen. Sie hätten allenfalls die Pflicht, Anstrengungen zu unternehmen, um die Fehler zu bereinigen, die sie selbst verursacht hätten.

Mlynář war davon so überrascht, daß er sich zu keiner Verteidigung aufraffen konnte. Damit endete die Beratung.

Spät nach Mitternacht ging ich schlafen. Lange schaute ich aus den Kremlfenster. Was hatte sich alles schon in diesen Mauern abgespielt? Und nunmehr auch ein Stück unserer Geschichte.

Am nächsten Morgen weckte mich ein Mitarbeiter des ZK der KPdSU. Im Zwischengeschoß erwarteten mich einige Mitglieder des Politbüros des ZK der KPdSU. Sie wollten wissen, wie unsere Beratung ausgegangen sei.

Ich sagte ihnen, daß außer Mlynář alle bereit seien, das Dokument zu unterschreiben. Vom erkrankten Dubček läge keine Stellungnahme vor.

Beim Frühstück gab Mlynář bekannt, daß er die ganze Nacht nicht geschlafen und nachgedacht habe. Er sei zu dem Schluß gelangt, daß auch er das Dokument unterzeichnen werde.

Ich informierte Svoboda darüber und bat ihn, mit Dubček zu reden. Er sei bei Bewußtsein und habe genug Kraft, um das Dokument zu unterschreiben. Svoboda schickte jedoch Černík. Das Gespräch wurde sehr laut geführt, die Auseinandersetzung war auf dem Gang zu hören. Böse Zungen behaupteten später, daß Černík Dubček geohrfeigt haben soll. Nach zehn Minuten kam Dubček weiß wie die Wand aus dem Zimmer. Er trug einen grauen Anzug und eine gestreifte Krawatte. Das Pflaster hatte er von der Stirn entfernt. Er nahm an der schmalen Seite des Tisches Platz und sagte: »Setzt euch, wir müssen gemeinsam das Dokument beurteilen.«

Von neuem gingen wir Artikel für Artikel durch und stimmten das ganze Dokument ab. Smrkovský und anderen fehlte nur noch die Zustimmung Kriegels.

Es wurde beschlossen, ihn in den Kreml zu holen.

Kriegel, mit dem Dubček, Černík, Mlynář und Smrkovský sprachen, lehnte beleidigt ab, weil er nicht zu den Verhandlungen hinzugezogen worden war. Mich erregte seine Weigerung nicht weiter, ich war sogar froh darüber: Der Name dieses Konterrevolutionärs mußte nicht unbedingt unter diesem geschichtemachenden Dokument stehen. Doch andererseits war mir klar, daß er schließlich doch nachgeben würde, weil er vermutlich fürchtete, daß ihn die Sowjets nicht wieder herausließen, wenn er sich stur stellte.

Meine Stimmung war auch deshalb gut, weil ich die Nachricht erhalten hatte, daß meine Tochter Nadja inzwischen ausgeflogen worden war und sich in der Sowjetunion befand.

Wir ließen die sowjetische Führung wissen, daß wir zur Unterzeichnung bereit seien. Es wurde umgehend eine gemeinsame Sitzung verabredet. Wir kamen im Tagungsraum zusammen und waren überzeugt, daß alles sehr schnell gehen werde. Mit Ponomarjow, Katjuschew und anderen waren die Korrekturen besprochen worden, die die sowjetische Führung bereit war, ohne Diskussion zu akzeptieren.

Ludvík Svoboda nahm als erster Redner das Wort. »Das Dokument ist fertig, wir sind bereit, es zu unterzeichnen.«

Da hob Černík die Hand und bat ums Wort. Er wolle in seinem und in Dubčeks Namen etwas erklären. In einem etwa viertelstündigen Statement versuchte er seine und Dubčeks Politik zu rechtfertigen und zu erläutern, daß alles, was nach dem Einmarsch der Truppen geschehe, ein Mißverständnis sei. Trotzdem sei er froh, daß wir zu zu einem Dokument gelangt seien, das es uns gestatte, aus dieser komplizierten Lage herauszukommen.

Die Ausführungen wurden mit höflicher Zurückhaltung aufgenommen, weil sie nicht nur überflüssig, sondern auch falsch waren.

Svoboda wollte weitere solcher Beiträge unterbinden und schlug vor, zur Unterzeichnung zu schreiten. Da meldete sich Dubček, obgleich doch Černík bereits für ihn mitgesprochen hatte. Er redete ungefähr eine halbe Stunde.

Er begann mit der alten Leier, daß in der Tschechoslowakei die Entwicklung von Januar bis zum August gut und richtig verlaufen sei. Alles habe der Stärkung der Partei und des Sozialismus gedient. Der Tschechoslowakei habe keine Gefahr gedroht. Er begreife daher nicht den Grund, weshalb die Truppen der Verbündeten hätten einmarschieren müssen.

Das war der Kern seiner gewohnt fragmentarischen Rede, die aus halben Sätzen und unlogischen Abfolgen bestand.

Svoboda versuchte die Peinlichkeit zu übergehen, indem er mit keiner Silbe darauf reagierte und wiederholte: »Ich bitte darum, nicht mehr zu diskutieren und zur Unterzeichnung des Abkommens zu schreiten.«

Plötzlich erhob sich Breshnew. Er schaute in die Runde, setzte sich wieder und erklärte ostentativ, daß nichts unterzeichnet werde. Das sei ja schlimmer als am Anfang.

Dann schilderte er, wie er die Entwicklung in der ČSSR erlebt habe.

Er erinnerte an seinen Besuch in Prag und sein Gespräch mit Novotný, an ihre Stellungnahme zu den Veränderungen in der Führung des ZK der KPTsch, darauf, wie sie Dubček in Moskau empfangen hatten und was er ihnen versprochen habe.

Er verwies darauf, daß das ZK der KPdSU initiiert habe, daß an den Feiern zum 20. Jahrestag der Februarereignisse hochrangige Delegationen der Verbündeten teilnahmen und so demonstrativ ihre Unterstützung für die neue Führung der KPTsch bekundeten. Er führte einzelne Begegnungen an, erwähnte die Vieraugen-Gespräche. »Erinnerst du dich, als wir in Sofia auf der Couch saßen und ich dir sagte: ›Sascha, hüte die Einheit der Partei, vergiß nicht, daß die Feinde des Sozialismus ihr Bestreben darauf richten, die Partei, den Staat und unsere Freundschaft zu schwächen‹?«

Breshnew analysierte sehr logisch und überzeugend Monat für Monat, Woche für Woche, schließlich Tag für Tag und Stunde für Stunde. Er erinnerte daran, wann er was Dubček geschrieben hatte, wann er mit ihm telefoniert, was er ihm geraten, worum er ihn gebeten hatte.

Dubček habe immer hinhaltende Versprechungen gemacht, auch Zusagen abgegeben, aber nie etwas gehalten.

So klagte Breshnew anderthalb Stunden an. Emotional erregt. Leidenschaftlich, die Vorwürfe präzise gesetzt und auch begründet.

Das meiste von dem, was Breshnew ausführte, kannte ich, manches war mir neu. Nahm man alles zusammen, ergab sich ein erschreckendes Bild.

Martin Dzúr und Bohuslav Kucera, aber auch Ludvík Svoboda, zeigten sich sichtlich erschüttert. Zum ersten Mal erfuhren sie derart konzentriert, wie viel Verständnis und Anteilnahme die KPdSU, das sowjetische Volk und Breshnew persönlich aufgebracht hatten. Vor allem aber, wie die Krise heranreifte, die Dubček nicht nur nicht sehen wollte, sondern der er mit Oberflächlichkeit und Eitelkeit Vorschub geleistet hatte.

Daran hat sich offenkundig nichts geändert. Und deshalb, so endete Breshnew, könne man nichts unterschreiben.

Als er sich setzte, herrschte Grabesstille.

Als Kossygin zu sprechen begann, wirkte das wie eine Befreiung.

Im Unterschied zu seinem Vorredner war er ruhig, abgeklärt, fast gelassen. Wie ein gründlicher Prokurist präsentierte er uns die Rechnung. Sehr anschaulich schilderte er die aktuelle politische und wirtschaftliche Situation im Lande und in Prag. Emotionslos zählte er auf, welche Auswirkungen das für die Entwicklung in der Tschechoslowakei und in Europa haben werde.

Dafür trage Dubček maßgeblich die Veranwortung. Die gesamte Partei- und Staatsführung aber habe sich mitschuldig gemacht, weil sie zugelassen habe, daß die konterrevolutionären Kräfte in der Tschechoslowakei die Lage beherrschten.

Er stellte uns rhetorisch die Frage, wer den Niedergang hervorgerufen hätte? Die Werktätigen? Nein!

Wem war daran gelegen, daß Hochöfen gelöscht wurden und die Hüttenproduktion zum Erliegen kam? Wer wollte das Chaos im Eisenbahnverkehr, die Lähmung der Staatsmacht, die Störungen bei der Versorgung der Bevölkerung?

Daran hatten weder die Arbeiterklasse noch die tatsächlichen tschechoslowakischen Patrioten Interesse. Das war das Werk der Konterrevolution. Sie brauchte diesen Zustand!

Und warum? Um die Tschechoslowakei aus der Familie der sozialistischen Staaten herauszulösen und die Ergebnisse des Zweiten Weltkrieges zu revidieren.

»Nehmt zur Kenntnis, daß wir das nie und nimmer zulassen werden! Im Kampf gegen den Faschismus, für die Freiheit der Völker sind zwanzig Millionen sowjetischer Bürger gefallen. Ihre Tod wäre umsonst gewesen, ließen wir zu, daß in der sozialistischen Tschechoslowakei die Konterrevolution siegte.

Wenn ihr das heute nicht begreift, dann werdet ihr es hoffentlich später verstehen. Aber gehandelt werden mußte, nicht später, sondern jetzt!

Zerrüttung und Chaos in der Tschechoslowakei werden wir nicht zulassen, selbst wenn wir die gesamte Verantwortung für alles auf uns nehmen müßten.

Denkt auch nicht, daß uns die Entscheidung leicht fiel, uns für eine militärische Operation zu entscheiden. Aber einen anderen Weg zur Rettung der Tschechoslowakei haben wir nicht mehr gesehen. Wir sind uns bewußt, daß uns nicht alle begreifen werden. Sogar manche Freunde verstehen das nicht, aber auch das mußten wir riskieren. Später werden auch sie die Unvermeidbarkeit begreifen und akzeptieren.«

Kossygin sprach ungefähr eine halbe Stunde.

Nachdem er geendet hatte, trat einen Moment Stille ein.

Breshnew erhob sich wieder und ließ seinen Blick prüfend von Mann zu Mann gleiten. Wir erwarteten die Frage: Und nun, Genossen, wie wollen wir fortfahren?

Stattdessen legte Breshnew demonstrativ seinen Füllfederhalter auf die Glasablage auf dem Tisch und verließ wortlos den Tagungsraum.

Die anderen Mitglieder der sowjetischen Führung standen ebenfalls auf und folgten ihm.

Uns blieb nichts anderes übrig, als ihrem Beispiel zu folgen.

Sie verließen den Raum durch die linke Tür, wir durch die rechte. Dann standen wir wie begossene Pudel im Vorraum. Nicht einmal Smrkovský raffte sich zu einer Bemerkung auf.

Ich zog mich in eine Ecke des Raumes zurück und sah, wie Svoboda und Husák die Köpfe zusammensteckten. Nach einer Weile kam Ludvík Svoboda zu mir und sagte, daß wir nicht zulassen dürften, daß Dubček die bisherigen Ergebnisse zunichte mache. Wir sollten die sowjetischen Genossen um Fortsetzung der Verhandlungen ersuchen. »Vasil, ich bitte dich, geh zu Genossen Breshnew und sage ihm, daß das, was Dubček gesagt hat, für uns nicht bindend sei. Er hat nicht in unserem Namen gesprochen. Wir sind bereit, das Protokoll so zu unterschreiben, wie es ist.«

Ich hatte wenig Hoffnung, aber ich gehorchte und ging zu Breshnew. Der fragte, ob das die Meinung der Mehrheit sei oder nur die Svobodas.

Was sollte ich sagen?

Es sei die Meinung der überwiegenden Mehrheit der tschechoslowakischen Genossen, wich ich aus.

Breshnew beriet sich kurz und teilte wenig später mit, daß wir in einigen Minuten unterzeichnen könnten.

Schweigend kehrten wir in den Tagungsraum zurück und setzten uns an den Tisch. Fotografen wurden eingelassen, die Unterzeichnung des Protokolls begann.

Die Uhr auf dem Beratungstisch zeigte 23 Uhr, als Svoboda und Breshnew als erste ihren Namen darunter setzten. Danach unterschrieben wir der Reihe nach, wie wir am Tisch saßen.

An die Korrekturen, die vereinbart worden waren, hatte niemand mehr erinnert. Auch das hatte Dubček mit seinem Auftritt verhindert, daß unsere Wünsche berücksichtigt wurden.

Als das Dokument von allen Teilnehmern unterzeichnet worden war, löste sich die Spannung. Es wurde vorgeschlagen, für die Öffentlichkeit eine offizielle Information über die Verhandlungen herauszugegeben.

Der Entwurf des Kommuniqués schien uns zu diplomatisch-trocken, es würde durch seine allgemein-abstrakten Formulierungen zuviel Raum für Interpretationen durch die Rechten lassen.

Daraufhin wurde eine Redaktionsgruppe gebildeten, deren tschechoslowakischer Teil von Jozef Lenárt und deren sowjetischer von Katuschew geleitet wurde.

Wir standen zusammen und sprachen bereits über die Abreise und daß wir auch Kriegel mitnehmen müßten, als Breshnew, Kossygin und Podgorny bei uns erschienen.

Breshnew erkundige sich bei Svoboda, wie man mit den Mitgliedern der tschechoslowakischen Regierung verfahren werde, die im Ausland feindliche Aktionen organisierten, etwa Šik, Hájek und andere.

Dubček, Černík und Svoboda versicherten Breshnew, daß Šik nicht länger stellvertretender Ministerpräsident bleiben könne. Es wurde auch über den Innenminister diskutiert.

Die Gunst des Augenblicks nutzend, fragten wir nach Kriegel.

Dubček, Černík und sogar Smrkovský versprachen, daß Kriegel aus dem Präsidium des ZK ausgeschlossen werde. Dabei vergaßen sie, daß sie dies bereits in Čierná nad Tisou zugesichert hatten.

Und man werde ihn auch nicht in Prag belassen, beeilte sich Dubček nachzulegen.

Die sowjetischen Genossen sagten dazu nichts.

Inzwischen war das Kommuniqué fertig. Wir kehrten in den

Tagungsraum zurück, wo der Entwurf verlesen wurde. Das Kommuniqué fand uneingeschränkte Zustimmung.

Damit waren die Verhandlungen beendet.

Um 5 Uhr sollte unsere Maschine nach Prag starten.

Svoboda lud uns zu sich in sein Speisezimmer zum Abendessen. Am Tisch saßen Dubček, Černík, Husák und ich. Außerdem war der Leiter der Präsidialkanzlei anwesend. Mlynář drängte noch hinzu. Während des Essens wurden einige Toaste ausgebracht.

Husák ließ auf die Gesundheit Svobodas und die große Arbeit, die er in Moskau vollbracht habe, die Gläser erheben. Einen ähnlichen Trinkspruch brachte auch Černík aus.

Svoboda dankte Gustáv Husák für seine ungewöhnlich gute Arbeit.

Auf einmal nahm Mlynář das Wort, ließ Cognac nachgießen und trug einen langen Trinkspruch auf Dubček vor. Er sang ein Loblied auf ihn, das allerdings mehr ihm selbst galt. Als er schon mit dem Gedanken gespielt habe, die Partei zu verlassen, wäre Alexander Dubček gekommen und hätte ihn zum Bleiben veranlaßt. Er habe den Sozialismus reformieren, ihm ein menschliches Gesicht geben wollen – deshalb ein Hoch auf den großen Reformer Dubček!

Ich neige gelegentlich zu Ausbrüchen, und ich merkte, wie langsam die Wut in mir hochkochte und sich zu entladen drohte.

Doch ich zählte im stillen bis 20, erhob mich mit meinem Cognac-Schwenker, erklärte, daß auch ich auf die gute Arbeit der Kommunistischen Partei der Tschechoslowakei anstoßen möchte und mir wünsche, daß die Partei künftig von solchen Menschen wie Mlynář verschont bleiben möge.

Ich trank das Glas aus, setzte es ab und ging.

In meinem Zimmer öffnete ich das Fenster und schaute in den Alexandergarten. In mir breitete sich Ruhe aus. Ich wußte meine Familie in Sicherheit – ich hatte zwischen Unterzeichnung des Dokuments und Annahme des Kommuniqués mit meiner Frau, der Tochter und unserem Sohn telefoniert, sie hielten sich in der Nähe von Kiew auf. Ich war dem großen sowjetischen Volk, der Kommunistischen Partei der Sowjetunion und all jenen unendlich dankbar, die in diesen schlichten, aber für jeden Menschen so wichtigen Fragen so viel für uns getan hatten.

Gegen 4 Uhr erschien Suslow. Er sollte uns zum Flugplatz begleiten.

Die Verabschiedung erfolgte ohne Zeremoniell und Pathos. Einzig Smrkovský drückte und umarmte Suslow wie wild und gebärdete sich als bester Freund der Sowjetunion. Vielleicht brach er sich dabei die Rippe, von der er später in Prag berichtete.

Im Flugzeug saß bereits Kriegel.

Wir ließen uns in die Polster fallen und schliefen bis Prag.

Auf dem Weg vom Flugplatz in die Innenstadt sahen wir keinen einzigen Soldaten und nicht einen Panzer. Svoboda schlug vor, daß er uns alle auf der Prager Burg unterbringe. Er könne uns verpflegen, vor allem aber könnten wir rasch zusammentreten und operativ Fragen lösen. Dieses Angebot nahmen wir an.

Kaum hatten wir unsere Zimmer bezogen, bekam Kriegel ein Auto und verließ die Burg. Hatte Dubček nicht erst vor wenigen Stunden in Moskau versprochen, daß wir ihn daran hindern würden, weiterhin in Prag Unruhe zu stiften?

Alexander Dubček sprach den ganzen Tag mit niemandem von uns, empfing aber etliche, die ihn in seiner antisowjetischen Politik ermunterten.

Peter Colotka erschien auf der Burg und teilte mit, daß der Parteitag der Kommunistischen Partei der Slowakei begonnen habe und es erforderlich sei, daran teilzunehmen.

Wir entschieden, daß Husák nach Bratislava fliegen und ich in Prag bleiben sollte. Er sollte versuchen, alle negativen Schlüsse zu paralysieren, die der Parteitag beschlösse und gleichzeitig gewährleisten, daß zum KPTsch-Parteitag von Vysocany kritisch Stellung bezogen werde. Diese gar nicht einfache Aufgabe meisterte Gustáv Husák. Der Parteitag der Kommunistischen Partei der Slowakei erkannte den »Parteitag von Vysocany« nicht an und billigte die Vereinbarungen von Moskau. Innerhalb eines Tages wurden auch die neuen Parteiorgane gewählt. Gustáv Husák kehrte als Erster Sekretär des ZK der KPS nach Prag zurück und nahm an der Vorbereitung der Tagung des Zentralkomitees der KPTsch teil, die das in Moskau unterzeichnete Dokument billigen sollte.

Die Vorbereitung der ZK-Tagung verlief erwartet turbulent und unterlag starken Einflüssen von außen. Mlynář versuchte die Situation auszubalancieren, die nach Ausschluß Kriegels aus dem Präsidium entstanden war. Er schlug vor, daß auch ich sowie Kolder, Švestka, Rigo und Barbirek freiwillig aus dem Präsidium ausscheiden sollten. Dazu führte eine Gruppe Einzelgespräche.

Dem einen wurde das Blaue vom Himmel versprochen, dem anderen mit ewigem Höllenfeuer gedroht. Unter Druck gaben Kolder, Rigo, Barbírek und Švestka freiwillig ihre Platz im Präsidium auf.

Ich lehnte einen Rückzug mit der Bemerkung ab, daß ich gegenüber der Partei und unserem Volk nichts Unehrenhaftes getan habe. Sie müßten mich darum aus dem Präsidium des ZK der KPTsch ausschließen, wenn sie mich loswerden wollten.

In Moskau hatten wir natürlich auch Kaderprobleme des Zentralkomitees der KPTsch besprochen. Es war unerläßlich, das Zentralkomitee um einige bedeutende Repräsentanten der Partei und des Staates zu ergänzen. Es war nicht normal, daß etwa der Präsident der Republik nicht Mitglied des Zentralkomitees war. Auch Gustáv Husák gehörte ins ZK, Martin Dzúr, Ladislav Novomesky und andere Genossen, die moralisch reif und politisch standfest geblieben waren. Die Statuten ließen diese Möglichkeit nicht zu, ein Parteitag mußte normalerweise die Mitglieder und Kandidaten des ZK wählen. Das Statut wurde aber schon so oft verletzt, daß es entschuldbar war, wenn wir jetzt diesen notwendigen Schritt taten. Wir beschlossen, auf der nächsten Plenartagung vorzuschlagen, acht bis zehn neue Mitglieder zu kooptieren.

Dubček und Co. vergaßen umgehend, was sie in Moskau unterschrieben hatten. Auch jenen Punkt, daß Genossen, die die Freundschaft mit der Sowjetunion verteidigt hatten, keinerlei Schikanen ausgesetzt werden dürften. Seit dem ersten Tage nach der Rückkehr richtete sich das Feuer unwidersprochen auf diese Genossen.

Dubček beriet sich im engen Kreis mit den Rechten über die weiteren Schritte. Wir hingegen waren auf der Prager Burg isoliert. Sie zu verlassen wurde nicht empfohlen, weil um die Burg herum verschiedene Gruppen von Provokateuren postiert waren. Zu wichtigen Entscheidungen über die Vorbereitung der Tagung des Zentralkomitees wurden wir nicht hinzugezogen. Im Gegenteil, es kam sogar Venek Silhan auf die Burg, den der illegale Parteitag zum Ersten Sekretär bzw. »Stellvertreter Dubčeks« gewählt hatte, und half mit, Mitglieder des Präsidiums des ZK zu überzeugen, freiwillig auf ihre Funktion zu verzichteten.

Hätte auch Dubček öffentlich Selbstkritik üben und im Fernsehen erklären sollen: »Wir sind es gewesen, die diese Tragödie verschuldet haben«?

Auch heute meine ich, daß es richtig war, dies nicht gleich nach unserer Rückkehr getan zu haben. Aber in der Erklärung, die für Fernsehen und Rundfunk vorbereitet wurde, hätte man wenigstens solche Formulierungen wählen können, die eine Entschuldigung mindestens andeuteten.

Die Gruppe unter Leitung von Mlynář verfolgte jedoch eine andere Absicht. Sie formulierte eine Art Aufruf an das tschechoslowakische Volk, der weder in der Parteiführung diskutiert noch verabschiedet wurde. Es war ein demagogischer Appell an die staatsmännische Reife des Volkes, eine Versammlung patriotischer Versatzstücke der Art: Wer seine sozialistische Heimat liebe, kann nicht wollen, daß die fremden Soldaten bleiben. Und: Unterstützt jene, die in ihre Funktionen zurückkehren wollen.

Mit der nationalen Harfe ging es subtil gegen die Verbündeten und die konsequenten Internationalisten im Lande.

Die Proklamation wurde gezeichnet vom Präsidenten, vom Vorsitzenden der Nationalversammlung, vom Regierungschef und vom Ersten Sekretär des ZK der KPTsch.

Die ZK-Tagung war für den 31. August anberaumt. Wir hatten erwogen, einige neue Mitglieder zu kooptieren.

Dubček, Mlynář und Spacek drehten den Spieß um: Wir wollten acht bis zehn, sie 80 neue Mitglieder kooptieren – nämlich die Mehrheit jenes ZK, das auf dem illegalen Parteitag gewählt worden war, welchen diese ZK-Tagung für ungültig erklären sollte.

Das war praktisch eine Fusion, die Dubček durchsetzte.

Am 1. September telefonierte Dubček mit Moskau und berichtete Breshnew über die Tagung.

Der zeigte sich sehr verwundert über die de facto-Verschmelzung, doch Dubček hielt dagegen, schließlich habe man in Moskau darüber gesprochen, daß man die Partei zusammenführen und die Kräfte bündeln müsse.

Nach so vielen Jahren erscheint mir diese Tagung noch immer als etwas Unwirkliches. Ich glaubte nicht, daß derartiges in einer so reifen Partei wie der unsrigen hätte möglich sein können. Auf dieser der Tagung wurde behandelt »Die gegenwärtige Analyse der Lage im Lande und in der Partei, die dringendsten Aufgaben der Partei und Kadervorschläge«.

Nur am Rande wurde eine Information über die Verhandlungen in Moskau gegeben.

Man konnte erwarten, daß auf der ersten Tagung des ZK der KPTsch nach derart schwerwiegenden Ereignissen etwas gesagt werden würde über die Ursachen der Krise in der Gesellschaft und wie sie gelöst werden sollte.

Im ganzen Referat gab es jedoch nicht eine einzige Bemerkung über konterrevolutionäre Kräfte. Im Gegenteil. Dubček erläuterte, daß nur der Fehler passiert sei, daß unsere Partei bei der Einschätzung der politischen Entwicklung in ungenügendem Maße »mit dem Gewicht und der realen Kraft der internationalen Faktoren« gerechnet habe, »zu denen auch Ansichten gehören, die auch Staaten zu unserer Lage haben, mit denen wir das Bündnis des Warschauer Vertrages bilden. Die strategischen und Gesamtinteressen der Sowjetunion und weiterer vier Länder des Warschauer Vertrages haben wir immer ungenügend als realen, objektiv existierenden und limitierenden Faktor für das mögliche Tempo und die Formen unserer eigenen politischen Entwicklung gesehen.«

Also nicht unsere eigenen Fehler, nicht die Konterrevolution war schuld, sondern daß wir »ungenügend den realen, objektiv existierenden und limitierenden Faktor für das mögliche Tempo gesehen haben«.

Also wenn wir langsamer, vorsichtiger zu Werke gegangen wären, dann hätten wir den konterrevolutionären Umsturz in der Tschechoslowakei bewerkstelligen können. Zu solchen Schlußfolgerungen gelangte die rechtsopportunistische Mehrheit im Präsidium des ZK der KPTsch auch nach den Verhandlungen in Moskau.

Über die Verhandlungen in Moskau referierte Ludvík Svoboda. Smrkovský machte die Teilnehmer der ZK-Tagung mit dem Wortlaut des Protokolls bekannt.

Die Wandelgänge um den Spanischen Saal auf der Prager Burg hatten sich während der Tagung mit verschiedenen Delegationen gefüllt, die von den Rechten organisiert worden waren. Sie sollten auf jene ZK-Mitglieder Druck auszuüben, die auf die Mitgliedschaft im Zentralkomitee nicht verzichten wollten. Zugleich sollten die eigenen Leute ermutigt werden, das Moskauer Protokoll abzulehnen. Auch ich wurde einige Male aus dem Saal gerufen und aufgefordert, die Mitgliedschaft im Präsidium und im Zentralkomitee aufzugeben. Einige Male wurde in der Diskussion die Forderung laut, daß jene, die des Verrats beschuldigt werden, weil sie die Truppen eingeladen haben, sich entweder bekennen oder eine Ehrenerklärung abgeben sollten, daß sie es nicht getan hätten.

Ich meldete mich zu Wort und erklärte, daß es wichtig und notwendig sei, die in Moskau vereinbarten Schlußfolgerungen umzuzusetzen. Die gegen mich erhobenen Anschuldigungen seien haltlos – ich hätte nichts getan, was im Widerspruch zu den Interessen unseres Landes, der Partei und unsere Volkes stünde.

Das Plenum wählte ein 21köpfiges Präsidium, das sich als unfähiges Führungsorgan erwies. 14 seiner Mitglieder sollten schon bald aus der Partei ausgeschlossen werden.

Die Ereignisse, die sich nach dieser Sitzung entwickelten, sind wahrheitsgetreu und in konzentrierter Form in den »Lehren aus der krisenhaften Entwicklung in Partei und Gesellschaft nach dem XIII. Parteitag der KPTsch« zusammengefaßt, die publiziert wurden.

Dubček tat in der Folgezeit noch einiges für die konterrevolutionären Kräfte. Seine Rede am 14. September im Tschechoslowakischen Fernsehen und im Rundfunk ermunterte sie merklich. Er verurteilte alles, was vor 1968 geschehen war. Die Geschichte der Partei, der Aufbau des Sozialismus begann erst mit seiner Wahl an die Spitze der Partei. Er diskreditierte die Entwicklung der sozialistischen Demokratie, die sozialistische Gesetzlichkeit, verkannte die Bedeutung der Arbeiterklasse, des Bündnisses der Arbeiter und Bauern. Er stellte die Behauptung auf, daß die vergangene Periode eine Zeit gewesen sei, in der die verschiedenen sozialen Kräfte unserer Gesellschaft einander gegenübergestanden hätten.

Wir würden unverändert »einen Sozialismus mit menschlichem Antlitz« aufbauen. Niemandem werde es erlaubt, zu den alten Praktiken zurückzukehren.

Laut Dubček war alles normal. Daß die konterrevolutionären Kräfte weiter ehrenhafte Kommunisten schikanierten und beschuldigten, regte ihn nicht auf. Er ließ sich weiter feiern.

Ich begann zu bedauern, daß ich Svoboda in Moskau widersprochen hatte, als er vorschlug, ohne einen Ersten Sekretär Alexander Dubček nach Prag zurückzukehren.

Während der Tagung des Zentralkomitees war ich in der Mittagspause im zweiten Burghof auf Prof. Karol Siska und Jan Janík getroffen. Die ganze Zeit wurden wir gefilmt, was ich für nicht beachtenswert hielt. Dann lief in unseren Kinos eine Wochenschau, in der die Bilder so kommentiert wurden: »Bilak läuft während der

ZK-Tagung mit seinen sowjetischen Freunden über den Burghof und berät sich, wie der Verrat weiter fortgesetzt werden kann.«

Man setzte auch das Gerücht in die Welt, daß ich die Slowakei von der ČSSR lostrennen wollte. In Bratislava konnten sie diesen Unsinn nicht verbreiten, wohl aber streuen, daß ich die Abtrennung der Ostslowakei und deren Eingliederung in die UdSSR betreibe. Es wurden Plakate mit einer weinenden alten Frau geklebt mit der Aufschrift: »Bilaks Mutter weint über den Verrat ihre Sohnes«.

In meinem Heimatkreis und meinem Geburtsort, wo die Leute Bescheid wußten, daß meine Mutter gar nicht mehr weinen konnte, weil sie schon lange in der Erde ruhte, verbreiteten sie, daß ich ein Strolch sei, der Frau und Kinder verlassen habe und jetzt mit einer Schauspielerin zusammenlebe.

An verschiedenen Stellen wurden Speisezettel geklebt, auf den vulgäre Reimereien standen und die Speisen nach den Namen von Repräsentanten von Bruderparteien benannt waren.

Beleidigungen und Unverschämtheiten ohne Ende.

Ich war zwar wieder ins Präsidium gewählt worden, hatte aber keinen konkreten Aufgabenbereich zugewiesen bekommen.

Was sollte ich tun?

Mit den anderen Mitgliedern des ZK der KPTsch flog ich zunächst nach Bratislava. Ich blieb allein zurück. Die planmäßigen Fluglinien fielen aus, so gab es auch keine Busverbindung in die Stadt. Mir blieb nichts anderes übrig, als zu Fuß nach Bratislava zu gehen. Peter Colotka sammelte mich schließlich ein. Er bot mir an, eine Zeitlang bei ihnen zu bleiben. Das vergesse ich ihm nie.

Die Stufen und Außenwände unseres Haus in der Sokolská-Straße waren mit Parolen beschmiert. Ich ging durch die leeren Zimmer, setzte mich. Mich überkam Wehmut, Trauer und unendliche Müdigkeit. Ohne zu essen legte ich mich hin, und nach den langen, aufregenden Tagen schlief ich wie ein Toter.

Früh am Morgen klingelte es.

Ich öffnete die Tür einen Spalt. Draußen stand der Sohn von Pilat, eines alten Kommunisten. Er begrüßte mich und gab mir eine Flasche Milch und zwei Kipfel.

Ich bat ihn herein und fragte ihn aus, woher er erfahren habe, daß ich zu Hause sei, was sich so alles in Bratislava abspiele und wie die Lage wäre.

Einige meiner guten Bekannten, Kommunisten und Nichtkommunisten, hatten bemerkt, daß ich eingetroffen war. Und so besuchten mich im Laufe des Tages viele Leute. Bis spät am Abend wurde über die Lage diskutiert. Sie wollten die Wahrheit wissen, und ich war bemüht, sie ihnen zu erzählen.

Ich beschloß, für gewisse Zeit aus Bratislava zu verschwinden. Ich wollte zu meiner Familie fahren und Urlaub in der Sowjetunion machen. Doch dann unterließ ich es. Wenn das publik würde, hieße es, ich sei vor der Verantwortung und in die Sowjetunion geflohen.

Mit Husák verabredete ich, daß ich in die Tatra fahren werde, um mich zu erholen, bis sich die Situation entspannen würde. Persönlich liebe ich die Belanské Tatra, vor allem einen der allerschönsten Flecken dort, das Dörfchen Javorina. Husák stellte mir ein Auto zur Verfügung, das mich dorthin brachte. Auf irgendeine Weise hatten sie in der Jugendzeitung *Smena* von meinem Aufenthalt erfahren und brachten einen Artikel, daß ich in der Tatra sei, wo ich von sowjetischen gepanzerten Fahrzeugen beschützt werde.

Nun gingen tagtäglich Briefe ein. Sie enthielten Drohungen, daß man mich hängen werde und ich mir den Baum schon aussuchen könne. Aber es kamen auch sehr viele freundliche Briefe und Menschen aus Spiš und Saris, aus der ganzen Ost- und Mittelslowakei,

In der Hohen Tatra

die meine Adresse erfahren hatten. Das waren Delegationen – Arbeiter, Genossenschaftsbauern, Lehrer. Vorsichtig, damit man nichts davon erfährt, kamen auch Mitarbeiter von Kreisleitungen der Partei und aus der Bezirksleitung der KPS in Košice.

Während der ZK-Tagung hatte mir Präsident Svoboda vorgeschlagen, daß ich als Bevollmächtigter Botschafter für politische Fragen nach Moskau gehen sollte. Er sagte, er werde das im Präsidium durchsetzen. Er unterbreitete diesen Vorschlag auch. Dubček stellte sich kategorisch dagegen. Er sagte, es sei noch nicht völlig aufgeklärt, ob ich Verrat geübt habe. Ich hätte zudem das Vertrauen des Volkes verloren und könne eine solche Funktion in der Sowjetunion nicht ausüben.

Die Tschechoslowakei hatte einen Botschafter in Moskau, Vladimír Koucky. Svoboda meinte, daß die nach dem August 1968 entstandene Lage auch neue Arbeitsmethoden erfordere. Er war überzeugt, und zwar zurecht, daß an erster Stelle die Aufgabe stehe, die politischen Beziehungen zwischen dem ZK der KPTsch und dem ZK der KPdSU zur normalisieren. Deshalb kam er mit dem Vorschlag, ein Mitglied des Präsidiums des ZK der KPTsch als Sonderbevollmächtigten für die Beziehungen zwischen dem Präsidium des ZK der KPTsch und dem Politbüro des ZK der KPdSU nach Moskau zu entsenden.

Auf diesen Gedanken brachte ihn auch die Tatsache, daß das Politbüro der KPdSU einen solchen Bevollmächtigten nach Prag entsandt hatte. Das war Kusnetzow, Stellvertreter des Ministers für Auswärtige Angelegenheiten der UdSSR.

Nach meiner Rückkehr aus der Tatra teilte mir Husák mit, daß meine Entsendung nach Moskau nicht realisiert werden könne, weil Dubček endgültig abgelehnt habe. Bilak werde er nicht mehr in die Politik lassen, soll er gesagt haben.

Ich hatte überhaupt kein Verlangen, auf politischem Gebiet unter Dubčeks Leitung zu arbeiten, gleichwohl überraschte mich die Vehemenz seiner Ablehnung durchaus, zumal sie gegen Punkt 7 des Moskauer Protokolls verstieß, in welchem es hieß, »daß die führenden Repräsentanten der KPTsch erklären, daß sie keine Entbindung von Funktionen oder repressive Maßnahmen gegenüber jenen Genossen zulassen werden, die für die Festigung des Sozialismus, gegen die antikommunistischen Kräfte und für die Freundschaft mit der Sowjetunion gekämpft haben«.

Außerdem war ich nach wie vor rechtsgültiges Mitglied des Präsidiums des ZK der KPTsch.

Diese Unverschämtheit zwang mich, nach Prag zu fahren und um ein Gespräch bei Dubček nachzusuchen. Ich ließ ihm übermitteln, daß ich mit ihm einige Fragen klären möchte.

Wie ich Sekretär des ZK der KPTsch wurde

Ich wartete zunächst vergeblich auf Dubček. Obwohl vor dem Gebäude des Zentralkomitees organisierte Gruppen von Schulkindern mit ihren Lehrerinnen auf ihn warteten, erschien er nicht zur Arbeit, nachdem ihm meine Anwesenheit gemeldet worden war. Deshalb fuhr ich in seine Wohnung in Prag-Troja.

Der Personenschutz kannte mich, und weil er offenbar keine Weisung bekommen hatte – Dubček konnte ja nicht wissen, daß ich ihn daheim aufsuchen würde –, ließ er mich anstandslos passieren. Dubček empfing mich wie einen Eindringling. Er bat mich nicht herein und schien mich an der Tür abfertigen zu wollen. Mir kam das eher komisch als peinlich vor, zumal er sich wie ein Ehemann gebärdete, den seine Frau mit einer anderen in flagranti erwischt hatte. Scham rötete seine Wangen, er lächelte verlegen und hilflos.

Er habe keine Zeit, erklärte er abweisend.

Ich hatte angenommen, daß unsere Zusammenarbeit eine gewisse Beziehung hatte enstehen lassen. Und wenn selbst das ein Irrtum war, gab es noch immer so etwas wie Höflichkeit und Anstand. Er wußte, daß ich einige Hundert Kilometer bis zu dieser Tür gereist war – und wies mich wie einen aufdringlichen Bittsteller ab.

Mir sei zu Ohren gekommen, sagte ich, daß er erklärt habe, Bilak nicht mehr in die Politik lassen zu wollen. Ob dies zuträfe oder nur ein Gerücht sei.

Es dauerte geraume Zeit, ehe er sich zu einer Antwort aufraffte. Er begann mit den Armen zu fuchteln und brachte stotternd hervor, ich wisse doch selber, wie die Lage sei. »Du wurdest des Verrats bezichtigt, und solange das nicht aufgeklärt ist, kann ich nichts tun. Du solltest dich irgendwo in der Slowakei niederlassen. Husák kann dich zum Stellvertreter des Slowakischen Nationalrates machen.«

Ich sei nicht gekommen, um bei ihm um Arbeit oder Vergebung

zu bitten, erklärte ich, nicht ganz frei von Ironie. Ich wollte ihn nur daran erinnern, wer ihn warum protegiere und wie schnell es damit vorbeisein könne. »Gib mir zwei, drei Monate die Verantwortung für die Massenmedien, und du wirst sehen, wie weit dein vermeintlicher Ruhm und deine Popularität dich tragen werden.«

Ich forderte nichts für meine Person, ich könne mich um mich schon selbst kümmern. »Wir haben doch Freiheit, Unternehmen zu eröffnen und zu führen. Ich bin gelernter Schneider. Ich mache einen Salon auf. Auf das Firmenschild lasse ich schreiben: Dr. Vasil Bilak, Herrenausstatter. Ich stelle einige Mitarbeiter ein und werde meine Memoiren schreiben. Ich gehöre zu jenen in der Tschechoslowakei, die am besten Zeugnis über die Entstehung unserer gesellschaftlichen Krise ablegen können. Ich kenne Roß und Reiter und werde sie auch beim Namen nennen, um der Wahrhaftigkeit willen. Ich werde das Buch nicht wegen der Sensation oder des Honorars herausgeben, ich werde es auch nicht im Westen herausbringen, aber es liegt mir daran, daß die Partei und die kommenden Generationen erfahren, was für einen Helden die Kommunistische Partei und die Tschechoslowakische Sozialistische Republik an ihrer Spitze 1968 hatte und wer tatsächlich Verrat übte und wer nicht.«

Ich bat ihn um Verzeihung, daß ich ihm seine kostbare Zeit gestohlen hatte, die er zum Herrschen und für den Empfang von Danksagungen und Lobpreisungen brauche und ging.

Plötzlich griff er meine Hand und zog mich in den Empfangssalon, wo er mich in einen Sessel drückte.

Wenn Dubček erregt war, beschleunigte er seine Rede bis zur Unverständlichkeit. Ich hatte Mühe, ihm zu folgen.

Ich hörte etwas von Mißverständnis, ich hätte ihn wohl falsch verstanden. Natürlich wolle er auch mir helfen, aber ich müsse begreifen, daß die öffentliche Meinung in Prag über mich extrem ungünstig sei, weshalb es besser sei, die Funktion des Stellvertreters des Slowakischen Nationalrates anzunehmen.

Ich machte Dubček darauf aufmerksam, daß laut Verfassung der ČSSR diese Funktion nur von einem gewählten Abgeordneten des slowakischen Parlaments ausgeübt werden dürfe. Das sei ich nicht. Ich gehörte der tschechoslowakischen Nationalversammlung an.

Ich wiederholte mich. Ich sei nicht auf Stellensuche und strebe keine Funktion an. Der Sinn meines Besuches habe nur darin bestanden, von ihm das Gerücht bestätigt oder dementiert zu bekommen, daß er mich politisch abgeschrieben habe. Darüber hätte er mich nun aufgeklärt, ich wisse jetzt Bescheid.

Nun behauptete er plötzlich das Gegenteil. Er sei *für* meine Rückkehr in die Politik, aber andere im Präsidium wären dagegen.

Gut, sagte ich, da wir ohnehin in der Pflicht stünden, auch im Präsidium reinen Tisch zu machen, und nicht nur ich, sondern auch Kolder, Jakeš, Indra und Švestka des Verrats beschuldigt werden, sollten wir das auf der nächsten Präsidiumssitzung prüfen und entscheiden. Entweder sind wir schuldig, dann müßten Konsequenzen folgen, oder wir sind es nicht, dann hat uns das Präsidium des ZK der KPTsch zu rehabilitieren.

Dubček stand auf und begann erregt auf und ab zu gehen. Schließlich schrie er: »Was willst du eigentlich? Sag schon, was du willst! Ich biete dir den Botschafterposten in Bulgarien an.«

Ich versuchte ruhig zu bleiben. Dann hielt es auch mich nicht mehr auf dem Polster. »Danke, aber aus der Republik bekommst du mich nicht raus. Selbst wenn ich auf der Straße Steine klopfen müßte – ich bleibe! Ihr habt euch einen besondern Sozialismus aufs Banner geschrieben. Da will ich nahe dran sein. Ich möchte aus der Nähe verfolgen, wie ihr das zunichte macht, was Millionen Menschen unter der Führung der Partei mit großer Leidenschaft und vielen Opfern geschaffen haben. Ich will wissen, was für einen Sozialismus ihr für unsere Kinder im Auge habt.

Wenn du glaubst, daß die Menschen im Lande, die ehrenhaften Kommunisten – und das ist die Mehrheit –, sich noch lange täuschen lassen und dich und deine Helfer nicht als Renegaten entlarven werden, dann bist du ein sehr naiver Politiker und solltest es besser bleiben lassen. Denke auch daran, daß deine Kinder eines Tages sich für ihren Vater werden schämen müssen!«

Dubček schien taub zu sein. »Nun sag doch, was du willst! Willst du Außenminister werden, oder was?«

Ach, er wollte pokern?

Ich gab zurück: »Oder was?«

Dubček: »Willst du Stellvertreter des Vorsitzenden der Regierung werden?«

»Oder was?«

Dubček: »Sekretär des Zentralkomitees?«

Das überraschte mich denn nun doch ein wenig. Aber ich sagte kühn und ohne nachzudenken: »Das mache ich!«

Dubček blieb stehen, ihm hatte es die Sprache verschlagen, weil er erst jetzt zu denken begann. Dann ruderte er zurück.

Man müsse meine Tätigkeit im August 1968 überprüfen. Ein Sekretär sei schließlich ein Sekretär, es sei deshalb besser, wenn ich noch zu Hause bliebe und mich erholte. Um die materielle Versorgung müsse ich mir keine Gedanken machen, ich bekäme das Gehalt eines Ersten Sekretärs der KPS weiter. Er werde auf der nächsten Tagung des ZK den Vorschlag unterbreiten, mich zum Sekretär des ZK der KPTsch zu wählen. Er werde nicht dagegen sein, beeilte er sich zu versichern, was aber soviel hieß wie: aber die anderen.

Ich verspürte wenig Lust, unter Dubček zu arbeiten. Aber die Möglichkeit, in der gegenwärtigen Situation Sekretär des ZK der KPTsch zu werden, hatte etwas Verlockendes: Es könnte die marxistisch-leninistischen Kräfte im Apparat der Partei ermutigen. Als Sekretär könnte ich zur Durchsetzung der Wahrheit beitragen. Das alles ging mir durch den Kopf. Ich mußte das Eisen schmieden, solange es heiß war. Sobald sich Dubček mit den Rechten im Präsidium beraten würde, zöge er das Angebot zurück.

Also mußte ich Tatsachen schaffen. Ich werde sofort meine Tätigkeit im ZK aufnehmen und zunächst als Mitglied des Präsidiums die Bereiche Ideologie und Internationale Politik übernehmen, bis mich das ZK-Plenum als Sekretär wählt, erklärte ich.

Ich fuhr sofort nach Karlovy Vary, wo Lenárt kurte. Wir haben uns sehr schnell geeinigt, daß ich seinen Bereich übernähme und er nach der Rückkehr Sekretär für Wirtschaft werde.

Am Tag darauf ging ich ins Zentralkomitee und suchte mir ein Büro, in dem ich arbeiten konnte. Ich fand einen kleinen Sitzungsraum, den früher Dolansky genutzt hatte. Es stand dort ein Schreibtisch, ein langer Sitzungstisch, ein Tresor und alles andere, was man so braucht. Augenblicklich gab es im Apparat des ZK der KPTsch viele Mitarbeiter, die keine konkrete Arbeitsaufgabe hatten, aber täglich pflichtbewußt zur Arbeit erschienen. Das waren vornehmlich solche, die nach Meinung der Rechten »das Vertrauen« der Parteibasis verloren hätten, aber nicht entlassen werden konnten.

Zu jenen gehörte auch Václav Svoboda, ein charakterfester, ehrenhafter und fähiger Mitarbeiter. (Später sollte er Sekretär des ZK der KPTsch für Landwirtschaft werden.) Ich bat ihn, als mein Persönlicher Referent zu arbeiten. Irena Machácková wurde meine Sekretärin.

Im Haus herrschte Chaos. Man konnte durchs Gebäude streunen und mußte dafür keinem Rechenschaft geben. Das galt auch für mich. Ich konnte zu Versammlungen gehen, die Politik der Partei erläutern. Das tat ich.

Ob ich nun zur Arbeit erschien oder nicht, welche Politik ich machte, mit wem ich konferierte: Das interessierte nicht. Niemand führte mich an meinem neuen Arbeitsplatz ein, mich stellte auch niemand vor. Ich rief die Leiter der Abteilung Internationale Politik, Kaderka, und der Ideologischen Abteilung, Kozel, zu mir und teilte ihnen mit, daß ich vom heutigen Tage an für ihre Bereiche verantwortlich sei und sie mir alle wichtigen Fragen, die der Bestätigung durch einen Sekretär des ZK der KPTsch unterliegen, zur Entscheidung vorzulegen hätten. Kaderka und Kozel erklärten unisono: »Wir sind davon nicht begeistert, nehmen es aber zur Kenntnis.«

Ich entgegnete, daß auch ich nicht glücklich darüber sei, daß an der Spitze so wichtiger ZK-Abteilungen ausgerechnet sie stünden, aber ich sei überzeugt, daß das geregelt werde.

So geschah es. Im September 1968 mußten sie gehen. 1970 schloß man beide auch aus der Partei aus.

Am 18. Oktober 1968 beschloß die Nationalversammlung einen Vertrag über den zeitweiligen Aufenthalt sowjetischer Truppen in der Tschechoslowakei. Das war ein bedeutsamer politischer und psychologischer Faktor für alle, die sich für die Reaktivierung der sozialistischen Werte einsetzten. Die rechtsopportunistischen Kräfte begannen sich bewußt zu werden, daß sie sich die Finger eingeklemmt hatten. Umso hartnäckiger verteidigten sie die von ihnen besetzten Positionen. Das rechte Zentrum änderte die Taktik: eingraben, neue Verteidigungslinien bestimmen, Ersatzkader aufbauen und abwarten.

Die »gesunden Kräfte«, wie sich die Marxisten-Leninisten nannten, standen noch immer unter Druck. Aber sie sondierten mit wachsendem Selbstbewußtsein das Terrain, suchten und ermunterten treue Patrioten, die sich zurückgezogen hatten. Die einen wie die anderen wußten, daß in naher Zukunft die Richtungsentscheidung fallen und der Kampf um jede Position entbrennen werde. Jeder, der nur ein wenig politisch zu denken verstand, wußte, daß der gegenwärtige Zustand nur zeitweiliger Natur sein konnte, daß die »Doppelherrschaft« irgendwann endete. Die konterrevolutionären Kräfte konnten ihre volksfeindliche, antisozialistische Tätigkeit schon nicht mehr offen fortsetzen. Sie taten es heimlich, verdeckt und über viele Kanäle. Doch wir konnten noch immer nicht ihre Tätigkeit öffentlich und umfassend aufdecken. Wir hatten die Massenmedien nicht in der Hand und die Kräfteverteilung, besonders im Zentralkomitee, war noch immer ungleich.

Ich war überzeugt, daß man mehr an die Zukunft als an die Gegenwart denken müsse. Die konterrevolutionären Kräfte agierten zwar noch immer aggressiv und verzeichneten scheinbar Erfolge. Aber wer die Lage nüchtern betrachtete, mußte zum Schluß kommen, daß es sich bereits um Todeskrämpfe handelte. Sie konnten die Entwicklung nicht mehr rückgängig machen oder gar umkehren. Es ging darum, welche Taktik die marxistisch-leninistischen Kräfte wählen sollten. Das strategische Ziel war klar: das Kräfteverhältnis im Präsidium und im Zentralkomitee zu verändern, die Konterrevolution niederzuringen, die Einheit der Partei zu erneuern, Fehler zu korrigieren, die Wirtschaft zu konsolidieren. Die Tschechoslowakei mußte wieder zu einem festen Glied der sozialistischen Gemeinschaft gemacht werden.

Das erforderte Veränderungen in der Parteiführung und eine Erneuerung der ganzen Struktur unseres politischen Systems. Auch unter uns, wenngleich in ehrlichem Bemühen, gab es verschiedene Ansichten und Strömungen – von extremen Radikalen bis zu passiv Abwartenden.

Smrkovský und Kriegel waren hochgradig verunsichert. Deshalb vertraten sie energisch den Grundsatz, man dürfe die Einheit der Führung nicht infrage stellen. Unter »der Führung« verstanden sie allerdings nur Dubček, Černík und Smrkovský. Zur Täuschung der Bevölkerung nahmen sie zuweilen auch Präsident Svoboda hinzu.

Es war erforderlich, die Spreu vom Weizen zu trennen, indem man die Rechtsopportunisten und konterrevolutionären Kräfte entlarvte. Wenn wir dafür nicht den Rundfunk und die Presse nutzen konnten, mußten wir eben die persönlichen Kontakte und Gespräche mit den Menschen vervielfachen. Uns standen lediglich die Zeitschrift *Zpravy* und der Rundfunksender *Vltava* zu Verfügung. Sie konnten mit ihrer begrenzten Verbreitung und Reichweite jedoch nicht mit der immer noch offiziellen, verlogenen Propaganda mithalten. *Vltava* sendete aus Dresden. Die SED hatte uns Technik und Frequenz zur Verfügung gestellt.

Mit der Vorbereitung der ZK-Tagung waren Mitglieder des Präsidiums des ZK der KPTsch betraut worden, die eindeutig auf Positionen des Revisionismus und Rechtsopportunismus standen. Das war die Gruppe um Spacek und Mlynář.

Wir bildeten eine eigene Gruppe, die unabhängig von Dubčeks Weisungen agierte. Sehr sorgfältig und wachsam suchten wir Mitglieder des Zentralkomitees aus, die dem Marxismus-Leninismus treu waren, und bereiteten sie für die Diskussion vor. Darauf verwendeten wir viel Aufmerksamkeit, weil unschwer abzuschätzen war, wer von den Rechten wahrscheinlich die konterrevolutionären Aktivitäten verteidigen würde. Auf jeden Rechten hatten wir einen von unseren Genossen mit der entsprechenden Antwort angesetzt.

Bilak in Berlin, begrüßt von Horst Sindermann und Bruno Mahlow

Anfang Oktober 1968 waren auf Einladung des ZK der KPdSU Dubček, Černík und Husák nach Moskau geflogen. Es wurden dort Fragen diskutiert, wie die im Moskauer Dokument fixierten Verpflichtungen erfüllt werden. Man kam gemeinsam zu der Auffassung, daß sie unzureichend umgesetzt würden. Vor allem wurde nichts getan, um eine direkte Kontrolle über die Massenmedien zu erlangen.

Husák informierte uns im Anschluß im Detail, worüber und wie in Moskau diskutiert worden war. Dubček und Černík waren offenkundig noch immer nicht an einer Wende interessiert.

Mit Simon reiste ich offiziell zu den Feiern anläßlich des 51. Jahrestages der Oktoberrevolution in die sowjetische Hauptstadt. Ich hatte dort ein langes Gespräch mit Breshnew.

Unser Plenum sollte vom 14. bis 17. November stattfinden.

Die Novemberoffensive – Lehren für heute und morgen

Den Stand der Vorbereitungen der ZK-Tagung behandelte das Präsidium zweimal. Stets erfolgte eine gründliche Diskussion des Referats und des Resolutionsentwurfs, der zweimal abgelehnt wurde.

Dubček brachte in seinem Referat zwar zum Ausdruck, daß die Tagung den Inhalt unserer künftigen Politik formulieren müsse, er bekannte sich auch zur Deklaration von Bratislava und zum Moskauer Protokoll. Gleichzeitig jedoch beteuerte er, daß man entgegen der Absicht es zeitlich nicht vermocht habe, die eingegangenen Verpflichtungen zu erfüllen. Es war also die Zeit. Und: Weder räumte er selbstkritisch ein, daß er die Einladung nach Warschau verschwiegen habe, noch daß im Zug in Čierná nad Tisou Dubček, Černík, Svoboda und Smrkovský mit Breshnew, Kossygin, Podgorny und Suslow eine Verabredung getroffen hatten.

Wahrheitswidrig behauptete er, den Brief des Politbüros der KPdSU an das Präsidium des ZK der KPTsch vom 17. August 1968 dem Präsidium zur Kenntnis gegeben zu haben. Erstens tat er das bekanntlich erst im Moment des Einmarsches, zweitens hatte er es unterlassen, das Präsidium umgehend einzuberufen und das ZK zu informieren.

Noch während Dubček auf dem Plenum referierte, meldeten sich 106 Genossinnen und Genossen zu Wort. Nach Beendigung seiner Rede wurde mitgeteilt, daß 25 Wortmeldungen ausgewählt worden seien. Ich war auf Platz 11.

Alle marxistisch-leninistischen Genossen, die für die Diskussion vorbereitet waren, hatten ihre Beiträge so konzipiert, damit Druck auf die Debatte zu den grundlegenden Ursachen der Krise ausgeübt wurde. Das Zentralkomitee sollte veranlaßt werden, bestimmte Fehler einzuräumen und Maßnahmen zu ihrer Überwindung zu beschließen.

Gleich in meiner Einleitung betonte ich, daß wir Zeugen von Ereignissen sind, die zweifellos zu den dramatischsten in der

50jährigen Geschichte unserer Partei zählen werden. Schwere und komplizierte Perioden habe die Partei nicht das erste Mal erlebt, aber den Kommunisten sei immer klar gewesen, mit wem, gegen wen und wofür sie kämpften. Dabei sei die Basis ihres Handelns und ihres Programms stets das eindeutige Verhältnis zur Sowjetunion und ihrer kommunistischen Partei gewesen. Auch in den kritischsten Zeiten sei sie davon nicht abgewichen.

Ich erinnerte an 1939, als das faschistische Deutschland unsere Heimat okkupierte. Zeitgleich habe die Sowjetunion einen Nichtangriffspakt mit Hitlerdeutschland geschlossen. Es sei nicht leicht für die Partei und jeden einzelnen Kommunisten gewesen, diese Maßnahme zu verstehen und zu verteidigen. In jener Zeit lebte und kämpfte die Partei in tiefer Illegalität . Und dennoch habe sie als Ganzes, bis auf wenige Ausnahmen, nicht gewankt. Das fußte nicht etwa auf blindem Glauben oder auf Fanatismus, sondern auf der Überzeugung des proletarischen Internationalismus.

Ich erinnerte daran, daß auf dem ZK-Plenum im Januar 1968 wiederholt betont worden sei, daß die Freundschaft zur Sowjetunion nicht die Angelegenheit eines Einzelnen oder einer Gruppe sei, sondern Sache des Herzens und des Verstandes unserer Völker. Nichts auf der Welt könne diese Freundschaft beeinträchtigen.

Allerdings habe das, was im August geschehen sei, uns anschaulich vor Augen geführt, wie diese Wahrheit ignoriert wurde. Unter dem Einfluß feindlicher Propaganda sei die Wahrheit zur inhaltlosen Phrase verkommen. Der Antisowjetismus, der monatelang geduldet worden war, sei im August gewalttätig durchgebrochen. Mit unmarxistischen Losungen sei es der Reaktion gelungen, nicht nur eine beträchtliche Zahl parteiloser Bürger, sondern auch viele Parteimitglieder zu täuschen, wodurch die objektive Sicht auf viele Erscheinungen und Handlungen verloren ging.

Der Versuch der Analyse, die dem Zentralkomitee vorgelegt wurde, sagte ich, sei meiner Meinung nach nur der Beginn einer langwierigen und komplizierten Arbeit. Es werde unerläßlich sein, eine tiefe und vor allem objektive Untersuchung vorzunehmen. Ohne sie würden wir nicht zur Wahrheit vordringen. Es sei sonst unmöglich, das Positive vom Negativen zu unterscheiden.

Ich gestand zu, daß in der Periode nach dem Januar auch positive Schritte getan wurden. Doch das dürfe nicht den Blick auf die Fehler trüben.

»Ich habe an verschiedenen Beratungen teilgenommen, von vertraulichen, geheimen und geheimsten Vorschlägen, Ratschlägen und Hinweisen Kenntnis genommen. Ich stelle mir deshalb die Frage und suche darauf eine Antwort, worin die Ursachen vieler geradezu unglaublicher Wendungen und Windungen der Politik unserer Partei bestanden haben und wo sie begangen wurden.

In welcher Hinsicht war der Januar 1968 ein Fortschritt und inwiefern auch eine Niederlage?

Wenn gesagt wird, daß wir uns mit den Auswüchsen der antisozialistischen und antisowjetischen Kräften hätten auseinandersetzen können, dann bestätige ich das. Ich stelle mir aber auch die Frage, warum wir nicht prinzipienfest gegen alle Erscheinungen vorgegangen sind, die schädlich und gefährlich für den Sozialismus und unser Bündnis mit der Sowjetunion waren?

Haben wir es nicht gesehen oder haben wir es nicht sehen wollen, was im Widerspruch zu den Zielstellungen stand, die unsere Partei vertrat?

Ich stelle mir die Frage, woran es lag, daß wir unsere Pflichten und Verpflichtungen sowohl zu Hause als auch im internationalen Kontext nicht oder nur ungenügend erfüllten? Worin die Ursache dafür lag, daß fast jeder, der öffentlich mit der Sowjetunion sympathisierte, nach und nach das Vertrauen der Öffentlichkeit verlor? Warum in den kritischen Augusttagen viele Kommunisten und die Mehrzahl der Mitglieder des ZK als Verräter gebrandmarkt wurden? Jene aber, die unsere Partei zu zerstören suchten, die das Bündnis mit der Sowjetunion unterhöhlten oder in den Westen gingen, wurden zu Patrioten erklärt.«

Ich kritisierte die Massenmedien und jene, die sie politisch angeleitet hatten, und stellte mich schützend vor unsere Volksarmee, die von einigen wie eine Besatzungsarmee behandelt wurde.

Sodann ging ich auf die Frage ein, ob die militärische Intervention der Länder des Warschauer Vertrages berechtigt gewesen sei oder nicht. »Wir behaupten unentwegt«, sagte ich, »daß wir in der Lage gewesen wären, die Krise mit eigenen Mitteln zu lösen.

Warum haben wir es dann nicht getan?

Die Bruderländer sind zu der Überzeugung gelangt, daß der Eingriff unausweichlich geworden war.«

Diesen Streit würden wir auf dieser Tagung nicht lösen.

Ich wolle aber noch ein Telegramm vom 25. Oktober vorlesen,

das dem Chef unserer Mission bei der UNO zur Kenntnis gelangte: »Während des Aufenthaltes von Indira Gandhi in den USA informierte Dean Rusk, daß das State Department davon ausgehe, daß es zu der sowjetischen Aktion deshalb gekommen sei, weil die Kommunistische Partei der Tschechoslowakei die Kontrolle im Land verloren habe.«

Ich gehe nicht davon aus, erklärte ich, daß der Außenminister der USA die UdSSR protegiere. Er habe nur nüchtern einen Sachverhalt konstatiert, der zutraf. Nicht nur Moskau, sondern auch Washington habe gesehen, daß die KPTsch und damit auch der sozialistische Staat im Lande an Macht verlor. Unsere Verbündeten seien also nicht gekommen, um uns zu okkupieren, sondern um uns den weiteren Aufbau des Sozialismus zu ermöglich. Das setze zwingend die Sicherung der Macht voraus.

Sicher sei auch, daß jede Analyse unserer Entwicklung, unserer Fehler und ihrer Ursachen nicht mit dem Januar 1968 beginnen könne, weil die Wurzeln viel tiefer, sogar weiter reichen würden, als wir gegenwärtig noch vermuteten.

Ich erinnerte im weiteren an viele Beratungen einschließlich jener in Dresden, daran, wie uns die Genossen auf vieles aufmerksam machten. Ich sprach darüber, daß die Verbündeten – ob in Dresden, in Moskau, in Čierná nad Tisou, Bratislava oder bei anderen Gelegenheiten – uns nie den Januar 1968 vorgehalten hätten, auch nicht, daß wir Novotný von seiner Funktion entbunden hatten. Sie hätten lediglich die Methode kritisiert, wie das geschehen sei, nie die Tatsache an sich. Zugleich hatten sie uns immer vor den Gefahren gewarnt, die uns durch unsere Feinde drohten. Man dürfe den Imperialismus nicht unterschätzen.

Aus mir unerklärlichen Gründen wurden die Warnungen unserer Verbündeten nicht zur Kenntnis genommen oder ignoriert. Ich wolle gar nicht behaupten, daß es absichtlich geschehen sei.

Wir hätten einen wichtigen politischen Faktor außer acht gelassen: Nämlich jenen, daß man den Sozialismus nicht nur mit Worten verteidigen müsse, sondern auch mit der Macht des Staates. Der Imperialismus sei keinen Augenblick von seiner Zielstellung abgewichen, den Sozialismus zu vernichten oder wenigstens zu schwächen. Nach dem XX. Parteitag der KPdSU habe man das in Polen und in Ungarn studieren können, wo er am weitesten vorgedrungen sei. Warum damals die Tschechoslowakei ausgelassen wurde, werde noch einmal in größeren Zusammenhängen zu erforschen sein.

Die ungarischen Ereignisse könne man jedoch in eine direkte Beziehung zur Entwicklung bei uns setzen. Als Kommunisten wissen wir, daß mit der ungarischen Konterrevolution und deren Niederlage der Kampf gegen den Sozialismus keineswegs beendet gewesen sei. Wenn wir darüber nachdächten, was nach den ungarischen Ereignissen geschehen sei, sähen wir, daß auch die internationale Reaktion begonnen habe, das Positive und das Negative ihres Vorgehens zu studieren. Sie habe dabei zur Kenntnis genommen, daß den Werktätigen der Gedanke des Sozialismus nahe ist und deshalb jeder Angriff gegen den Sozialismus nur unter pseudosozialistischen Losungen geführt werden könne, wenn er erfolgreich sein soll.

Nicht mehr direkt sollte er bekämpft werden, sondern indirekt, und wenn nötig unter roten Bannern.

Die internationale Reaktion habe auch eine weitere Erkenntnis gewonnen. Sie kann nur siegen, wenn das Bündnis mit der Sowjetunion und den sozialistischen Ländern, die Verbindung mit den anderen kommunistischen und Arbeiterparteien geschwächt der gar aufgekündigt wird.

Sie setzten Mittel der psychologischen Kriegführung ein, sorgten für ideologische Erosion in den sozialistischen Ländern. Das bedeutet langfristig zu arbeiten. Sie spekulierten auf Unterwanderung der sozialistischen Ideen, den Niedergang der Wirtschaft und die Auflösung zwischenmenschlichet Beziehungen. Die Vereinigten Staaten von Amerika unterhielten wissenschaftliche und ideologische Einrichtungen, wo Tausende hochqualifizierter Leute daran arbeiten, ein komplexes System des Antikommunismus und Antisowjetismus in der Praxis zu verwirklichen. Eine Methode, sagte ich, sei die Popularisierung eines »nationalen«, »christlichen«, »demokratischen« oder wie immer etikettierten Sozialismus. Nur ein Sozialismus, in dem die Arbeiterklasse und ihre Vorhut, die kommunistische Partei, die sich von der Theorie des Marxismus-Leninismus leiten läßt, kommt in diesem Konzept nicht vor. Natürlich nicht.

Wir befinden uns in einer langfristigen Auseinandersetzung des Imperialismus und des Sozialismus, konstatierte ich, und verwies darauf, daß jedes entwickelte kapitalistische Land seine Rolle in den Beziehungen zu den sozialistischen Ländern zu spielen habe. Das hätten wir außer acht gelassen.

Wir hingegen hätten aus den ungarischen Ereignissen kaum gelernt. Im Gegenteil, übertrieben selbstbewußt hätten wir verkündet, daß uns so etwas nicht passieren könne, weil wir eine entwickelte und kulturvolle Nation seien. Wir schwadronierten, wir hätten eine weise, erfahrene Arbeiterklasse und eine kampferprobte kommunistische Partei – und lebten sorglos vor uns hin.

Bis heute eigentlich.

Weder das Zentralkomitee noch sein Präsidium ist sich bis heute darin einig, daß bei uns ein gut organisierter Angriff auf die Grundlagen des Sozialismus geführt wurde, der im Prinzip noch andauert.

Wir müßten nur verschiedene Reden, Artikel, Resolutionen, Sendungen und Kadermaßnahmen analysieren, dann sähen wir, wie nach dem Januar Schritt für Schritt die Partei und alle Machtinstrumente des sozialistischen Staates geschwächt wurden. Systematisch seien die Prinzipien des demokratischen Zentralismus, die führende Rolle der Partei und der Arbeiterklasse unterlaufen worden. Unter verschiedenen pseudodemokratischen Losungen wäre nicht nur der Einfluß der KPTsch auf die Leitung der Gesellschaft aufgeweicht worden, sondern der Partei sei ihre Kaderpolitik diktiert worden. Systematisch sei unser Bündnis mit der Sowjetunion geschwächt, unsere außenpolitische Orientierung, die Wirtschaftsbeziehungen mit den sozialistischen Ländern diskrediert worden. Die Tätigkeit der Partei und die Arbeit unseres Volkes seien verunglimpft, die bürgerliche Demokratie verherrlicht und die sozialistische Demokratie herabgewürdigt worden.

»Das soll alles zufällig geschehen sein und quasi im Selbstlauf? So naiv kann kein politisch denkender Mensch sein«, rief ich aus.

Im weiteren charakterisierte ich das Dokument »2000 Worte« als offene konterrevolutionäre Plattform. Das sei kein Fauxpas, kein Betriebsunfall gewesen, wie manche uns das einzureden versuchten. Das war ein klares parteifeindliches Programm.

»Manche Genossen wollen das Wort Konterrevolution nicht hören. Unsere Menschen verstünden unter dem Begriff Konterrevolution nur Schießerei und Galgen, meinen sie. Ich habe schon auf dem Maiplenum des Zentralkomitees gesagt, daß die Konterrevolution nicht immer mit Schießen und Hängen beginne, aber in der Regel damit ende. Ähnlich wie eine Revolution kann auch eine Konterrevolution blutig oder unblutig verlaufen.

Wenn unser Weg ein revolutionärer Weg ist – wer sagt dann, daß keine Kräfte existierten, die sich nicht in den Weg stellten, um uns aufzuhalten? Es geht schließlich um die Macht.

Die Imperialisten haben uns nie vergessen, daß wir ihnen im Februar 1948 auf unblutige Weise die Macht abgenommen haben. Ihr Bestreben war und ist es, das rückgängig zu machen. Blutig oder unblutig, egal. Hauptsache erfolgreich.«

Im weiteren versuchte ich zu vermitteln, wie ich die Lage sähe.

Die Partei habe sich nach Dubčeks Wahl auf dem Januarplenum differenziert. Meiner Auffassung nach hätten sich vier Gruppen herausgebildet, die eigene Ziele verfolgten.

Smrkovský, Kriegel und Šik hätten sich darum bemüht, daß ich mich ihrer Gruppe anschlösse. Ich erinnerte daran, welcher Druck bei der Regierungsbildung ausgeübt, wie der Widerstand auf allen Linien organisiert, wie der Rundfunk, das Fernsehen, die Zeitungen und sogar Parlamentsausschüsse dafür mißbraucht worden waren, um Genossen zu kompromittieren und zu diskreditieren. Zu jener Zeit sei auch Černík verleumdet worden, weil man Šik zum Regierungschef machen wollte.

Ich brachte in Erinnerung, wie wir nach Moskau geflogen seien und uns in die Hand versprachen, daß wir einheitlich auftreten würden. Eine Woche später sei alles vergessen gewesen. Die fehlende Geschlossenheit im Präsidium habe manchen Schaden verursacht. Wir hätten ZK-Beschlüsse so wenig realisiert und es unterlassen, die führende Rolle der Partei durchzusetzen. Wir ließen uns drängen und jagen, statt zu führen. Es wäre sehr nützlich zu wissen, wer alle gut geplanten Pressionen gegen das Zentralkomitee und das Präsidium organisiert habe, fragte ich in den Saal.

Es gäbe genügend Beweise dafür, daß die Parteiführung nicht respektiert oder umgangen wurde. Ohne ihr Wissen wäre die Regierung gebildet worden. Weder das Präsidium noch das Zentralkomitee hätte Aktionen zur beschleunigten Einberufung eines Parteitages ausgelöst. Nicht etwa das ZK, sondern irgendjemand habe über die Medien eine Hysterie gegen die militärische Stabsübung in der Tschechoslowakei, gegen die Warschauer Beratung, gegen den Brief der fünf Verbündeten und um Čierná entfacht. Das seien Aktionen gewesen, die in eine nationalistische und antisowjetische Hysterie umgeschlagen seien. Wer hat dort die Fäden gezogen?, fragte ich ein ums andere Mal.

Vasil Bilak auf dem XIV. Parteitag der KP der Slowakei, 1969

So uneinheitlich wie das Zentralkomitee, so diffus war auch die weitere Debatte. Manche versuchten die Dinge zu bagatellisieren nach dem Muster: Wir sollten die Kirche im Dorf lassen. Was gewesen ist, ist gewesen, jetzt gibt es eine neue Lage – vereinigen wir uns und verzeihen wir uns gegenseitig.

Eine andere Gruppe übte scharfe Kritik an den Mitarbeitern von Presse, Rundfunk und Fernsehen sowie den Künstlerverbänden, von denen klar wäre, daß sie ihre konterrevolutionären Aktivitäten fortsetzten. Dagegen traten wiederum die Beschützer jener Kräfte auf, die das Volk in die Katastrophe getrieben haben.

Dann stand die Resolution zur Debatte. Wir verteidigten sie damit, daß im Hauptreferat von Dubček gefordert worden war, den Inhalt unserer aktiven Politik zu formulieren. Ohne Analyse keine Synthese und ohne sie weder Auswege noch aktive Politik.

Die Widersacher der Resolution behaupteten, daß die Mitglieder des ZK müde seien, daß sie sich einige Tage ausruhen müßten und dann in Ruhe das Dokument studieren wollten. Sie schlugen vor, die Tagung zu unterbrechen und in drei, vier Tagen fortzufahren.

Wir hielten dagegen, daß eine Unterbrechung der ZK-Tagung nicht absehbare Folgen hervorrufen könnte.

Wir verlangten, daß die Mehrheit entscheiden sollte.

Nach langem Ringen wurde die Resolution gebilligt. Sie wurde, wie erhofft, tatsächlich ein Katalysator der weiteren Politik der Partei.

Die Tagung beschloß auch Kaderfragen. Es wurden ein Exekutivkomitee des Präsidiums des ZK der KPTsch gebildet und Sekretäre des ZK gewählt. Von 192 Mitgliedern des Zentralkomitees waren 180 anwesend und von 45 Kandidaten 44.

Für mich votierten 140 Genossinnen und Genossen. 20 stimmten gegen mich und 20 enthielten sich der Stimme. Angesichts der monatelangen Hetze war das nicht nur ein unerwartet gutes Ergebnis. Ich verstand es auch als Würdigung meiner klaren Haltung.

Und nebenbei: Ich wäre beleidigt gewesen, hätten Kriegel, Smrkovský, Hübl und andere Konsorten für mich votiert.

Die Tagung konstituierte auch das Büro der KPTsch für die Parteiarbeit in den tschechischen Ländern, das die Bedingungen für die Arbeit in den Bezirken schaffen sollte. In der gegebenen Situation trug das in entscheidendem Maße dazu bei, die Einberufung eines eigenen Parteitages der tschechischen Kommunisten und damit die Spaltung der KPTsch zu unterbinden.

Das Novemberplenum des Jahre 1968 besitzt zweifellos in unserer Parteigeschichte herausragende Bedeutung. Es markierte den tatsächlichen Wendepunkt. Wenn wir unter uns waren und fragten, welche Anteile die marxistisch-leninistischen Kräfte und welche die rechtsopportunistischen Kräfte im Zentralkomitee erobert hatten, dann sagten wir – möglicherweise unbescheiden, aber nach meiner Überzeugung berechtigt –, daß wir 2:1 gewonnnen hatten.

Die Resolution engte den Spielraum für die konterrevolutionären Kräfte sehr ein und öffnete für die marxistisch-leninistischen Kräfte erhebliche Gestaltungsräume. Sie beeinflußte den weiteren Differenzierungsprozeß sehr stark, den die Partei im Verlaufe der Vereinigung der marxistisch-leninistischen Kräfte durchlief.

Wir kämpften für die Resolution und damit auch für die Einheit der Partei und gegen die Rechtsopportunisten. Die erläuterten und interpretierten die Resolution zwar auf ihre Weise, organisierten Aktionen dagegen, büßten aber erhebliche Kräfte ein und konnten die Schlußfolgerungen, die vom Zentralkomitee beschlossen worden waren, nicht mehr offen angreifen. Schon kam bei ihnen nur noch eine defensive Losung auf, daß man alles dafür tun müsse, damit das *Gewölbe der Einheit* erhalten bleibe, welches – wie sie behaupteten – auf Dubček, Černík und Smrkovský sowie Svoboda gründe. Wenn nur ein einziger Stein aus diesem Gewölbe herausgenommen werde, stürzte der ganze Bau zusammen, meinten sie.

Nach dem Novemberplenum fanden viele Aktivtagungen statt, auf denen die marxistisch-leninistischen Kräfte offen über die Konterrevolution sprechen konnten. Am 19. November organisierten die gesunden Kräfte zusammen mit den Volksmilizen in Ostrava eine Aktivtagung. Eine Delegation war zum ZK der KPTsch nach Prag gekommen und bat mich, das Hauptreferat zu halten. Ich nahm die Einladung an. Ich referierte länger als eine Stunde und beantwortete dann Dutzende Fragen. Die Atmosphäre war fantastisch. Auch hier bestätigte sich: Die Partei lebte, es gab hier ein großes Übergewicht der Marxisten-Leninisten. Diese Kräfte mußten nur orientiert und mobilisiert werden.

»Jede Schwächung der Partei mindert auch die politische, wirtschaftliche und militärische Kraft des Staates. Dieser Verantwortung müssen wir Kommunisten uns bewußt sein«, erklärte ich.

Wenn die Behauptung wahr wäre, daß wir uns dessen immer bewußt gewesen seien und entsprechend gearbeitet hätten, dann müssen wir uns die Frage stellen, wie es zum 21. August kommen konnte? Und dann müssen wir mit schonungsloser Offenheit uns eingestehen, daß wir uns dessen eben nicht bewußt waren. Zumindest haben wir nicht so gehandelt.

Niemand glaubt doch, daß die verbündeten Truppen zu uns gekommen seien, um die Turmuhren zu stellen, damit in der Republik die richtige Zeit abgelesen werden kann.

»Es ist unbestritten, daß in dieser Republik etwas vor sich gegangen ist, was den Sozialismus gefährdete. Wir können hundertmal erklären, daß wir genug Kraft gehabt hätten, um die Dinge allein zu regeln – nur: Dann haben wir diese Kraft nicht genutzt.

Fabrikbelegschaften und Volksmilizen, Dorfgemeinschaften und Einzelpersönlichkeiten haben Briefe geschrieben, geschrien, aufmerksam gemacht, gebeten, gebettelt, energisch gegen diejenigen vorzugehen, die den Sozialismus angreifen. Aber sie fanden kein Gehör, und sie bekamen auch keine Öffentlichkeit.

Viele haben dem Zentralkomitee geschrieben: Sagt, was wir tun sollen, und wir werden es tun! Wir stellen uns einhellig hinter das ZK und die Regierung, wir helfen mit, die antisozialistischen Kräfte zu liquidieren.

Leider haben wir uns nicht auf diese Kraft gestützt, haben sie nicht mobilisiert. So gab es keinen anderen Ausweg als die Hilfe von außen, das Eingreifen der Verbündeten.

Unsere Feinde hatten erkannt, daß die Menschen für den Sozialismus sind, daß sie ihn aufbauen wollen, daß sie nicht zur alten Ordnung zurückwollen. Deshalb war es erforderlich, unter pseudosozialistischen Losungen das Volk, die Arbeiterklasse, die Massen zu täuschen und dann zu versuchen, die Machtfrage zu lösen. Sie haben es über Jahre versucht.

Sie sagten sich 1968, endlich ist unsere Zeit gekommen, endlich können wir mit der KPTsch, der Arbeiterklasse, dem Sozialismus und der Sowjetunion abrechnen.

Klement Gottwald hat einmal gesagt, daß wir unsere Wäsche nicht auf dem Wenzelsplatz waschen werden. Doch wir taten es auf einmal, mit den bekannten Folgen. Und es ging noch weiter. Plötzlich hatten wir nicht einmal mehr Wäsche. Bildlich gesprochen, wurden wir nackt und bloß über den Wenzelsplatz gejagt.

Wir ließen uns die Auffassung aufzwingen, es drohe in der Partei, im Zentralkomitee, eine Gefahr von links, von den alten Kommunisten – nicht etwa von den antisozialistischen Kräften, die in dieser Gesellschaft existierten und existieren.

Presse, Rundfunk, Fernsehen entzogen sich völlig der Kontrolle. Schrittweise formierte sich aus ihnen eine selbständige Macht, die nicht mehr durch das Zentralkomitee, sondern von ganz anderen Kräften geleitet wurde. Ich bitte mich richtig zu verstehen. Ich beurteile die Presse, den Rundfunk, das Fernsehen nicht so, daß es dort nur unehrenhafte, schlechte und antisozialistisch gestimmte Mitarbeiter gäbe. Ihr selbst wißt von euren Arbeitsplätzen, daß die meisten anständig und ehrlich sind. Es finden sich jedoch überall 5 bis 10 Prozent Demagogen, die soviel Geschrei veranstalten können, daß sie jeder vernimmt. Und wenn sie nicht auf den Widerstand in der Grundorganisation der KPTsch, der Kreisleitung, der Bezirksleitung und des ZK der KPTsch stoßen, dann können sie eben ihr Gezeter in der Presse, im Rundfunk und im Fernsehen verbreiten und die anständigen Leute ziehen sich zurück.«

Die Tragödie habe darin bestanden, daß selbst Mitglieder des Präsidiums des ZK der KPTsch die Partei desorientierten und Mitglieder oft nicht wissen konnten, was Wahrheit ist und was Lüge.

»Wie viele falsche Losungen wurden im Zusammenhang mit

dem Sozialismus verbreitet! Jetzt schreiben mir Leute, wie ich das auf dem Plenum gemeint habe, als ich Vorbehalte gegenüber einem ›Sozialismus mit menschlichem Antlitz‹ angemeldet hätte. Ich halte es in der Tat für fehlerhaft und unmarxistisch, dem Sozialismus Attribute zu verpassen wie demokratischer, christlicher, dieser oder jener Sozialismus. Sozialismus ist entweder Sozialismus oder keiner, er ist entweder menschlich und demokratisch oder er ist keiner. Die Revisionisten brauchen solche Attribute nur zur Täuschung.«

Wenn wir erklärten, daß unser Sozialismus ein Sozialismus mit menschlichem Antlitz wäre (und eben nur unser), beleidigten wir andere Sozialisten, weil offenkundig deren Sozialismus von anderer Natur ist. »Wir loben uns überhaupt gern selbst. Wir reden uns ein, wir wären der Nabel der Welt, und wenn uns der Bauch wehzutun beginnt, müsse die ganze Welt Durchfall bekommen.«

Einen Aufbau des Sozialismus und Kommunismus auf antisowjetischen Positionen kann es nicht geben. Und wer das nicht zu begreifen vermag, wer das nicht erfüllen will, muß selbst entscheiden, ob er in einer solchen Partei bleiben kann. »Unsere Partei ist und bleibt eine kommunistische«, schloß ich meine Rede.

Die Tagespresse veröffentlichte sie nicht. Ich gehörte noch immer zu jenen, die man nicht druckte. Damit erreichten die Rechten aber genau das Gegenteil: Die Rede wurde ein Renner. Die Stadtleitung Ostrava der KPTsch gab den Text als Broschüre heraus. Sie wurde vervielfältigt und verbreitet und in der ganzen Republik »geheim« gelesen.

Kurz nach der Tagung des Zentralkomitee besuchte Henry Winston die ČSSR und bat mich um ein Gespräch. Er gehörte der Führung der KP der USA an und war Redakteur der *Daily World*. Ich berichtete ihm, was sich in der Tschechoslowakei abgespielt hatte. Ich glaubte, er werde das Gespräch zur Information des ZK der KP der USA nutzen. Es erschien jedoch, und das ohne mein Wissen, in den Vereinigten Staaten.

In der Tschechoslowakei löste das bei den Rechten einen Riesenkrach aus. Natürlich war es die Tatsache an sich, denn auch Winston hielt die Vorgänge für eine Konterrevolution. Mich griff vor allem die Gewerkschaftszeitung *Práce* an. Ich gehörte der Gewerkschaft seit 1936 an.

Am 19. November 1968 berichtete sie knallig »Ansichten Vasil Bilaks in der Zeitung *Daily World*«. Ich hätte die Arbeiterklasse beleidigt, hielten sie mir vor, weil ich erklärt hätte, daß die Arbeiterklasse des Jahre 1968 nicht mehr die Arbeiterklasse sei, die die revolutionären Veränderungen im Jahre 1948 herbeigeführt habe.

Winston hatte mich um eine Bewertung des Novemberplenums ersucht und mich mit den Worten zitiert: »Die Ergebnisse der Tagung schätzen wir sehr positiv ein. Nicht einmal die größten Optimisten hatten so viel erwartet. Am Vorabend der Tagung schufen die reaktionären Kräfte zu Hause und im Ausland eine angespannte Situation, um auf den Verlauf und die Ergebnisse der Plenartagung Einfluß zu nehmen. Es wurden Provokationen und Skandale organisiert.

Ich verhehle nicht, daß es Meinungsunterschiede gibt, sagte Bilak, aber trotz dieser Unterschiede, die sehr scharf zu sein pflegen, eint uns die Resolution. Die Resolution bereitet den Boden für die Einigung aller gesunden Kräfte, auch wenn sie sich nicht im ganzen Staat gleichermaßen durchsetzt.

Der Beschluß erlaubt uns jedoch auch, die Ereignisse tiefer zu analysieren, die sich abgespielt haben, und er dient als Mittel zur wirksamen Durchsetzung der Januarresolution und im Kampf gegen schädliche Tendenzen. Man kann sagen, daß in der Partei ein umfangreicher Differenzierungsprozeß eingesetzt hat.

Es ist zu erwarten, daß einige nicht zustimmen und aus der Partei austreten werden. Kein Unglück. Andere werden unsere Unterstützung brauchen in Anbetracht ihrer schwachen marxistisch-leninistischen Bildung, aber wir werden das schaffen.

Auf die Frage, worin die Garantien dafür bestünden, daß die Novemberresolution realisiert wird und es nicht zu einer ähnlichen Situation kommt wie nach dem Maiplenum, als Signale einer wachsenden rechten Gefahr gesetzt wurden, antwortete Bilak, die Garantien bestehen darin, daß seitdem viel Zeit vergangen sei.

Ich glaube nicht, daß wir die Auseinandersetzung mit den Rechten verlieren werden. Es existieren keine absoluten Garantien, aber wir haben die Lehre gezogen, daß eine leichtsinnige Haltung gegenüber der Gefahr eine Katastrophe wäre. Wir haben gelernt, daß es sich auch nicht auszahlt, zurückzuweichen. Wir haben Erfahrungen gesammelt und das wahre Gesicht der schlimmsten Rechten und Antisozialisten, derer, die am lautesten geschrien haben, kennen gelernt. Einige haben das Land verlassen, andere haben sich direkt mit dem imperialistischen Feind verbündet. Zum Beispiel Kamil

Winter ging nach Westeuropa und hat sich der *BBC* angedient. Sláva Volny, einer der führenden Journalisten, lief zum Sender *Freies Europa* über. Solche Fakten begreift auch der einfachste Mensch im Lande.«

Winston schrieb weiter, wie ich über Schwierigkeiten, über Journalisten usw. gesprochen habe. Er gab zu, daß ich nicht behauptet habe, daß die ganze künstlerische Intelligenz oder der Überbau gegen die Resolution sei, aber daß es eine beträchtliche Zahl derer gebe, die dagegen seien und andere einschüchterten.

Die rechten Elemente hat am meisten aufgeregt, daß ich Winston die Ursache für die Schwächung der Arbeiterklasse erläutert habe. »Die Rechten selbst erkannten nicht an, daß die Arbeiterklasse die herrschende Klasse ist, sie verkündeten eine Elitetheorie. Das hinderte sie jedoch nicht, gegen mich eine Kampagne aus dem Grunde zu entfachen, weil ich gesagt habe, daß die Arbeiterklasse nach 1948 aus ihrer Mitte ihre besten Kader auf alle verantwortlichen Posten gesetzt hat, und die gegenwärtige Arbeiterklasse nicht dieselbe sei wie im Jahre 1948. Dieser Grundsatz gilt auch heute. Die heutige Arbeiterklasse ist schon eine andere.«

Der bösartige Artikel in der *Práce* rief ein solches Echo hervor, daß mir die Delegierten des I. Kongresses des Tschechischen Metallarbeiterverbandes einen Offenen Brief schickten, in dem sie mir Mut machten und Verständnis erklärten: »Herr Vasil Bilak, wir verstehen, daß Sie Ihre Ansichten in der amerikanischen Zeitschrift *Daily World* veröffentlicht haben, weil Sie bei uns niemand außer der Zeitung *Zprávy* und der Sender *Vltava* publiziert.«

Dubček gab zwar nach wie vor den engagierten Kämpfer für die Erneuerung des Sozialismus, konnte aber Rat- und Hoffnungslosigkeit, auch seine Angst kaum noch verbergen. Er spürte auf einmal, daß das Eis, auf dem er sich bewegte, immer dünner wurde. Der Weg des Irrtums und die bewußte Selbsttäuschung hatten ihn in eine ausweglose Situation manövriert. Er konnte schon nicht mehr unterscheiden, was rechts und was links war.

Alles, was in der Partei und in der Gesellschaft gesund war – und das war die große Mehrheit – suchte die Wahrheit, suchte Auswege aus der Krise. An Auftritten marxistisch-leninistischer Referenten bestand großes Interesse. Aus vielen Bezirken, Kreisen und Betrieben kamen Anfragen, auf ihren Aktivtagungen aufzutreten. Ich bekam Einladungen aus Martin, Presov, Humenné, Melník und sogar aus dem CKD Prag. Als die Rechten im CKD erfuhren, daß ich versprochen hatte, auf einer Zusammenkunft im Lokomotivbau aufzutreten, drohten sie mit Streik und physischer Liquidierung. Sie könnten nicht für meine Sicherheit garantieren, wenn ich die Schwelle des Betriebes überschritte, hieß es. Sie druckten Flugblätter, in denen dazu aufgerufen wurde, den Besuch abzusagen. Trotzdem ging ich hin.

Das Werktor passierte ich, ohne mich ausweisen zu müssen. Aus alter Gewohnheit meldete ich mich in der Betriebsparteileitung der KPTsch. Dort waren vier oder fünf Genossen anwesend. Sie fragten mich, ob ich wisse, wie die Lage im Betrieb sei und was meine Anwesenheit auslösen könne?

Ja, das sei mir bekannt. Doch ich begreife nicht, wie das mit der Freiheit der Meinungsäußerung zu vereinbaren sei. Hätte es vergleichbaren Unmut gegeben, als der SPD-Vorsitzende Willy Brandt zu einer Versammlung gekommen sei?

Eine Gruppe von Genossen hätte ohne ihr Wissen die Zusammenkunft organisiert, erklärten sie, und daß sie sich davon distanzierten.

Was tun? Wo genau die Versammlung stattfinden sollte, wußte ich nicht. Etwa zehn Minuten später tauchten die drei Genossen auf, die mir im ZK die Einladung übermittelt hatten, und gaben sich überrascht, daß ich tatsächlich erschienen war.

Im Raum, wo die Versammlung stattfinden sollte, waren an die 15 Leute. Es waren auch nicht mehr, als ich zu reden begann. Ungefähr eine halbe Stunde später waren es mindestens fünfzig, und gegen Ende war der Raum gefüllt. Als ich etwa nach einer Stunde meine Ausführungen beendet hatte, gab es Beifall. Ich wollte, daß jeder, der mochte, seine Fragen loswurde.

Deren Inhalt offenbarte, daß auch Werktätige in einem so großen Betrieb nicht die ganze Wahrheit über die Ereignisse kannten und wie verheerend die Desinformation gewirkt hatte. Ich beantwortete alle Fragen offen und wahrheitsgemäß. Die ganze Versammlung dauerte an die drei Stunden und endete mit einem langen und aufrichtigen Applaus. Ich war müde und verschwitzt, aber glücklich. Ich bekam augenblicklich Einladungen in weitere Betriebe von CKD.

Ich hatte mich erneut davon überzeugen können, daß es unumgänglich war, unter die Menschen zu gehen und ihnen die Wahrheit zu sagen, auch wenn sie bitter war.

Die rechtsopportunistischen Kräfte wiederholten unablässig, daß ich nicht das Recht habe, öffentlich aufzutreten, weil ich niemanden vertrete. Sie forderten zwar abstrakt Redefreiheit, aber vermutlich nur für sich. Sie ignorierten, daß ich rechtmäßiges Mitglied des ZK der KPTsch und seines Präsidiums war und das Zentralkomitee mich als einen seiner Sekretäre gewählt hatte.

Auf die verbreitete Vorhaltung, ich sei »ein Selbsternannter«, reagierten 18 Gemeinden der Kreise Melník und Kladno schriftlich. Sie teilten den Blättern, die mich so tituliert hatten, mit, daß ich in ihrem Namen spräche und aufträte.

Das tat gut und gab Kraft und Vertrauen.

Gern erinnere ich mich auch an eine Versammlung im Kreis Kladno in der Gemeinde Pchery am 1. März 1969. Sie begann gegen 20 Uhr. Die Teilnehmer saßen dichtgedrängt auf Stühlen und auf dem Fußboden, sie lehnten an den Wänden und standen in den Gängen. Alle hörten aufmerksam zu. Mir schlugen Freundlichkeit und Verständnis entgegen. Ungefähr nach 10 Minuten ging im Saal das Licht aus. Vielleicht nie zuvor hat mein Hirn so schnell wie in jenen Augenblicken gearbeitet. Ob Sabotage oder technischer Defekt war in diesem Moment unwesentlich. Wie reagierten die Menschen in einem dunklen überfüllten Saal, wenn Panik ausbrach?

Ich durfte nicht aufhören zu reden. Ich bemühte mich, eine ruhige und ausgeglichene Stimmlage beizubehalten. Ich spürte, daß sich die Zuhörer ruhig verhielten. Die Dunkelheit ermutigte manche, offen ihre Meinung zu sagen. »Genosse Bilak, sage uns, was hältst du von Smrkovský? Ist das ein Komödiant, ein Narr oder ein Renegat? Ist Kriegel ein Spion oder ein internationaler Abenteurer? Ist Dubček ein Dummkopf oder ein Verräter?«

Ähnlich Zurufe hätte es bei Licht bestimmt nicht gegeben. Ich antwortete höflich-diplomatisch. Dubček war noch immer Erster Sekretär, Smrkovský Präsident der Nationalversammlung und Mitglied des Präsidiums des ZK der KPTsch. Aber solche Reaktionen inspirierten mich zur Fortsetzung in meiner Rede. Es dauert ungefähr 15 Minuten, ehe das Licht wieder anging, aber mir kam es wie eine Ewigkeit vor.

Ich atmete tief durch und sagte: »Sehen Sie, liebe Genossinnen und Genossen, liebe Freunde. So wird das auch in unserem Leben sein. Die Zeit ist nicht weit, und für unsere Partei, für die tschechoslowakische Gesellschaft geht die Finsternis zu Ende und wir werden wieder auf lichten Wegen voranschreiten.«

Als ich nach etwa einundeinhalb Stunden meine Ausführungen beendete, wurde lange und aufrichtig applaudiert. Wie üblich stand Diskussion auf dem Programm. Die entfiel, weil die Leute wollten, daß ich Fragen beantwortete. Ich wurde damit überschüttet. Am häufigsten wurde nach den Ursachen der Krise gefragt und wie wir das bewältigen werden. Aus jeder Frage war Angst zu spüren, Sorge, ob und wie wir aus dem Schlamassel herauskämen.

Es waren Idole entzaubert worden. Wem sollte man glauben? Gottwalds Wort: »Vertraut der Partei« konnte ich schlecht wiederholen, das war ungeeignet. Für die Massen waren heute »die Partei« Einzelpersönlichkeiten mit Gesicht. Dubček und andere, denen sie glaubten, auf die sie einst ihre Hoffnungen gesetzt hatten, hatten sie enttäuscht.

»Genosse Bilak, du sprichst verständlich und überzeugend. Aber wo ist die Garantie, daß nicht auch du die Jacke umkrempelst?«

In solch einer Situation ist es wenig überzeugend, Schwüre zu leisten und zu versichern, daß man keiner von jenen ist.

»Ihr wißt, daß ich ursprünglich Schneider war. Und so weiß ich, daß auch der beste Meister nicht vertuschen kann, wenn die Jacke gewendet wurde.«

Sie lachten und nahmen mir das ab.

Antisowjetische Exzesse

Es gab immer Menschen auf der Erde und es wird solche Individualisten immer geben, die verderblichen Auffassungen erliegen und unter dem Einfluß von Unzurechnungsfähigkeit handeln. Es ist nicht meine Aufgabe, den Tod des Studenten Jan Palach zu untersuchen, geschweige denn zu beschreiben, aber den konterrevolutionären Kräften diente er in ihrem Kampf gegen den Sozialismus, gegen alles Progressive.

Die Atmosphäre, die damals herrschte, ermöglichte es nicht, die objektive Todesursache zu untersuchen. Die Tonbänder von dem Gespräch mit Jan Palach gingen im Krankenhaus »verloren«, Zeugen wurden eingeschüchtert. Im Januar 1969 waren noch genügend Beweise vorhanden, mit denen sich nachweisen ließ, daß dieser schwache Mensch mißbraucht worden war und sein Tod für die konterrevolutionären Ziele ausgenutzt wurde.

Palach hatte sich am 16. Januar auf dem Wenzelsplatz mit Benzin übergossen und angezündet.

Sein Tod – angeblich um gegen die militärische Besatzung des Landes zu protestieren – wurde zum Schüren von Emotionen genutzt. Er rettete auch Smrkovský die Mitgliedschaft im Präsidium des ZK der KPTsch. Die Debatte war heftig, doch der Vorgang auf dem Wenzelsplatz überlagerte alles. So vertagte sich die Sitzung, ohne die Entscheidung über Smrkovskýs Ablösung getroffen zu haben.

Wir selbst schätzten kritisch ein, daß wir uns nicht so gründlich auf dieses Plenum vorbereitet hatten wie auf das im November. Deshalb ging es unentschieden aus. Ich muß sagen, daß wir mit einer Selbstverbrennung wie in Asien, wo Mönche auf diese Weise gegen den Vietnam-Krieg protestierten, nie gerechnet hatten und folglich nicht darauf vorbereitet sein konnten. Die konterrevolutionären Kräfte hingegen instrumentalisierten alles, was die Spannungen und die Unsicherheit in der Gesellschaft aufrechterhalten konnte.

Die Reaktion nutzte sogar die Weltmeisterschaft im Eishockey für ihre Zwecke. Der Sieg der ČSSR über die UdSSR lieferte die Initialzündung zu neuen antisowjetischen und antisozialistischen Exzessen. Am 28. und 29. März 1969 wurden die Vertretungen von Aeroflot und Intourist demoliert. Mit dem Fall mußte sich auch das Exekutivkomitee und dann auch das Präsidium des ZK der KPTsch befassen. In einem Brief an die sowjetische Partei- und Staatsführung wurde auf die Ursachen eingegangen und Selbstkritik geübt.

Schon die Tatsache an sich war ein Sieg der marxistisch-leninistischen Kräfte. Mehr noch: Das Präsidium hatte damit öffentlich erklärt, daß Mitglieder der Parteiführung wie Smrkovský und andere die Novemberresolution des ZK entstellten und damit die Einheit der Partei störten. In dem Brief wurde ferner erläutert, welche Maßnahmen das Präsidium beschlossen habe.

An Bezirks- und Kreisleitungen der Partei sowie an Kommunalverwaltungen waren »Hinweise« ergangen, daß Bürger der ČSSR keine Kontakte mit Einheiten der Sowjetarmee aufnehmen und unterhalten sollten. Das wurde jedoch kaum befolgt. Die große Mehrheit hatte zu den sowjetischen Soldaten eine freundliche bis freundschaftliche Haltung eingenommen. Doch genügte das? Das Präsidium des ZK der KPTsch nahm in seinem Brief an die Führung der KPdSU auch folgende »Geste des guten Willens« auf: »In den nächsten Tagen werden der Erste Sekretär des ZK der KPTsch, der Präsident der Republik, der Vorsitzende der Regierung und weitere führende Repräsentanten Einheiten der Sowjetarmee einen Besuch abstatten.«

Damit war endgültig die ganze Konzeption erledigt, die die Reaktion der Parteiführung aufgezwungen hatte, als sie Kontakte zu sowjetischen Einheiten untersagte. Dieser Besuch gab den Bezirks- und Kreisleitungen sowie den Kommunalverwaltungen, den Betrieben und allen, die ihren wirklichen Willen zum Ausdruck bringen wollten, grünes Licht.

Kusnetzow wurde in Prag von Wladimir Semjonowitsch Semjonow, dem Stellvertreter des Außenministers der UdSSR, als Botschafter abgelöst. Während sich Kusnetzow durch leise Töne, diplomatischen Takt, geschliffene Rede und hohe Kultur auszeichnete, war Semjonow sehr direkt. Er kleidete seine Worte nicht in diplomatische Formeln, sondern formulierte alles offen und ohne Ausschmückungen. Diesen Wechsel erklärten wir uns mit dem Sprichwort, daß auf einen groben Klotz ein grober Keil gehöre.

Genosse Semjonow diskutierte weniger und stellte mehr Fragen, wollte klare Antworten hören und fragte Dubček ohne Umschweife, ob er wisse, was er überhaupt zu tun habe, wenn er mit den feindlichen Kräften fertig werden wolle.

Die politische Wende im April 1969

Anfang April wurde klar, daß die Tschechoslowakei auf einen politischen Wendepunkt zusteuerte und der politische Winter zu Ende ging. Es stand nicht nur ein wirklicher Frühling vor der Tür.

Durchdacht und zielstrebig arbeiteten wir mit Mitgliedern des Zentralkomitees. Wir haben jeden Funktionär in der Führung einzeln nach seinem politischen und charakterlichen Profil eingeschätzt. Wir brauchten Gewißheit: wer ist wer? Bei jenen, die wir nicht kannten – die ins Zentralkomitee kooptiert worden waren –, sprachen wir mit jemanden, der sie kannte. Wir überprüften die politischen und charakterlichen Eigenschaften.

In jedem Bezirk arbeitete so eine Gruppe. Wir brauchten eine Übersicht, welcher Seite dieses oder jenes Mitglied des Zentralkomitees zuneigen würde. Wir waren uns dessen bewußt, daß die Vorbereitung der Tagung des Zentralkomitees, die im April stattfinden sollte, wie das Präsidium des ZK der KPTsch in seinem Brief an das ZK der KPdSU signalisiert hatte, bis in die kleinsten Kleinigkeiten geplant sein mußte. Daß Dubček die Funktion des Ersten Sekretärs des ZK der KPTsch würde aufgeben müssen, begannen auch Černík und die Mehrzahl der Mitglieder des Präsidiums des ZK inzwischen zu begreifen. Der Klärungsprozeß war soweit gediehen, daß die Mehrheit der ZK-Mitglieder zustimmen würde, wenn ein Vorschlag zur Abberufung Dubčeks eingebracht werden würde.

In meinem Arbeitszimmer im Gebäude des Zentralkomitees kamen drei- bis viermal in der Woche Genossen aus Prag und Verbindungsleute aus verschiedenen Bezirken und Kreisen zusammen. Wir schätzten die Lage ein und legten das weitere Vorgehen fest. Eine große Hilfe für uns war, daß Gustáv Husák in der Slowakei das Geschehen dort in die richtige Richtung steuerte, was auch die Lage in den tschechischen Bezirken stark beeinflußte.

In allen Bezirken arbeiteten – auch über die Köpfe der 1. Sekretäre der Bezirksleitungen hinweg, die auf rechten Positionen standen – starke marxistisch-leninistische Gruppen. Es waren Verbindungen in die Bezirke, Kreise und auch in wichtige Betriebe aufzubauen. Diese Arbeit erforderte es, auch die entsprechenden materiellen Mittel aufzutreiben. Viele Menschen engagierten sich aufopferungsvoll und selbstlos, waren jedoch ohne Arbeit und mußten von irgend etwas leben. Zu einem bestimmten Zeitpunkt dachte ich daran, Černík wegen einiger Geldmittel anzugehen. Später habe ich mich ihm gegenüber dazu bekannt. Černík meinte, es sei schade gewesen, daß ich es unterlassen hätte. Wenn nötig, hätte er für diesen Zweck eine Million locker gemacht. Vielleicht hätte es ihm geholfen, sein Parteibuch zu retten.

Nach und nach wurden Mittel aus anderen Quellen gewonnen. Die Bereitschaft zu spenden war so groß, daß Vorschläge auftauchten, doppelte Parteibeiträge einzunehmen. Viele Genossen, vor allem in und um Ostrava, waren bereit, einen Teil ihres Einkommens für diese Tätigkeit zu geben. Es wurde auch der Vorschlag geboren, eine illegale Parteiführung, ein paralleles Zentralkomitee zu bilden. Dieser Vorschlag schien mir sehr risikobehaftet zu sein, und so habe ich ihn ständig vor mir her geschoben. Die Gefahr sah ich darin, daß eher diskutiert werden würde, wer in der Führung sein solle und die größten Verdienste habe, wen man an die Spitze stellen solle usw. Dabei wäre das Hauptproblem aus dem Blick geraten: nämlich eine Parteiführung zu schaffen, die auf den Positionen des Sozialismus stünde.

Die Vorbereitung der Tagung des Zentralkomitees schien vielen Genossen zu langsam zu gehen. Das rief beträchtliche Nervosität hervor. Dem einen vermittelte das Hoffnung, dem anderen erschien das zu langwierig. Nach Meinung vieler war es das Beste, die Situation schnell, radikal und mit Kraft zu lösen. Es gab auch solche, die überhaupt nicht auf eine Tagung des ZK warten wollten.

Zu diesem Zweck kam eine ungefähr zwanzigköpfige Delegation aus Ostrava ins Zentralkomitee und setzte durch, daß ich sie empfange. Noch in der Tür teilten sie mir den Grund ihres Besuches mit. Kategorisch forderten sie mich auf zu sagen, wann wir Dubček endlich ablösen werden und welche Pläne wir für das weitere Vorgehen haben. Sie versicherten, daß sie volles Vertrauen zu uns hätten, daß sie nun aber nicht mehr länger warten wollten. Wenn wir das Heft nicht in Prag in die Hände nehmen wollten, täten sie es in Ostrava. Sie würden alle entscheidenden Objekte besetzen und Ostrava zum tschechoslowakischen Petrograd machen.

Ein Weile habe ich sie angeschaut und ihnen dann erklärt: »Gut, Genossen, es passiert am 19. April um 24 Uhr. Und nun legt mir eure Pläne vor, wie ihr in Ostrava darauf vorbereitet seid.«

Der Delegationsleiter begann zu stottern, daß sie nichts vorbereitet hätten, daß sie eigentlich nur gekommen seien, um sich zu beraten, unsere Meinung zu hören, Hinweise erhalten wollten.

Das Sympathische an ihnen war, daß sie kämpferisch und entschlossen waren. Ich mußte sie jedoch darauf aufmerksam machen, daß das, was sie vorhätten, unverantwortliches Abenteurertum wäre, wie wir es in der gegenwärtigen Situation nicht brauchten. Ich ermahnte sie ernsthaft. Wenn sie verrückt spielten, würde ich zu den ersten gehören, die ihre strenge Bestrafung fordern würden. Entweder sie vertrauten uns und ordneten sich unter, oder, wenn sie das nicht tun, müßten sie mit großen Unannehmlichkeiten rechnen. Eigenmächtigkeiten würden wir nicht mehr dulden. Die Lage erfordert eiserne Disziplin. Ein weiteres Mal können wir ein Eingreifen sowjetischer Einheiten nicht zulassen.

Ostrava war keine Einzelerscheinung. Solche Stimmung gab es in allen Bezirken und in vielen Betrieben.

Bis zur Tagung des Zentralkomitees war noch eine Vielzahl von Fragen zu lösen. Es war auch noch unklar, wer Dubčeks Nachfolger werden sollte. Černík? Einer aus dem sogenannten Gewölbe, das für unantastbar erklärt worden war. Würden wir mit ihm die Wende schaffen? Wer garantierte uns, daß sich Černík so verhielt, wie es von ihm erwartet und er kein zweiter Dubček wurde?

Manche schlugen vor, man solle es versuchen. Hauptsache, daß Dubček erst mal wegkäme. Wir beschlossen, es mit Černík zu riskieren.

Ich hatte sieben Varianten ausgearbeitet, die es garantierten, daß Černík, sofern er eine dieser Varianten akzeptierte, unsere Unterstützung bekäme. Die Genossen, die in verschiedenen Gruppen in Prag tätig waren, gaben ihre Zustimmung, es mit Černík als Interimslösung zu versuchen. Grundlage jeder meiner Varianten war, daß Černík Garantien nicht nur mündlich, sondern auch schriftlich geben müsse. Aber dieses Versprechen nur uns gegenüber abzugeben genügte nicht. Aus diesem Grunde organisierten wir eine Einladung Černíks nach Moskau.

Kossygin begrüßte ihn auf dem Flugplatz und begleitete Černík in den Kreml, wo Breshnew den ganzen Tag mit ihm konferierte. Černík wollte zwar Erster Sekretär werden, fürchtete sich allerdings davor, Verpflichtungen zu übernehmen. Diesen Zwiespalt machte er auch deutlich. Er glaubte nicht, daß er auf jene verzichten könnte, die wir als Konterrevolutionäre charakterisierten. Und nur allein auf die »gesunden Kräfte« mochte er sich auch nicht stützen. Er vertraute uns offenkundig nicht.

Moskau informierte uns über den Verlauf des Gespräches, womit klar war, daß Černík die ihm gebotene Chance nicht genutzt hatte. Er konnte also nicht die Führung in der Partei übernehmen. Wer könnte es dann machen?

Wir verständigten uns intern auf Husák.

Gleichwohl war Černík noch immer im Rennen. Zumindest gab es unter den Präsidiumsmitgliedern einige, die Černík unverändert favorisierten und Husák lieber als Regierungschef wollten.

Als Zünglein an der Waage erwies sich Svoboda.

Der Präsident war für Husák.

Zu meinen Aufgabengebieten gehörte auch die Außenpolitik. Ein bedeutender Teil unserer Botschafter hatte sich kompromittiert, viele hatten sich die bürgerliche Sicht ihres Gastlandes zu eigen gemacht, zumal sie ja auch entsprechend aus unserem Außenministerium instruiert worden waren. Auch hier galt es Ordnung zu schaffen.

Die nahezu weltweite Denunziation der Hilfsmaßnahmen, deren Ursachen uns natürlich bewußt waren, beeinflußte auch die Vorbereitung der geplanten Internationalen Beratung der kommunistischen und Arbeiterparteien. Einige Bruderparteien in Westeuropa gingen auf Distanz. Auf dem Vorbereitungstreffen in Budapest Ende Februar, so lautete die mir von Dubček aufgetragene Direktive, sollte ich dies positiv in meine Argumentation aufnehmen. Das bedeutete, weiter zur Desinformation der Bruderparteien beizutragen und die kommunistische Weltbewegung zu täuschen.

Das konnte und wollte ich nicht.

Der Leiter der Internationalen Abteilung des ZK der KPTsch bestand jedoch darauf, daß unsere Delegation nach der Direktive Dubčeks handelte, was ich aber ignorierte.

Nach unserer Rückkehr aus Budapest informierte Kaderka

umgehend Dubček, daß ich mich nicht an dessen Vorgabe gehalten habe. Dieser hatte jedoch nicht mehr die Kraft, gegen mich Maßnahmen zu ergreifen.

Auf der Budapester Beratung absolvierte ich Dutzende Gespräche. Manche Genossen widersprachen mir, die meisten jedoch verstanden meine Argumentation und folgten ihr. Diese Begegnungen mit unterschiedlichen Positionen und Charakteren waren für mich außerordentlich nützlich, überdies war es meine Feuertaufe auf der internationalen Bühne.

Im April fand ein weiteres Konsultativtreffen statt, diesmal in Moskau. Dort hatte ich ein langes Gespräch mit dem Generalsekretär der Französischen Kommunistischen Partei, Georges Marchais. Von ihm erfuhr ich auch, daß im August bei dem Gespräch Dubčeks mit Waldeck-Rochet auch Jean Canapa anwesend war, der eine stenografische Niederschrift dieses Gesprächs angefertigt hatte. Aus dem, was mir Marchais berichtete, war erkennbar, daß Alexander Dubček einerseits unvollständig, andererseits sehr verzerrt die Vorgänge in der ČSSR und in der Partei widergeben hatte. Ich bat den FKP-Generalsekretär, uns eine Kopie dieser Mitschrift zukommen zu lassen. Das geschah auch. Allerdings drang später das Papier an die Öffentlichkeit und *Le Figaro* veröffentlichte Teile daraus. Damit hoffte das bürgerliche Blatt, die Partei zu diskreditieren. Die Führung der FKP war über die Indiskredition erbost, wodurch wir uns genötigt sahen, das Dokument in *Rude pravo* zu veröffentlichen.

Solche Vorgänge, die dazu angetan waren, Differenzen in die kommunistische Bewegung zu tragen, mußten unterbunden werden. Und da maßgeblich Dubček daran beteiligt war, erschien es uns angeraten, den Prozeß seiner Ablösung zu beschleunigen. Er sollte auf keinen Fall unsere Partei auf dem im Sommer geplanten Welttreffen vertreten. Was sollte dabei herauskommen, wenn ausgerechnet er die tschechoslowakischen Ereignisse aus seiner Perspektive dort erläuterte?

Das Exekutivkomitee tagte einige Male ohne Smrkovský in den Wohnräumen von Präsident Svoboda. Svoboda informierte mich über jede Sitzung, und auch Moskau war auf dem laufenden.

Am Abend des 13. April rief mich Dubček in sein Büro, angeblich, um mit mir seine Rede zu besprechen, die er auf der Plenartagung des Zentralkomitees halten wollte. Ich zweifelte nicht daran, daß er wußte, was vorbereitet wurde. Deshalb sagte ich ihm ohne

Umschweife und ohne jegliches Taktieren ins Gesicht, daß er der Partei einen letzten Dienst erweisen sollte: auf der Plenartagung offen seine Fehler einzugestehen und freiwillig von seiner Funktion zurückzutreten. So würde er den Weg freimachen, die von ihm verantworteten Fehler zu korrigieren.

Dubček dachte lange nach. Er verzog seine Miene, was den Verdacht nährte, daß ihm noch immer nicht bewußt war, daß die Entwicklung schon längst an ihm vorbei verlief und er sie nicht mehr beeinflussen konnte.

Er versprach, daß er alles durchdenken und abwägen werde.

Gegen 23 Uhr kehrte ich ins Gebäude des Zentralkomitees zurück, nachdem ich einen anderen Termin wahrgenommen hatte. Der Einlaßdienst erzählte, daß Dubček ziemlich betrunken beim Verlassen des Hauses randaliert habe. Er werde nicht aufgeben, habe er geschrien, und noch für Ordnung und Disziplin sorgen. Man werde schon sehn, wer hier Herr im Hause sei.

Zur gleichen Stunde flog Husák Richtung Osten, um sich im slowakischen Grenzort Mukacevo mit Breshnew zu treffen.

Nach Mitternacht gab es im ZK der KPTsch noch eine Beratung, auf der ich die Genossen über die endgültige Lösung informierte. Sie sollten die Information an alle weitergeben, die den Plan wissen müßten.

Am nächsten Morgen traf sich das Exekutivkomitee erneut bei Svoboda. Und wieder kam der Vorschlag auf den Tisch, Černík zum Ersten Sekretär und Husák zum Regierungschef zu machen.

Um den Präsidenten zu täuschen, hieß es, jetzt stimme auch die Moskau-Fraktion um Bilak zu.

Husák, der diesen Vorschlag ablehnte und erklärte, unter diesen Umständen bliebe er Erster Sekretär in der Slowakei, ermöglichte eine Unterbrechung der Beratung.

Svoboda schickte seinen Schwiegersohn Milan Klusák los. Der erschien wenig später ziemlich aufgeregt bei mir. Der Präsident wolle gern wissen, warum wir von unserem ursprünglichen Vorschlag Gustáv Husák abgegangen seien.

Ich war mindestens so überrascht wie Ludvík Svoboda.

Nein, sagte ich, der einzige akzeptable Vorschlag, der auf der Plenartagung eingebracht werde, lautet: Nach der Abberufung Alexander Dubčeks wird Gustáv Husák zum Ersten Sekretär des ZK der KPTsch gewählt.

Mit dieser Aussage kehrte Milan Klusak auf die Burg zurück.

Wenig später kam Štrougal zu mir. Ich berichtete ihm.

Dann fuhr ich selbst zur Burg. Dort erreichte mich ein Anruf Breshnews, der von Svoboda in der Beratungspause angerufen worden war. Warum wir von unserem Vorschlag abgerückt seien, wollte er von mir wissen.

Im Beisein von Svoboda erklärte ich Breshnew, daß wir keineswegs unsere Meinung geändert hätten. Es bleibe bei dem Vorschlag Husák.

Als Dubček begriff, daß sein Abgang unvermeidlich war, bestand er darauf, daß er nicht abberufen, sondern dem Zentralkomitee mitgeteilt werde, er sei freiwillig von seiner Funktion zurückgetreten. Nichts anderes hatte ich ihm am 13. April angeboten.

Am Abend des 15. April beschloß das Exekutivkomitee in den Wohnräumen des Präsidenten, daß es Dubčeks Rücktritt annehme und für die Funktion des Ersten Sekretärs Gustáv Husák vorschlagen werde.

Am 16. April kamen die Sekretäre des ZK der KPTsch zusammen. An der Beratung nahmen Dubček, Štrougal, Kempny, Indra, Lenárt, Spacek, Hettes, der Vorsitzende der Zentralen Kontroll- und Revisionskommission Jakeš und ich teil.

Es fehlte nur der Sekretär Penc, der zu einer Beratung in Moskau weilte.

Auf dieser Zusammenkunft teilte uns Dubček, als ob wir es nicht längst wüßten, sehr vertraulich mit, daß er beschlossen habe, von seiner Funktion zurückzutreten. Es mehrten sich die Stimmen, die eine Reorganisation des Präsidiums des ZK der KPTsch forderten, sagte er. Mit seinem Rücktritt wolle er zur Vereinigung der Partei beitragen und einen »breiteren Raum« für die Arbeit des Zentralkomitees schaffen.

Dubček wollte immer für irgend etwas »bereiteren Raum schaffen«.

Dann begann er sich selbst zu loben. Er sei überzeugt, daß er viel Gutes geschaffen habe. Die KPdSU, die ihn zu ihren Freunden zähle, werde gewiß seine Verdienste würdigen.

Er wisse natürlich auch, daß ihm verschiedene Fehler vorgeworfen würden. Er habe nun mal Mängel wie jeder andere auch. Aber eines Tages werde man feststellen, wer welchen Anteil an den Fehlern der Führung gehabt habe.

Er wiederholte, daß er freiwillig zurücktrete, um zu verhindern, daß in der Partei Fraktionskämpfe ausbrächen. Für die Funktion des Ersten Sekretärs schlage er Gustáv Husák vor.

Er informierte uns abschließend, daß im Exekutivkomitee vereinbart worden sei, daß er Vorsitzender der Föderalversammlung und deshalb Peter Colotka von dieser Funktion entbunden werde.

In seiner Situation wäre ein wenig mehr Selbstkritik und Bescheidenheit angebracht gewesen, aber niemand hielt ihm dies vor. Man nahm seine Ausführungen als unerläßlichen Tribut, als das traurige Echo eines mißlungenen Liedes.

Anschließend wurden noch einige technische Fragen diskutiert, die mit der Tagung des Zentralkomitees zusammenhingen. Wir nahmen die Information zur Kenntnis, daß das Exekutivkomitee wieder aufgelöst werden und wie die Zusammensetzung des neuen Präsidiums aussehen sollte. Wir diskutierten darüber, wer in der Slowakei nach Gustáv Husák in die Funktion des Ersten Sekretärs gewählt werden würde, wie die Öffentlichkeitsarbeit gestaltet werden müßte und andere organisatorische Fragen.

Am 17. April kam 11 Uhr das Präsidium des ZK der KPTsch zusammen. Dubček informierte über die geplanten Veränderungen in der Führung, legte einen Vorschlag zur Änderung der Tagesordnung des ZK-Plenums vor und trat dafür ein, daß das Exekutivkomitee wieder aufgelöst und das Präsidium reorganisiert werden müsse. Er begründete das damit, daß das Präsidium und das Exekutivkomitee unter anormalen Bedingungen entstanden seien. Sie hätten ihre Aufgabe erfüllt.

Weil er eine gewisse Spannung um seine Person spüre, sei er zu dem Schluß gekommen, daß es erforderlich sei zurückzutreten.

Er verhehle nicht, daß ihm nach wie vor die Situation um den 21. August 1968 unklar sei. Er würde gern noch sagen wollen, daß er immer ein gutes Verhältnis zur Sowjetunion gehabt habe und sehe, daß es notwendig sei, den Verbündeten gegenüber einen solchen Schritt zu tun, damit die Normalisierung in der Partei und der tschechoslowakischen Gesellschaft schneller vorankomme.

Er gehe davon aus, daß sein Rücktritt in der Partei nicht mit Begeisterung aufgenommen werde. Er sei jedoch anders als Novotný und immer gegen Personenkult gewesen. Er gehöre zu der Kategorie von Kommunisten, die an die erste Stelle nicht ihre eigenen Interessen, sondern die des Ganzen setzten.

Als erster meldete sich Černík. Er hatte die Gabe, überzeugend zu reden. Man müsse sich vergegenwärtigen, daß wir binnen eines Jahres schon zum zweiten Mal zur Wahl eines Ersten Sekretärs schritten. Das allein zeuge davon, daß wir in einer Krisensituation lebten. Er appellierte an alle Mitglieder des Präsidiums, persönliche Gefühle beiseitezulassen, diese nicht über die Interessen der Partei und des Staates zu stellen und geschlossen vorzugehen. Eindringlich machte er darauf aufmerksam, daß wir auf Widerstand stoßen werden, aber trotz allem müsse man den Optimismus bewahren. Er sprach die Hoffnung aus, daß sich der Kurs unserer Politik nicht ändern, wohl aber konsequenter durchgesetzt werde. Was gegenwärtig geschähe, wäre unerträglich. Deshalb sei es notwendig, Dubček abzulösen.

Černík räumte ein, daß Dubček sich mit ihm beraten habe, wie die Situation zu lösen sei, und er würdige dessen Entscheidung, daß er seine persönlichen Interessen den Interessen des Ganzen unterordne. Für seinen mutigen Schritt verdiene es Dubček, Mitglied des Präsidiums zu bleiben und als Vorsitzender der Föderalversammlung vorgeschlagen zu werden. Als neuen Ersten Sekretärs empfahl er Gustáv Husák.

Dem Vorschlag stimmte als nächster Ludvík Svoboda zu und gratulierte Dubček, daß er sich zu diesem Schritt entschlossen habe.

Alle Mitglieder des Präsidiums nahmen Stellung. Nur Kabrna und Slavík waren dagegen. Slavík erklärte, daß er auf der Tagung des Zentralkomitees nicht für den Rücktritt Dubčeks stimmen werde. Černík und Husák sollten antreten, damit das Zentralkomitee alternativ entscheiden könne.

Kabrna votierte für Černík als Nachfolger Dubčeks. Er hatte auch Einwände gegen eine Stellungnahme des Exekutivkomitees, in der es heißen sollte, daß »diejenigen Genossen, die als Verräter bezeichnet worden waren, wahrheitswidrig beschuldigt worden sind, weil sie sich nichts zuschulden kommen ließen, das im Widerspruch zur Politik der Kommunistischen Partei der Tschechoslowakei stehe«. Kabrna meinte, eine solche Stellungnahme sei überflüssig. Sie würde nur neue Fragen aufwerfen und alte aufwärmen, die längst vergessen seien.

Smrkovský versprach, den Vorschlag Gustáv Husák zu unterstützen, verlangte aber, daß Husák garantieren müsse, daß es keine politischen Prozesse geben werde.

Zum Schluß sprach Gustáv Husák selbst. Er sagte, daß er froh sei, daß jedes Mitglied des Präsidiums gesagt habe, was es denke. Auch er sei in keiner leichten Situation. Er kenne die Stimmungen und die gesamte Atmosphäre, wisse, daß viele anständige Leute verzerrte Ansichten über seine Person aus der Vergangenheit hätten, als er des bürgerlichen Nationalismus beschuldigt worden war und dafür verurteilt wurde. Die vorgeschlagene Funktion könne er nur unter der Voraussetzung erfolgreich meistern, wenn ihm der marxistisch-leninistische Kern der Partei volle Unterstützung gebe. Er sehe, daß die Partei und die Republik eine tiefe ökonomische, innen- und außenpolitische Krise durchlebten.

Viele Entscheidungen, die nun getroffen werden müßten, würden nicht populär sein. Es sei erforderlich, viel zu berichtigen. Das zwinge zu Auseinandersetzung mit und zur Liquidierung von Auffassungen, nicht aber von Personen. Es solle aber jeder die Möglichkeit haben, sich zu äußern. Sofern er jedoch gegen die Politik der Partei auftrete, gäbe es harte Reaktionen. Es dürfe nicht mehr zugelassen werden, daß sich die Partei mit Erklärungen in die eigene Tasche lüge.

Eine Rückkehr zur Vergangenheit könne nur in einer Hinsicht erfolgen – in einer Rückkehr zu einer richtigen Politik der Kommunistischen Partei der Tschechoslowakei. Wer diese Politik nicht unterstützen wolle, müsse gehen. Der Fehler Alexander Dubčeks habe in seinen Halbheiten und Inkonsequenzen bestanden. Die neue Führung müsse dem Zentralkomitee klare Lösungswege vorlegen.

Dem neuen Präsidum sollten angehören: Bilak, Colotka, Černík, Erban, Husák, Piller, Polácek, Sádovsky, Svoboda und Štrougal. Sollte der neue Erste Sekretär des ZK der KPS nicht in diesem Kreis gefunden werden, würde das Präsidium auch ihn aufnehmen.

Die Tagung des ZK begann in den Nachmittagsstunden des gleichen Tages. Černík eröffnete. Er gab die Veränderung der Tagesordnung und organisatorisch-technische Fragen bekannt. Man wolle das Plenum noch am gleichen Tag beenden, gab er vor.

Neben den Mitgliedern und Kandidaten des Zentralkomitees nahmen am Plenum auch die Leitung der Zentralen Kontroll- und Revisionskommission teil, die ZK-Sekretäre, die 1. Sekretäre der Bezirksleitungen, ZK-Abteilungsleiter und Minister, die Parteimitglieder waren.

Zunächst gab Dubček eine kurze Erklärung ab.

Diese überraschte die rechten Mitglieder des Zentralkomitees sichtlich. Sie begannen auf Zeit zu spielen, um Gelegenheit zu einer Beratung zu gewinnen.

Karel Kosík erklärte, eine so schwerwiegende Entscheidung brauche Ruhe und Abwägung, man solle sich für die Wahl des Ersten Sekretärs Zeit nehmen. Das Zentralkomitee habe es nämlich nicht geschafft, manches Problem zu klären. Zum Beispiel was das sei: rechte und antisozialistische Kräfte? Welche Länder gehörten zur sozialistischen Gemeinschaft? Wäre auch die Tschechoslowakei ein sozialistisches Land? Und so weiter.

Viele Mitglieder des Zentralkomitees hatten die akademische Debatte satt und drängten auf Veränderung. Nachdem 17 Redner gesprochen hatten, wurde ein Vorschlag zur Beendigung der Diskussion eingebracht. Von 182 Anwesenden stimmten nur 18 gegen die Beendigung der Debatte, zwei enthielten sich der Stimme.

Dieses Bild gab uns die Gewißheit, daß die Tagung so ausgehen würde, wie wir sie geplant hatten.

Der Rücktritt Dubčeks wurde angenommen.

In der geheimen Wahl wurden von 182 Anwesenden 178 gültige Stimmen abgegeben. Für Genossen Husák stimmten 156, gegen ihn 22. Er erhielt somit 87,6 Prozent der Stimmen.

Damit war Gustáv Husák rechtmäßig gewählt.

Nach der Wahl dankte er für das Vertrauen und begründete, daß eine Reorganisation des Präsidiums erforderlich ist, um wirksame Entscheidungen zu gewährleisten. Der Vorschlag zur Zusammensetzung erfolgte wie besprochen.

Dazu gab es eine Diskussion, in der wiederum die Rechten ihre Chancen wahrzunehmen suchten. Die überwiegende Mehrzahl der ZK-Mitglieder lehnte es ab, über die Vorschläge zu diskutieren und bestand darauf, daß über die Kandidatenliste so abgestimmt werden sollte, wie sie Gustáv Husák vorgelegt habe. Alle Vorgeschlagenen wurden in geheimer Wahl gewählt. Alle Stimmen erhielt der Präsident der Republik, Ludvík Svoboda. Ich bekam 118 Stimmen.

Der Chefredakteur von *Rudé právo*, Jiří Sekera, wurde abberufen. Ihm folgte Miroslav Moc.

Im Schlußwort dankte Gustáv Husák und brachte die Auffassung zum Ausdruck, daß die Ergebnisse der Tagung eine große Verpflichtung für unsere gemeinsame Arbeit darstellten. Das Präsidium

werde nicht dulden, daß Presse, Rundfunk und Fernsehen weiterhin Millionen Menschen manipulierten. Unter solchen Bedingungen könne die Partei keine positive Politik entwickeln.

Jeglicher Ausdruck von Antisowjetismus stünde im Widerspruch zur Ideologie der KPTsch und zur Politik des sozialistischen Staates.

Die Kommunistische Partei der Tschechoslowakei und die Tschechoslowakische Sozialistische Republik hätten die Aufgabe, Bedingungen für die fruchtbare Arbeit und für die Sicherheit der Menschen zu schaffen. Freiheit werde es geben, aber keine Freiheit für Feinde des Sozialismus.

Es sei erforderlich, eine Konsolidierung in den Beziehungen zur Sowjetunion zu erreichen und die KPTsch zu stabilisieren. Das könne erreicht werden, und das müsse erreicht werden.

Husák versprach, daß zu diesen Fragen in nächster Zeit eine Tagung des Zentralkomitees der KPTsch einberufen und ein Programm für die nächste Periode ausgearbeitet werde.

Am Ende sangen wir die Internationale. Die Hymne erschien mir noch kämpferischer und erhabener als sonst. Es war spürbar, daß den meisten von uns bewußt war, daß ein neues Kapitel in der Geschichte der Partei aufgeschlagen worden war.

Am Abend traten Gustáv Husák und Ludvík Svoboda im Fernsehen auf und erläuterten die Veränderungen, die das Zentralkomitee der Partei beschlossen hatte.

Am folgenden Tag, dem 18. April, fanden Tagungen der Bezirks- und der Stadtleitungen in Prag und Bratislava statt, die zu den Beschlüssen des ZK Stellung nahmen. Die Veränderungen wurden von allen Bezirksleitungen gebilligt. Ähnlich verliefen auch die Tagungen der Kreisleitungen. Bis auf wenige Ausnahmen nahm die Partei diese wichtigen Veränderungen an. Das wurde in den sozialistischen Bruderländern sehr aufmerksam registriert. Überall wurde das Plenum als entscheidender Sieg der marxistisch-leninistischen Kräfte gewertet.

Am 21. April erfolgte eine Beratung der Sekretäre des Zentralkomitees, auf der offiziell mitgeteilt wurde, daß Gustáv Husák das Amt des Ersten Sekretärs des ZK der KPTsch übernommen habe. Es wurden das weitere Vorgehen und die Vorbereitung auf die nächste Tagung des Zentralkomitees vereinbart. Diese sollte Mitte des nächsten Monats stattfinden.

Jedem Sekretär wurden Aufgaben zugewiesen.

Fojtík und ich sowie eine weitere Gruppe wurden beauftragt, das Material für die kommende Tagung des Zentralkomitees auszuarbeiten und ein grundlegendes Dokument vorzubereiten. Wir quälten uns ziemlich lange damit herum, welchen Namen das Kind tragen sollte. Es gab bereits ein Aktionsprogramm und eine Novemberresolution. Diese Bezeichnungen zu wiederholen war ausgeschlossen. Deshalb wurde der Vorschlag geboren, es Realisierungsrichtlinie zu nennen.

Vor der Partei stand die Frage, wie sie aus der Krise zu führen war, wie der Schlag gegen die rechtsopportunistischen Kräfte geführt werden sollte, damit ihre Absicht, eine dritte Garnitur mit unbekannten Leuten in Stellung zu bringen, vereitelt werden könnte.

Wir hatten einen neuen Ersten Sekretär, der Garant dafür war, daß die Entwicklung in die richtige Richtung laufen würde. Aber Dubček, Černík, Piller, Sádovsky und Polácek waren noch im Präsidium.

Es war auch die Frage der Herausgabe der *Zprávy* zu regeln, die *Nachrichten* wurden bald eingestellt. Auch die Sendungen von

Vltava waren inzwischen nicht mehr nötig. Zu diesem Zwecke reiste ich in die DDR, um mit den Genossen im ZK der SED in Berlin die Einstellung zu vereinbaren. Wir dankten ihnen für die Hilfe aus Dresden.

Das Maiplenum fand in einer gelösten Stimmung statt. Auch wenn es im Zentralkomitee noch viele Rechtsopportunisten, frustrierte Leute, Fortschrittsfeinde und Antisozialisten gab, war die Lage inzwischen eine völlig andere. Der Hauptstrom, aus dem sie Energie schöpften, war gestoppt. Uns war bewußt, daß noch viel Arbeit und Geduld aufzuwenden sein würde, bis wir sie alle aus dem Zentralkomitee und aus der Partei entfernt haben würden, aber die Bedingungen für die Arbeit waren inzwischen erheblich günstiger.

Das Maiplenum des Zentralkomitees beschloß die Realisierungsrichtlinie. Diese legte fest:

Gustáv Husák bei Walter Ulbricht zu Gast, Oberhof 1969

a) die Einheit der Partei auf den prinzipiellen Grundlagen der marxistisch-leninistischen Lehre, den Leninschen Prinzipien des Parteiaufbaus und des Parteilebens wiederherzustellen, die Aktionsfähigkeit und revolutionäre Kampfkraft der ganzen Partei zu erhöhen;

b) die führende Rolle der kommunistischen Partei in der Gesellschaft, insbesondere in den gesellschaftlichen Organisationen und Gliederungen der Nationalen Front, in den staatlichen Organen, auf dem ökonomischen und kulturellen Sektor zu erneuern;

c) unverzüglich damit zu beginnen, wirksame Maßnahmen zur Lösung ernster wirtschaftlicher Probleme in unserem Staate zu realisieren;

d) die Funktion des sozialistischen Staates in allen seinen Gliedern als Machtorgan der Arbeiterklasse und des werktätigen Volkes zu festigen;

e) im Geiste fester Freundschaft unser Verhältnis zu den brüderlichen kommunistischen Parteien der Sowjetunion und der anderen sozialistischen Länder zu regeln, aus denen sich die grundlegenden Prinzipien der Außenpolitik unseres Staates ableiten.

Das war ein kurzes, aber klares Programm, das wir konsequent erfüllt haben. Im September 1969 erklärte das Zentralkomitee der KPTsch den sogenannten Parteitag von Vysocany für ungültig. Es charakterisierte ihn als Ergebnis der feindlichen Fraktionstätigkeit einiger Mitglieder des Zentralkomitees und der rechten Mehrheit der Stadtleitung der KPTsch in Prag.

Das ZK der KPTsch anullierte die nationalistische, die Klassenposition verlassende und parteifeindliche Erklärung des Präsidiums des ZK der KPTsch vom 21. August 1968.

Mich durchlief ein Gefühl des Stolzes, als auf der Internationalen Beratung der kommunistischen und Arbeiterparteien in Moskau im Juni 1969 Gustáv Husák darüber informieren konnte, daß die Kommunistische Partei der Tschechoslowakei, die tschechoslowakischen Kommunisten und das werktätige Volk der Tschechoslowakei die Krise gemeistert haben.

Husák versprach, daß die KPTsch eine seriöse Analyse der ganzen Entwicklung zur Lehre für sich selbst und für andere ausarbeiten werde.

Die Arbeit erfolgte nicht ohne harte Auseinandersetzungen. Im

Zentralkomitee selbst und an anderen wichtigen Stellen wirkten noch immer viele von jenen, die sich nicht die Wahrheit über die Ursachen der tschechoslowakischen Krise und die Absichten der antisozialistischen Kräfte eingestehen wollten. Ihre Bemühungen liefen darauf hinaus, so schnell wie möglich alles vergessen zu machen. Wir mußten jedoch an die Zukunft denken, damit sich so etwas nicht wiederholte. Es mußte ein solches Dokument erarbeitet werden, das zur Grundlage für die Reinigung der Partei, der Organisationen der Nationalen Front, der staatlichen und Wirtschaftsorgane von oben nach unten dienen konnte. Wir mußten eine solche Barriere schaffen, die es alten und neuen Revisionisten unmöglich machen würde, die Partei und das Volk zu täuschen und zu desorientieren.

Die Exponenten der Rechten, verschiedene konterrevolutionäre Kräfte zogen sich zurück. Als sie sich allmählich davon überzeugten, daß niemand gerichtlich zur Verantwortung gezogen wurde – ein in der Geschichte einmaliger Vorgang –, begriffen sie das nicht als Großmut, sondern werteten es als Schwäche. Sie begannen erneut die Krallen auszufahren, verfaßten Schmähschriften, Resolutionen, brachten die *Charta 77* in Umlauf, in denen sie den Sozialismus und ihre sozialistische Heimat anschwärzten.

Gleichwohl: Den Delegierten, den einheimischen und den ausländischen Gästen des XIV. Parteitages der KPTsch konnte Gustáv Husák begründet zurufen, daß die Aufgabe, die Partei zu säubern, ihren marxistisch-leninistischen Charakter wiederherzustellen und die innere Krise zu überwinden, erfüllt worden sei.

Als wir in jenem Kollektiv, das ich leitete, die letzten Sätze unserer Analyse formulierten, war ich 53 Jahre alt. Mehr als dreieinhalb Jahrzehnte engagierter politischer Tätigkeit lagen hinter mir. Mehr als einmal hatte ich schwere Tage und Stunden durchlebt. Aber niemals habe ich gezögert, wenn es um unsere Wahrheit ging, nie auch nur für einen Moment die Gewißheit verloren, daß wir uns auf dem richtigen Wege befanden. Das gab mir Kraft und auch Freude an der Arbeit. Ich bin überzeugt, daß auch unsere Kinder den Weg ihrer Eltern gehen und die Werte mehren werden, die ihre Vorfahren geschaffen haben. So wie wir bestrebt waren, die Werte zu vervielfachen und zu vervollkommnen, die uns die Revolutionäre vor uns hinterlassen haben.

Unsere Generation hat ein würdiges Werk geschaffen.

Verleihung des Lenin-Ordens durch Leonid Breshnew

Seit dem April 1969 wurde viel nützliche Arbeit geleistet. Ich war bei allem dabei. Ich habe meinen Anteil an den Erfolgen und an den Fehlern, die wir begingen. Ich glaube, die Erfolge überwogen. Insofern bin ich überzeugt, nicht umsonst gelebt zu haben. Ich bin nie nur mitgefahren. Immer habe ich den gemeinsamen Karren gezogen oder geschoben.

Wenn ich überhaupt etwas bedauere, dann dies, daß ich nicht noch mehr habe tun können.

»Ich bin glücklich, zu der Generation zu gehören, die die Grundlagen für den Sozialismus legte«

Interview Vasil Bilaks aus Anlaß des 60. Jahrestages der Befreiung vom Faschismus in Kroky, *Organ der KP der Slowakei, 2005*

Sie haben sich als junger Mensch mit stark entwickeltem Sinn für soziale Gerechtigkeit in die kommunistische Bewegung eingereiht. Inwieweit könnte man die Lage in der Slowakei in den Jahren Ihrer Jugend mit der heutigen Situation vergleichen?

So wie in der ganzen Welt unterscheiden sich die Verhältnisse auch in der Slowakei von meinen Jugendjahren. Die Slowakei hat sich dank des Aufbaus des Sozialismus gewaltig verändert, wuchs zu einem allseitig entwickelten Land heran. Die heutige unselige Rückkehr zum Kapitalismus, der Versuch, aus einem Greis einen Jüngling zu kreieren, ist unsinnig und führt in die Sackgasse.

Wir sind Zeugen großer Anstrengungen, alles auf das Schlimmste zu beschmutzen, was an den Sozialismus erinnert, den Kommunismus zum Schreckgespenst zu machen und die Diktatur des Kapitals mit edelsten Attributen zu umkränzen. Dabei hat sich der Kapitalismus in der Welt selbst in solcher Weise profanisiert, daß es weitgehend vermieden wird, ihn bei seinem Namen zu nennen. Das ist demokratisch, das ist Marktwirtschaft, aber der Kapitalismus ist schlauer, raffinierter, internationaler, da ist kein Kapital mehr, sondern Marktwirtschaft, alles, alles, Treue, Moral, Liebe, Charakter, Talent, Hirn, alles wurde zur Ware, es werden nicht nur Frauen verkauft, sondern auch Kinder.

Werte werden entwertet und Scheinwerte glorifiziert. Die Menschheit befindet sich an einem historischen Kreuzweg: entweder sie geht den Weg des Fortschritts oder sie wird sich im Kreise bewegen und damit viel Zeit verlieren.

Es ist sehr schade, daß die heutige Welt weder ihren Marx noch ihren Lenin hat. Ein objektives Bild dieser Welt zu schaffen und die weitere Entwicklung zu prognostizieren ist nämlich um vieles schwerer als zu Beginn des vergangenen Jahrhunderts. Die heutige Welt ist verschiedenartiger, größer, was die Zahl der Völker, Staaten, Regime und Politiker angeht, aber kleiner, was die technischen Möglichkeiten betrifft, sie zu bereisen und Informationen zu gewinnen. Es entstand ein neues Phänomen in Gestalt der elektronischen Kommunikationssmittel, die wie die Finanzwelt vorwiegend von den Gegnern beherrscht werden. Das erfordert eine veränderte und verbesserte massenpolitische Arbeit.

Viele Parteimitglieder haben Schwierigkeiten, die Erneuerung des Kapitalismus unter unseren Bedingungen zu verkraften. Halten Sie diesen Prozeß für unumkehrbar oder glauben Sie, daß die Menschen in den ehemaligen sozialistischen Ländern eines Tages wach werden und den Versuch einer neuen historischen Wende wagen werden?

Ich bin fest davon überzeugt, daß das, was heute ist, keineswegs unumkehrbar ist und sich dessen nicht nur die Menschen in den ehemaligen sozialistischen Ländern, sondern in der ganzen Welt zunehmend bewußt werden. Trotz gesellschaftlicher Niederlagen und Naturkatastrophen, die die gesellschaftliche Entwicklung zeitweilig zum Stillstand bringen oder sie gar zurückwerfen, läßt sich aus der Sicht des historischen Ringens der Menschheit die Entwicklung nicht aufhalten.

Es genügt ein Blick auf die Entwicklung des Kapitalismus. Im 17. Jahrhundert legte die englische Bourgeoisie die Grundlagen für den Kapitalismus in Europa. Seine Inkubationszeit, wie es Marx nannte, dauerte lange. Mehr als 100 Jahre währte der Kampf der Bourgeoisie gegen die feudal-absolutistischen Kräfte. Es gab Siege und Niederlagen, Aufschwünge und Abstürze. Bis die Große Französische Revolution und ihr Einfluß dazu führte, daß die Bourgeoisie damit begann, die Welt zu beherrschen. Das war der Beitrag des 18. Jahrhunderts.

Die Pariser Kommune hat dann im 19. Jahrhundert nachdrücklich signalisiert, daß eine neue Klasse entstanden war. Die

Große Sozialistische Oktoberrevolution im 20. Jahrhundert zerriß die Kette der weltumspannenden Herrschaft des Kapitals. Und es begann der Kampf um den Sozialismus. Ein Kampf mit Siegen und mit Niederlagen. Eine davon durchleben wir gerade.

Auf der Welt gibt es Hunderte wissenschaftlicher Institute, die zu prognostizieren versuchen, was das 21. Jahrhundert hervorbringen wird. Auch ohne wissenschaftliche Propheten kann angenommen werden, daß es ein Jahrhundert der Hoffnungen und der Ängste werden wird. Die Ungewißheit resultiert aus der Tatsache, daß es auf diesem Planeten soviel Kernwaffen, chemische und biologische Massenvernichtungsmittel gibt, daß ein paar Wahnsinnige eine weltweite Katastrophe auslösen könnten.

Die Hoffnung besteht darin, daß die Vernunft siegen, die Bewegung der Gesellschaft nicht zum Stillstand kommen und das 21. Jahrhundert ein Jahrhundert mit großen und umwälzenden Entdeckungen, von politischen Stürmen, sozialen Unruhen und Generationskonflikten und einer Wiederauferstehung des Sozialismus werden wird.

Ich bin davon überzeugt, daß die Vision Julius Fučíks wahr werden wird, daß der senile und tief gebeugte Greis die Welt verlassen wird, der für Millionen Not und Elend bedeutet. In ihrem Interesse muß er gehen.

Dieser Greis ist der Kapitalismus.

Für viele Kommunisten ist unbegreiflich, wie leicht man sich vom Sozialismus verabschiedet hat, insbesondere die Völker der ehemaligen Sowjetunion mit Rußland und seinen politischen Eliten an der Spitze. Sie selbst haben ein vertrautes Verhältnis zu den russischen Kommunisten gehabt. Wie erklären Sie sich das?

Auf diese Frage wird nur die Geschichte eine Antwort geben. Auch wenn Hegel gesagt hat: Die einzige Sache, die die Menschen aus der Geschichte nie gelernt haben, sei, aus der Geschichte Lehren zu ziehen. Vor den Kommunisten und vor den fortschrittlichen Menschen in der Welt stehen in der Tat viele Fragen, auf die Antworten zu geben sein werden.

Was ist eigentlich geschehen am Ende des 20. Jahrhunderts? Woraus resultierten Fehler und tragische Irrtümer? Worin lagen die Ursachen, daß sich eine so starke und erfahrene Partei wie die Kom-

Vasil Bilak mit 88 Jahren, 2005

munistische Partei der Sowjetunion vom revolutionären Weg abbringen ließ? Wie konnten erfahrene Revolutionäre revisionistischen und opportunistischen Irrlehren Glauben schenken und ihnen unterliegen, wie sie Nikita Sergejewitsch Chruschtschow und ein paar Jahre später Michail Sergejewitsch Gorbatschow vertraten?

Was sind die Gründe, daß in solcher Weise, wie es geschehen ist, die marxistische Theorie, ihre gesunde Weiterentwicklung, so vernachlässigt worden ist? Warum wurde vergessen, wofür lange gekämpft und viel Blut vergossen wurde? Und was ist mit der internationalen revolutionären Bewegung geschehen, daß sie nicht um ihre Einheit kämpfte, sondern oft Angriffe unterstützte, die in den

Jahren des Kalten Krieges gegen die Sowjetunion und die sozialistischen Gesellschaften gerichtet worden sind?

Es ist leicht, Fragen aufzuwerfen, aber schwierig, sie zu beantworten. Das geht über die Kräfte einer einzelnen Partei. Man kann davon ausgehen, daß es internationale »Lehren aus der krisenhaften Entwicklung« geben wird. Die Erfahrungen meines Lebens besagen, daß der Gang des Lebens und der Ereignisse in der Welt so rasant verläuft, daß viele Fragen ohne Antwort bleiben werden.

Gegenwärtig wird mehr als jemals zuvor davon gesprochen, daß insbesondere der unlängst verstorbene Papst Johannes Paul II. in bedeutendem Maße zum Sturz des Kommunismus beigetragen habe. Der Fehler habe darin bestanden, daß die Religion ideologisch unterdrückt worden sei, was die einfachen gläubigen Menschen vom Gedankengut des Kommunismus abgestoßen habe. Wie ist Ihre Meinung zum Verhältnis der Kommunisten zur Kirche?

Ich bin davon überzeugt, daß eine Zeit kommen wird, da der Kampf gegen den Kommunismus nicht als Heldentat, sondern als Dummheit angesehen werden wird.

Einmal werden die Menschen begreifen, daß der Kommunismus von Natur aus mehr Freiheit, Demokratie, mehr Menschenrechte, harmonische Entwicklung und soziale Sicherheit überhaupt bedeutet. Das Problem Religion – Ideologie muß immer getrennt gesehen werden: als Ideologie und als Organisation, Religion und Kirche. Das antike Rom hat die Christen als neue Bewegung 300 Jahre lang mitleidlos verfolgt. Und heute ist Rom das Zentrum des Christentums. Es ist noch gar nicht so lange her, da das feudale Europa die Welt damit schreckte, daß Amerika ein Werk des Teufels sei, und heute geben sie die USA als Gipfel menschlicher Wertvorstellungen und göttlicher Gnade aus.

Die Verfassung der ČSSR hatte in ihrem Artikel 32 verankert, daß die Freiheit des Bekenntnisses garantiert wird, jeder sich zu jeglichem religiösen Glauben bekennen oder ohne Bekenntnis bleiben, religiöse Handlungen ausüben kann, sofern sie nicht im Widerspruch zu den Gesetzen stehen.

Ich rechtfertige keine Fehler und Unrechtshandlungen, die unstreitig geschehen sind. Aber wie das eben so ist: Auf der Welt hat es noch keine Regierung gegeben, die fehlerlos regiert hätte.

Und nicht einmal die Kirche hat sich dem Sozialismus gegenüber freundlich verhalten. Es ist geradezu unglaublich, wie unsere Fehler und Irrtümer aufgebauscht werden, wie den Menschen vorgegaukelt wird, daß die Kommunisten Feinde des Christentums seien. Die Wahrheit ist, daß unsere Lehre anerkennt, daß das Christentum zu einem der revolutionärsten Elemente in der Geschichte des menschlichen Geistes geworden ist. Auch hier gilt: wie man in den Wald hineinruft, so schallt es heraus. Die Kommunisten waren weder die ersten noch die einzigen, die in Konflikt mit der Kirche geraten sind und Klöster geschlossen haben.

Es genügt, an den aufgeklärten Herrscher Rudolf II. zu erinnern, der Klöster schließen ließ und deren Eigentum – mit heutiger Terminologie ausgedrückt – privatisierte. Man sollte auch die Große Französische Revolution nicht vergessen, nach der nicht einmal mehr der Sonntag anerkannt wurde und es in Frankreich jahrelang verboten war, die Glocken zu läuten. Und was ist mit Napoleon? Nach der Konfrontation mit dem Papst am 17. Mai 1809 untersagte er ihm die weltliche Macht und gliederte das päpstliche Territorium Frankreich ein. Und am 5./6. Juni drangen französische Soldaten in die geheiligten Gemächer des Oberhauptes der katholischen Kirche und entführten Papst Pius VII. aus Rom. Da war kein einziger Kommunist dabei.

Viele Dinge und Ereignisse hätten sich in der Tschechoslowakei anders entwickeln können, wenn die Kirche die ausgestreckte Hand Klement Gottwalds nach seiner Wahl zum Präsidenten ergriffen hätte. Aber leider, die Kirche war nur bereit, eine feudale oder bourgeoise Ordnung anzuerkennen und mit ihr zusammenzuarbeiten, aber mit der sozialistischen nicht.

Generell bin ich jedoch überzeugt, daß die Zukunft auch in dieser Frage Licht bringen und Lehren vermitteln wird. In der Theorie wie in der Praxis. So eine große historische Tat wie eine klassenlose Gesellschaft zu errichten, das Denken und die Lebensweise, die zwischenmenschlichen Beziehungen, die Traditionen und die Moral zu verändern und in diesen Prozeß die Religion zu integrieren, erfordert unvoreingenommene Bewertungen und neues Herangehen.

Religion ist ein Faktor, der sich über Jahrtausende ins Bewußtsein eingegraben hat, und wir haben uns eingebildet, daß man das in ein oder zwei Generationen überwinden könne.

Der Kapitalismus war und ist kein Verfechter der Religion, aber er entdeckte ihren Einfluß und nutzt ihn zu seinem Vorteil. Wir haben zu wenig Anstrengungen unternommen und zu wenig Geduld aufgebracht, um diese Kraft für uns zu mobilisieren.

Mitglied der Kommunistischen Partei kann, denke ich, jeder anständige Mensch werden, der mit ihrem Programm übereinstimmt. Das Leben hat uns belehrt, daß nicht der gläubige Mensch die ideologische Einheit der Partei und des sozialistischen Staates geschwächt und zersetzt hat, sondern der Kleinbürger, verschiedene Revisionisten und Opportunisten.

Was könnte die kommunistische Bewegung wieder beleben?

Man darf die Gegebenheiten nicht aus dem Auge verlieren. Die Bewegung lebt, auch wenn sie sich in zeitweiliger Erstarrung befindet, ihre Wunden pflegt. Sie muß ihre Lehren aus der Niederlage ziehen. Die Ausbeuter schaffen die wirtschaftlichen, politischen und militärischen regionalen und weltweiten Zentren. Da stellt sich dann die Frage, wie darauf die Ausgebeuteten reagieren sollen oder sollten. Im Umfeld der Europäischen Union wird auch eine europäische revolutionäre Partei entstehen. Sollte sie ihren Sitz in Brüssel haben? Wer würde das bezahlen?

Schon jetzt unternehmen die bourgeoisen Regierungen Anstrengungen, bestimmte soziale Errungenschaften abzubauen, die sich die Werktätigen auch dank der Existenz der sozialistischen Länder erkämpft haben. Erst jetzt werden sich viele dessen bewußt, was mit dem Zerfall der Sowjetunion und der sozialistischen Gemeinschaft verloren gegangen ist. Es ist unvermeidlich, daß die internationale revolutionäre Bewegung ihre eigene Rolle nüchtern analysiert und sich ihrer Fehler und Pflichten bewußt wird, mit Zugeständnissen Schluß macht, von ihrer Passivität zu revolutionärer Aktivität übergeht und so die heutigen Schwierigkeiten überwinden wird.

Wie sollten Ihrer Meinung nach die jungen Menschen in der Slowakei angesprochen werden, damit sie sich den Kommunisten anschließen?

Die Jugend ist in der Tat die Erbauerin des Morgen. Das ist keine lyrische Metapher, sondern eine Tatsache. Dessen müssen sich die jüngere, die ältere und auch die alte Generation bewußt werden, weil die Zukunft nicht von dem lebt, was abstirbt, sondern davon, was im Werden ist – das ist der Sozialismus.

Die Jugend braucht positive Vorbilder und keine Mentoren, sie sollte mehr überzeugt als belehrt werden. Es gelten unverändert Lenins Worte, aus denen wir lernen können. Es geschehe oft, hat Lenin gesagt, daß Vertreter der älteren und alten Generation nicht so recht wüßten, wie sie in geeigneter Weise der Jugend gegenübertreten sollten, die sich notwendigerweise auf anderem Wege, in anderer Form und unter anderen Umständen als ihre Väter dem Sozialismus nähert. Das war so und das bleibe so.

Niemand wird von einem Tage auf den anderen zum Kommunisten. Wichtig ist, daß er ein die Wahrheit Suchender wird und diese in der wissenschaftlichen Weltanschauung findet.

Was bedauern Sie in Ihrem Leben nicht, und was würden Sie heute anders machen?

Ich bin jedem Menschen dankbar, der mir half, einen richtigen Weg, den Weg durchs Leben zu finden. Ich bedaure es nicht, daß ich mehr auf steinigen Wegen als im Rosengarten voranschreiten mußte, daß ich den Karren mehr geschoben habe als auf ihm gefahren worden zu sein.

Wenn ich noch einmal von vorn beginnen könnte, würde ich wiederum diesen Weg wählen. Ich bin glücklich, zu der Generation zu gehören, die die Grundlagen für den Sozialismus legte und die ersten Früchte des realen Sozialismus erlebte.

Wir, die Kommunisten, sind in der Menschheit dieser Welt wie ein Tropfen im Meer.

Aber unsere Stärke liegt darin, daß wir das Ringen für die Sehnsüchte der Menschen weitertragen.

Nachbetrachtung

Von Klaus Kukuk

Vasil Bilaks Erinnerungen sind ein Zeitdokument. Es wurde niedergeschrieben, als die meisten handelnden Personen – darunter Alexander Dubček – noch lebten. Neben den publizierten Darstellungen der politischen Gegner Zdeněk Mlynář (»Nachtfrost«, 1978) und Ota Šik (»Frühlingserwachen«, 1988), bieten Bilaks Aufzeichnungen die einzige kompetente Insidersicht, die es zu den Ereignissen in der ČSSR 1968/69 gibt.

Der Gegenstand dieser Erinnerungen ist nicht das, was als »Prager Frühling« verstanden wird, sondern die dramatischen Auseinandersetzungen der politischen Kräfte in jener Zeit. Dabei ging es um Bestand oder Untergang der sozialistischen Gesellschaftsordnung in der Tschechoslowakei. Das war Teil der Systemauseinandersetzung zwischen Sozialismus und Imperialismus.

Vasil Bilak gehörte zum Zirkel der Initiatoren, die in der zweiten Hälfte der 60er Jahre gesellschaftliche Veränderungen in der ČSSR anstrebten. Sie wollten tragische Irrtümer und Fehlleistungen beim Aufbau der sozialistischen Gesellschaft korrigieren und demokratische Defizite überwinden. Wie auch in anderen sozialistischen Ländern war eine Reform des gesellschaftlichen Systems und der Wirtschaft zwingend notwendig geworden.

Bilak verstand die sozialistische Tschechoslowakei als treuen Bündnispartner der Sowjetunion und als integralen Bestandteil der sozialistischen Gemeinschaft. Einzig und allein in diesem Rahmen waren für ihn gesellschaftliche Veränderungen denkbar. Die Ablösung Novotnýs als Erster Sekretär des ZK der KPTsch war nur ein Schritt auf diesem Wege. Aus der Sicht Vasil Bilaks war der Hauptgrund des Wechsels an der Spitze die von Novotný praktizierte und nicht akzeptable engstirnige Nationalitätenpolitik, die über Jahre zu Spannungen zwischen Tschechen und Slowaken beitrug.

Das Potential an Konflikten, Defiziten und politischen Reibeflächen in der Wirtschafts- und Innenpolitik, das schließlich auf gesellschaftliche Veränderungen drängte, hatte sich innerhalb eines Jahrzehnts angehäuft. Das Klima in der Gesellschaft wurde in erheblichem Maße durch die schmerzhaften Folgen der massiven Verletzungen der sozialistischen Gesetzlichkeit (1949-1962), die mit den Slánský-Prozessen 1952 ihren tragischen Höhepunkt hatten, belastet. (Die Namen Goldstücker und Husák stehen als Opfer dieser Prozesse auch für unterschiedliche Entwicklungswege). Es ging um die Stagnation der Wirtschaft, die 1963 ihren Tiefpunkt erreicht hatte. Konflikte im Zusammenleben von Tschechen und Slowaken mit dem asymmetrischen staatsrechtlichen Modell hemmten die gesellschaftliche Entwicklung, Spannungen zwischen Schriftstellern und Partei- und Staatsführung infolge von Reglementierungen in der Kulturpolitik und Defiziten in der Erbe-Rezeption, Probleme in der Jugendpolitik, Defizite in der staatsrechtlichen Ausgestaltung der Beziehungen Bürger – Staat – Partei, starke administrative Züge, Kompetenzprobleme zwischen gewählten Organen und Exekutive, besonders auf den mittleren und unteren Ebenen.

Die anstehenden Probleme wurden erkannt, analysiert und ihre Lösung in Angriff genommen: 1963 die Rehabilitierung der in den Slánský-Prozessen Verurteilten, 1964/65 Analyse der Wirtschaftsprobleme, 1966 der Beschluß über »Grundsätze zur Vervollkommnung des Planungssystems der Volkswirtschaft«, Gesetz über die Versammlungs- und Vereinigungsfreiheit, Gesetz über die örtlichen Volksvertretungen (Nationalausschüsse), Bildung einer Staatlichen Kommission zur Vorbereitung einer föderativen staatsrechtlichen Lösung unter Leitung des stellvertretenden Vorsitzenden der Regierung Gustáv Husák.

Weniger Aufmerksamkeit wurde den offenen Dissonanzen in der Kultur- und Jugendpolitik gewidmet. In der Kunstpolitik vertraute die KPTsch offenbar auf die seit Jahrzehnten wirkende traditionelle Verbindung der tschechoslowakischen Intellektuellen mit der kommunistischen Partei. Sie vermochte nur ungenügend die Signale zu deuten, die von der von Eduard Goldstücker initiierten Kafka-Konferenz (27./28. Mai 1963) in Liblice ausgingen. Das war Nährboden für die Herausbildung oppositioneller Strömungen innerhalb der künstlerischen Intelligenz.

Eine Gruppe von Schriftstellern um Liehm, Kohout, Kundera, Kosík, Vaculík und Procházka probten auf dem IV. Schriftstellerkongreß 1967 den Aufstand. Die vom Chefredakteur der Literaturzeitschrift *Literární noviny*, Ludvík Vaculík[1], gehaltene Rede über das »Verhältnis zwischen Staatsbürger und Macht, zwischen Macht und Kultur« war eine offene Kampfansage und gezielte Provokation. 1968/69 gehörten diese Leute zu den treibenden Kräften, zu Initiatoren und Akteuren, die vorgaben, für die Korrektur von Fehlern und Mängeln einzutreten, faktisch aber daran mitwirkten, die sozialistische Gesellschaftsordnung zu untergraben.

Mit den Beschlüssen des XIII. Parteitags der KPTsch 1966 wurden auf den entscheidenden Politikfeldern wichtige Weichenstellungen vorgenommen. In der von der KPTsch im Dezember 1970 bestätigten umfassenden Analyse »Lehren aus der krisenhaften Entwicklung in der Partei und der Gesellschaft nach dem XIII. Parteitag der KPTsch« wird kritisch eingeschätzt: »Die Beschlüsse des XIII. Parteitages wurden jedoch nicht weiterentwickelt, sondern man ging in vielen Fällen von ihnen ab. Diese Tatsache haben die rechten und revisionistischen Kräfte ausgenutzt. Sie formierten sich zu einer allmählich anwachsenden Strömung, die sich schon lange vor dem Parteitag aus kleinbürgerlichen Elementen und aus Vertretern der besiegten Bourgeoisie herausgebildet hatte. Diese Elemente drangen auch in die Partei ein, besonders aber in den ideologischen Bereich und in die Massenmedien. Ihnen schlossen sich auch Menschen an, die angesichts der Schwierigkeiten den Kopf und das Vertrauen in die revolutionären Perspektiven verloren und verschiedene ›Theoretiker‹, die vom äußersten Dogmatismus zum Revisionismus übergingen. Die innere Offensive der rechten Kräfte ist eng mit den ideologischen Zentren des Antikommunismus in der Welt verbunden.«[2]

Vasil Bilak vermittelt dem Leser anschaulich, warum die Jahre 1967 bis 1969 zu Meilensteinen seines Lebens wurden. Er stellt die innenpolitische Entwicklung in der Tschechoslowakei ohne Anspruch auf Vollständigkeit kritisch und selbstkritisch dar und analysiert sie.

In fast allen politischen Lagern im In- und Ausland wird für das »Scheitern der Reformbewegung« in der ČSSR die fehlende Zeit genannt. Über die Zielstellungen der »Reformbewegung« hat man sich – wenn man von Ota Šik und Zdeněk Mlynář absieht – kaum geäußert. Bis zur sogenannten samtenen Revolution von 1989 hielten sich alle Protagonisten weitgehend bedeckt.

Kein seriöser Zeithistoriker hat meines Wissens untersucht, welche Reformkonzepte für die demokratischere Erneuerung der sozialistischen Gesellschaft in der ČSSR überhaupt existierten.

Mir sind drei bekannt:

– die Reformvorstellungen Ota Siks, die nach eigenem Bekunden von vornherein auf die Restauration der kapitalistischen Marktwirtschaft gerichtet waren;

– das staatsrechtliche Konzept von Zdeněk Mlynář, das auf die Wiederherstellung der bürgerlich-parlamentarischen Demokratie hinauslief;

– ein separatistisches Konzept (das aber von niemandem ernst genommen wurde): Es sah eine trilaterale Föderation der ursprünglichen böhmischen Kronländer Böhmen, Mähren und Schlesien vor. Die Slowakei war von vornherin ausgeklammert.

Šik und Mlynář haben ihre Reformvorstellungen mit sozialistischer Phraseologie, die keineswegs auf eine Verbesserung des sozialistischen Gesellschaftsprojekts zielten, in den 70er und 80er Jahren ausführlich dargelegt und publiziert.

Es fällt aber auf, daß in den vielen Jahren, als der Zeitfaktor kein Argument mehr war, als genug Zeit zum Nachdenken und Nachbessern war und auch Publikationsmöglichkeiten (im Westen) bestanden, niemand aus dem Kreis der reformfreudigen tschechischen oder slowakischen Dissidenten auch nur ein einziges reformtaugliches Konzept entwickelt, geschweige denn publiziert hätte.

Und niemand dechiffrierte, was unter »Sozialismus mit menschlichem Antlitz« zu verstehen war.

Der Bogen, der in der tschechischen Fachliteratur vom »Prager Frühling 1968« zum »samtenen Herbst 1989« gespannt wird, ist das späte Eingeständnis des eigentlichen Charakters der politischen Ereignisse um die Jahre 1968/69 und verdeutlicht zugleich die Umrisse der politischen Zielstellungen des Herbstes 1989 in der Tschechoslowakei.

Die 68er Führung der KPTsch, offenbarte 2003 der Prager Historiker Karel Hruby, habe es trotz positiver Änderungen und Vorschläge weder vermocht noch beabsichtigt, »im Gesellschaftsmodell von Sozialismus und Demokratie den Schatten der Grundpostulate der marxistisch-leninistischen Ideologie und des geschlossenen politischen Systems, das von einer Partei geleitet wird, zu überschreiten.

Eine andere Gestalt und Alternative des ›Prager Frühlings‹ vertrat [...] ein kritisch denkender Teil der Intelligenz, der am Rande der Kommunistischen Partei oder außerhalb von ihr stand und der die

Meinung eines bedeutenden Teils der Bevölkerung zum Ausdruck brachte und beeinflußte. Einzig und allein diese Positionen können das aktuelle Vermächtnis des ›Prager Frühlings‹ unter dem Gesichtspunkt des seit den 90er Jahren in der Tschechoslowakei resp. der Tschechischen Republik errichteten liberaldemokratischen Systems ausmachen«, schrieb der Mitarbeiter des Instituts für Zeitgeschichte der Tschechischen Akademie der Wissenschaften in seiner Studie »Perspektiven des Prager Frühlings«.[3]

Der Nachweis, daß das restaurative Konzept »die Meinung eines bedeutenden Teils der Bevölkerung zum Ausdruck brachte und beeinflußte«, wird schwerlich zu erbringen sein.

Selbst Präsident Václav Klaus räumte im Januar 2006 auf einem Seminar über 15 Jahre Kapitalismus in Tschechien ein, daß 1989 die Mehrheit der Bevölkerung keine Wiederherstellung des Kapitalismus gewollt habe: »Der Zusammenbruch des Kommunismus rief eine Euphorie und nationale Einheit hervor, die jedoch ausschließlich negativ war. Die Alternative zum Kommunismus war damals für die Mehrheit der Menschen nicht der Kapitalismus. Man fuhr im Träumen und Suchen nach utopischen dritten Wegen in der Ökonomie, in der Innen- und Außenpolitik fort.

Die Opponenten des Kapitalismus rekrutierten sich aus den ehemaligen Kommunisten der 60er Jahre und Dissidenten aus der kulturellen und intellektuellen Sphäre.«[4]

Die Frage, die uns beim Vergleich von 1968 und 1989 aber viel mehr beschäftigen sollte – und darauf konzentriert sich auch Bilak –, ist die nach dem Szenario der Konterrevolution. Welche Schritte wurden gegangen, um die bestehenden Verhältnisse »zum Tanzen zu bringen«? Was passierte unter der Oberfläche, hinter den Kulissen? Wer zog wie die Fäden? Wie wurde Meinung gemacht? Auf welchem Wege besetzte man Schlüsselpositionen?

So betrachtet, kann man 1968 als Probelauf für 1989 nehmen. Oder anders formuliert: 1969 war man gescheitert, 1989 war die Reaktion erfolgreich. Nicht nur in der ČSSR.

Insofern stimmte Bilaks seinerzeit getroffene Feststellung, daß ohne das Bündnis mit der Sowjetunion der Sozialismus in der ČSSR zum Scheitern verurteilt sei.

Er meinte damit, daß die KPTsch dieses Bündnis mit der KPdSU nicht aufgeben dürfte.

Aber seine richtige Aussage galt auch in der Umkehrung – die

Aufkündigung des Bündnisses durch die KPdSU hatte die gleichen Folgen! Und zwar für alle Beteiligten.

Die weltweite antikommunistische Allianz hat seit 1917 ihr Instrumentarium entwickelt. Ihre Angriffe wurden auf allen Feldern geführt, scheinbar frontal und auf der ganzen Linie. Doch bei genauerer Betrachtung bestimmter Ereignisse (1953 DDR, 1956 Ungarn und Polen, 1968 ČSSR) wird deutlich, daß trotz komplexer Handlung stets die Konzentration auf ein Land erfolgte. Und stets eskalierten dort innenpolitische, also hausgemachte Entwicklungen, die scheinbar nichts mit der Weltlage und der Systemauseinandersetzung zu tun hatte. Es waren »Volksaufstände«, die dem »Drang nach Freiheit« Gestalt gaben, der »Schrei nach Demokratie« und das Bedürfnis, sich des »Jochs der Zwangherrschaft« zu entledigen, trieb die Menschen dazu, sich gegen die »kommunistischen Machthaber« aufzulehnen. Spontan und unvorbereitet ...

Daran glaubten nicht mal jene, die diese Märchen in die Welt setzten.

Franz Josef Strauß enthüllte in seinem 1966 verlegten Buch »Entwurf für Europa« die tatsächliche Strategie: »Eine solche Politik der gesamteuropäischen Auflockerung kann nur Schritt für Schritt zum Erfolg führen. Man wird kaum eine rasche Lösung erwarten können, sondern eher in Dimensionen eines historischen Prozesses denken müssen.

Während dieser Periode müssen wir die ost- und südosteuropäischen Völker durch kulturelle und wirtschaftliche Bindungen stärker an Westeuropa heranziehen: durch Jugend- und Akademikeraustausch, durch Tourismus, Sportveranstaltungen und viele andere passende Mittel.«[5]

Und: »Unser Bestreben muß darauf gerichtet sein, eine dort in den ersten Ansätzen erkennbare Entwicklung zu fördern und zu dem Punkte zu bringen, von dem aus es keine Rückkehr mehr zu den alten Methoden des Terrors gibt.«[6]

Mit dem ihm eigenen strategischen Weitblick brachte das Strauß in seinem 1966 in London erschienen Buch »The Grand Design« auf den Punkt: »Eine wirtschaftliche Zusammenarbeit sollte den kommunistischen Regimen nicht helfen, ihre Macht zu festigen und die Mängel und Lücken in ihrem System zu überwinden: Wirtschaftshilfe sollte an bestimmte Projekte gebunden sein, die diese Länder enger an den Westen als an den Osten binden. Die kommunistischen Regime sollten langsam abgebaut werden. Diesen Prozeß müssen wir fördern und unterstützen.«[7]

Den tschechoslowakischen Spitzenpolitikern jener Jahre darf man unterstellen, daß ihnen westliche Strategien mit diesen Zielstellungen bekannt waren. Folglich kann man auch vermuten, daß die Dubček-Führung sich bewußt war, wohin der von ihnen eingeschlagene Weg führen würde. Mithin: Sie wußten, was sie taten!

Wenn wir die »weichen« Staatsstreiche der letzten Jahrzehnte nehmen, die zur Restauration bürgerlich-demokratischer, also kapitalistischer Verhältnisse führten, werden wir nicht nur feststellen, daß immer die gleichen Kräfte von außen daran mitwirkten. Es lief und läuft auch alles nach dem gleichen Muster – von Serbien bis zur Ukraine.[8]

In der Tschechoslowakei war spätestens 1967/68 die Lage aufgrund objektiver, aber vor allem subjektiver Faktoren reif für gesellschaftliche Veränderungen. Die Dubček-Führung suchte bald vergessen zu machen, daß die sozialistischen Länder zu Jahresbeginn 1968 (zum 20. Jahrestag des Februarsieges) die bis dahin bekannt gewordenen Veränderungen solidarisch unterstützt hatten. Ebensowenig konnten bei notwendigen Veränderungen die von der dominierenden Sowjetunion gezogenen gesellschaftspolitischen Konturen und die damit zusammenhängenden existentiellen Interessen der anderen sozialistischen Staaten in der weltweiten Systemauseinandersetzung außer acht bleiben. Über diesen Rahmen hinausgehende Vorstellungen waren realitätsfern und illusionär. Hinzu kommt, daß die »progressiven Reformer« in der konkreten politischen Praxis über weite Strecken in die Rolle von Zauberlehrlingen gerieten und mit innen- und außenpolitischen Konstellationen konfrontiert wurden, die sie nicht wahrhaben wollten oder konnten.

Es ist schon erstaunlich, daß bis heute die Geschichte dieses »Reformversuchs« vordergründig mit dem Namen Dubček verbunden wird. Bis heute scheuen auf Objektivität bedachte Autoren davor zurück, Namen derer zu nennen, die die gesellschaftlichen Veränderungen 1967/68 auf den Weg gebracht haben, nämlich Leute wie Vasil Bilak, Miloš Jakeš, Drahomír Kolder, Antonín Kapek, Alois Indra, Jozef Lenárt, Gustáv Husák, Lubomír Štrougal, Karel Hoffmann, Vilem Novy, Jan Fojtík und viele andere. Ihr

Fehler bestand offenkundig darin, daß sie nicht zu den Bewunderern Alexander Dubčeks oder Josef Smrkovskýs zählten.

Sie wählten Alexander Dubček, soweit sie ZK-Mitglieder waren, im Ringen um die überfällige Ablösung Antonín Novotnýs als Kompromißkandidaten zum Ersten Sekretär des ZK der KPTsch, ohne zu ahnen, wen sie da wirklich an die Spitze der Partei gestellt hatten. Dubček, das liest man bei Bilak heraus, war ein intellektuell mit dieser Aufgabe überforderter mittelmäßiger Funktionär, der nicht nur charakterlich schwach war, sondern auch politisch instinktlos. Keine Führungspersönlichkeit, wohl aber leicht zu führen, wenn man ihm schmeichelte und ihn hofierte. Sein schlichtes Gemüt ließ ihn als volksnah erscheinen. Er war nicht so hölzern wie die meisten Funktionäre, nicht so unnahbar und unverständlich wie die »Vordenker«. Eher ein Typ, wie er Jahrzehnte später als Gorbatschow neuerlich die politische Bühne betreten sollte. So einen brauchten die Strategen der Konterrevolution. Und Dubček ließ sich offenkundig führen.

Kaum ein Wort wird verloren über jene zweigeteilte ZK-Tagung im Dezember 1967 und im Januar 1968, die immer als »Januarplenum« bezeichnet wurde. Die dort verabschiedete Resolution wurde später als Initialzündung für den »Prager Frühling« bezeichnet. Tatsache ist, daß darin über die Entbindung Novotnýs von der Funktion des Erstens Sekretärs und der Wahl Dubcěks zu seinem Nachfolger informiert sowie eine Reihe Absichtserklärungen und grundsätzliche Orientierungen für die Arbeits- und Leitungsmethoden in den Partei- und Staatsorganen gegeben wurde, die aber nicht das bedeuteten, was ihnen im Nachgang zugeschrieben wurde. Zumal sie der Öffentlichkeit nur referierend und kommentiert, also selektiv, bekanntgegeben wurden. (Wie wenig »transparent« die vermeintlichen »Reformer« tatsächlich waren, offenbarte allein die Tatsache, daß die Resolution erstmals im Oktober 1969 im Wortlaut publiziert wurde.) Sie ist von den Protagonisten um Dubcěk vor dem Partei- und Staatsvolk aber stets als Richtschnur ihres Handeln ausgegeben worden.

Die Orientierungen hatten zunächst durchaus mobilisierende Wirkung. Doch als die Konkretisierung, die Ausgestaltung der Vorgaben ausblieb, verlor sich die Ermutigung für die einen. Für die anderen jedoch öffneten sich Räume der Interpretation.

Ein kritischer Vergleich der Resolution mit dem im Februar erarbeiteten und im April verabschiedeten »Aktionsprogramm« hätte offenbart, inwieweit dieses Papier von der grundsätzlichen Orientierung vom Januar abwich. Und damit wurden Weichen gestellt. Es enthielt die von Šik, Mlynář und Richta hineinformulierten Denkansätze für prinzipielle Systemänderungen. Vom ZK beschlossen, stellte das »Aktionsprogramm« die legale Basis für die Konterrevolution dar. Insofern verständlich, daß für die Rechten sich nicht an der »Januarresolution«, sondern am »Aktionsprogramm« die Geister schieden und sie dessen Kritiker insbesondere mit Hilfe der von ihnen beherrschten Medien als »Dogmatiker« und »Konservative« stigmatisierten.

Als Markenzeichen des »Prager Frühling« gilt die Einführung »demokratischer Freiheiten«. Die »Freiheit« bestand darin, daß insbesondere Parteigänger von Kriegel und Smrkovský sagen, senden und drucken konnten, was sie wollten. Unter »Freiheit« verstanden sie die Abwesenheit bisher gültiger politischer Grundsätze sowie moralischer und ethischer Maßstäbe. Sie wurde partiell zur Volksverhetzung.

Die militanten Pressionen der »Straße«, als Vollzug eines vermeintlichen »Volkswillens«, tarnten sich nicht einmal als demokratisches Verhalten. Wenn es gegen »Dogmatiker« und »Konservative« ging, war alles erlaubt.

Journalistische Sorgfaltspflicht: ein Fremdwort. Jedes Gerücht wurde ungeprüft verbreitet, wenn es nur in das antisozialistische Raster paßte. Wer die Massenpsychose jener Zeit erlebte – und ich war dabei: Ich arbeitete in Prag –, diesen inszenierten Druck »von unten«, diese Haßorgien, der vermag auch heute kaum ruhig zu bleiben, wenn er sich dessen erinnert.

Es kamen einige Jugendliche zusammen, skandierten Losungen, schwenkten Fahnen, und die Journaille lauerte im Gebüsch. Dann rückte die Miliz an, versuchte die Straße zu räumen, damit der Verkehr passieren konnte. Zunächst freundlich-höflich, dann zunehmend ernster werden und schließlich fest zupackend, als den Aufforderungen nicht Folge geleistet wurde. Und schon klickten die Kameras und schwenkten die Objektive. Das waren die Bilder, die man brauchte, und die Rundfunkmikrofone fingen die Schreie und Hilferufe ein. Das war so billig und primitiv, aber wirksam.

Wie sah es mit den ursprünglichen und tatsächlichen Reformansätzen aus? Es kamen Analysen eines Forscherteams von Soziologen, Philosophen, Ökonomen und Gesellschaftswissenschaftlern, die sich um Radovan Richta[9] von der Akademie der Wissenschaften geschart hatten, Studien kamen von der Slowakischen Akademie der Wissenschaften, der Tschechischen und Slowakischen Technischen Hochschulen, der Hochschule für Ökonomie, der Politischen Hochschule des ZK der KPTsch, aus der ideologischen und der volkswirtschaftlichen Abteilung des ZK der KPTsch, der Staatlichen Plankommission, aus einigen Fachministerien und Forschungseinrichtungen. Diese Arbeiten, publiziert unter dem Titel »Zivilisation am Scheideweg«, führten nicht einmal ansatzweise zu praktischen Schlußfolgerungen für die politische, ökonomische und gesellschaftliche Tätigkeit, obwohl die Studien als Dokumente dem XIII. Parteitag der KPTsch (31.5. bis 4.6.1966) zugänglich gemacht worden waren. Radovan Richta hatte jedoch klar gesagt: »Diese Studie hat theoretischen, konzeptionellen Charakter und bewegt sich auf der Ebene akademischer Forschung. Tiefe und Inhalt der wissenschaftlich-technischen Revolution und ihre gesellschaftlichen und menschlichen Zusammenhänge gestatten es auf der erreichten Stufe der Wirklichkeit und der Erkenntnis nicht, detailliert einen fertigen, praktisch anwendbaren Komplex von Maßnahmen festzulegen, um so weniger irgendein Rezept zu verabreichen; jeder Schritt in der angedeuteten Richtung erfordert eine selbständige schöpferische Umsetzung durch die leitenden Organe.«[10]

Diese selbständige schöpferische Umsetzung haben die leitenden Organe weder unter Führung Novotnýs noch unter Dubček oder Husák auf den Weg gebracht.

So ist lediglich die von Ota Siks Team in der Akademie der Wissenschaften konzipierte Wirtschaftsreform ins Bewußtsein der Öffentlichkeit gedrungen, deren Grundgedanken auch den Ökonomen in der DDR nicht fremd waren.[11] Jahrzehnte später erklärte der in die Schweiz emigrierte Professor freimütig, daß das Ziel dieser Reform von Anfang an die Restauration des Kapitalismus in der Tschechoslowakei gewesen sei. 1990 redete er Klartext: »Wir, der Kern der ökonomischen Reformer, versuchten in Prag damals eben nicht den Kommunismus zu reformieren. Unser eigentliches Ziel war, ihn abzuschaffen und ein neues System aufzubauen. Man hat zwar immer von der Reform hin zu einer sozialistischen Demokratie oder sozialistischen Marktwirtschaft sprechen müssen, weil man sonst überhaupt nicht an die Öffentlichkeit gelangt wäre […] Wir konnten nicht öffentlich von der Notwendigkeit großer privater Unternehmungen sprechen. Auch während des Prager Frühlings ließ die damalige politische Führung das nicht zu. Das ist nun anders. Heute ist es ein direkter Übergang zur kapitalistischen Marktwirtschaft [...] Der Begriff der Reform war ein Zugeständnis an die Machtverhältnisse«[12]

Einen vergleichbaren Schlüsselsatz gebrauchte später auch Gorbatschow. Auch er hatte angeblich von Anfang an im Sinn, mit Glasnost und Perestroika den Sozialismus zu überwinden.

Gorbatschows Studienfreund aus den 50er Jahren, Zdeněk Mlynář, war der Spiritus rector des Konzepts von der Transformation des sozialistischen Gesellschaftssystems in eine parlamentarische Demokratie westlichen Typs. Nach eigenem Bekunden hatte er sich im Institut für Staat und Recht der Akademie der Wissenschaften auch mit seiner Dissertation über Machiavelli das nötige Rüstzeug dafür angeeignet.

Subtil sollten unter »demokratischen« Vorwänden vollendete Tatsachen geschaffen werden, die die Machtmechanismen des sozialistischen Staates lähmen und lahmlegen, ohne dabei den Einsatz des staatlichen Gewaltmonopols zu provozieren – Konterrevolution auf Samtpfoten und von populistischer Demagogie begleitet. »Es handelte sich im Grunde um den Versuch, die kommunistische Partei zwar nicht dem politischen Druck auszusetzen, der sie von der Macht vertreiben könnte, aber gleichzeitig bis zu dieser Grenze den Druck auch opponierender sozialer Kräfte zuzulassen. Es handelte sich also um keine pluralistische politische Demokratie westeuropäischen Typs, aber es war gleichzeitig nicht mehr das sowjetische politische System.«[13]

Von Vervollkommnung des Sozialismus war (und ist) keine Rede, das vorgeblich angestrebte »menschliche Antlitz« folglich nur Phrase, wenn nicht Maske. Das räumte Ota Šik 1990 in der Zeitung *Die Welt* und in einem Interview mit der Prager Tageszeitung *Mladá fronta* ein.[14]

Die Stichworte für Reformen waren im Aktionsprogramm der KPTsch vom April 1968, besonders in den Teilen, die von Zdeněk Mlynář und Radovan Richta formuliert worden waren, sparsam dosiert und im Kontext sorgfältig verteilt enthalten. Ihre konzeptionelle Ausarbeitung hätte die eigentliche Zielstellung offengelegt. Das war bei den im Lande bestehenden politischen Kräfteverhältnissen mit Risiken für derartige Projekte und ihre geistigen Väter verbunden. Deshalb praktizierte man die Taktik der kleinen Schritte und setzte auf die normative Kraft des Faktischen, das mit Hilfe der Medien in das Bewußtsein der Öffentlichkeit einsickerte.

Die inzwischen offenen Archive bieten die konkreten Fakten, mit denen das im Detail belegbar ist. Man kann es aber auch in Mlynárs Erinnerungen nachlesen: »Vom Gesichtspunkt der realen Entwicklung des Systems der totalitären politischen Diktatur, das hier herrschte, war allerdings derselbe Reformkommunismus die ausschlaggebende politische Kraft, die das System aushöhlte und den Weg für eine tatsächliche politische Demokratie öffnete. Der Reformkommunismus stellte zwar nicht die endlich gefundene praktische Lösung dar, aber er wies den Weg zu einer solchen Lösung.«[15]

Die Umwandlung des tschechoslowakischen Staates in eine Föderation der Tschechen und Slowaken war das einzige zum Abschluß gebrachte Reformprojekt. Dadurch wurde die staatsrechtliche Gleichberechtigung der beiden Völker und der in der Tschechoslowakei lebenden Minderheiten kodifiziert. Das findet allerdings keine Erwähnung. Ich vermute, weil der Vorsitzende der Kommission zur Ausarbeitung des Projekts der Staatsrechtler Dr. Gustáv Husák war.

Das internationale Umfeld und das Kräfteverhältnis in Europa hielten die geistigen Väter des »Erneuerungsprozesses« für günstig: Die Johnson-Administration in den USA war noch intensiv durch die Vietnam-Aggression gebunden. Brzezinskys Konvergenztheorie versuchte Brücken zu bauen. Erste Entspannungsschritte in der Systemauseinandersetzung zwischen den Großmächten waren unternommen worden. Brandt als Außenminister in der Bonner Großer Koalition brachte zusammen mit Egon Bahr das Konzept »Wandel durch Annäherung« in die politische Diskussion ein. Ideelle und materielle Unterstützung aus den USA und aus Westeuropa war grenzüberschreitend möglich geworden, zuvörderst die besondere Unterstützung für alle Initiativen in Richtung Aufweichung bzw. Austritt aus Warschauer Vertrag und Neutralitätsabsichten.

Die ČSSR wurde das schwächste Glied in der Kette.

Die innenpolitische Entwicklung, insbesondere die Wirtschaft, wurde von den USA und ihren Verbündeten aufmerksam beobachtet und analysiert. Das Hofieren oppositioneller Intellektueller, Tourismus, Kultur- und Sportaustausch und wirtschaftliche Offerten – Präferenzen im Außenhandel, die Verlockung von Stand by-Krediten, Unterstützung für eventuelle IWF-Mitgliedschaft gehörten zur Umarmungsstrategie, die insbesondere von den USA und der Bundesrepublik praktiziert wurde.

Der Umstand, daß nahezu ein Jahr antisozialistische Käfte über die Massenmedien verfügten, sorgte dafür, daß im In- wie Ausland ein Bild über den »Reformprozeß« vermittelt wurde, das nicht der Wirklichkeit entsprach. Das räumten später Leute wie Šik oder Mlynář freimütig ein. Man habe damit den Nebel gelegt, um die eigentlichen Intentionen der »Reformer« zu verschleiern.

Die Bilder von der Straße, von einem populären Dubček, der vermeintliche Aufbruch der Medien in Offenheit und Freiheit suggerierten auch bei vielen ehrlichen Menschen im Ausland den Eindruck, daß sich der Sozialismus in der ČSSR positiv entwickele, quasi einen Quantensprung machte. Der »Sozialismus mit menschlichem Antlitz« schien Gestalt anzunehmen.

Das war Fassade.

In Zentren wie Prag, Bratislava und Brno wurde in den Sommermonaten die Machtübernahme vorbereitet, die auf dem XIV. Parteitag durch die Wahl einer neuen Führung legal erfolgen sollte. Die Verbündeten, die diese Prozesse von außen aufmerksam und kritisch verfolgten, warnten Prag ein ums andere Mal, daß sich da etwas zusammenbraue. Konspirativ hatte man das Zivilschutzsystem in Prag mit Kommandozentralen vorbereitet, um auf einen möglichen Bürgerkrieg vorbereitet zu sein. Standorte für illegale Fernseh- und Rundfunksender waren bestimmt und mit Sendetechnik ausgestattet worden, es gab bereits Verhaftungslisten und Pläne für Internierungslager, die Auslandsvertreter hatte man bereits instruiert, den Austritt aus dem Warschauer Pakt vorzubereiten.

Als die Hinweise nicht fruchteten und Prag das eigene Machtmonopol zur Durchsetzung der verfassungsmäßigen Ordnung nicht nutzte, mußten die Verbündeten selber handeln.

Die gängige Firmierung der Intervention der Staaten des Warschauer Vertrages am 21. August 1968 – wobei die Nichtteilnahme der DDR an den militärischen Aktionen inzwischen Gemeingut sein sollte – als »Niederschlagung des Reformprozesses« wurde vor allem von jenen erfunden und verbreitet, denen die außenpolitische

Motivation der Staaten des Warschauer Vertrages, nämlich die Bewahrung der Geschlossenheit der sozialistischen Gemeinschaft, die Erhaltung des Status quo in Europa und des Gleichgewichts der Kräfte im Kalten Krieg, mithin die Zerstörung von Hoffnungen auf Durchlässigkeit von über 800 km Grenzen zur NATO, nicht ins Konzept paßte.

Unermüdlich wird seit 1968 bis heute die These kolportiert, daß der in der zweiten Hälfte der 60er Jahre sich anbahnende Entspannungsprozeß durch die militärische Intervention am 21. August 1968 einen Rückschlag erlitten habe. Wenn man von der anfänglichen, zweifellos eingetretenen Schockwirkung auf die internationalen Beziehungen absieht, die das militärische Eingreifen von Staaten des Warschauer Vertrages ausgelöst haben mag, läßt allein die Kontinuität der Chronologie der Verhandlungen zwischen Ost und West – angefangen vom sogenannten »Bahr-Papier« über die KSZE-Verhandlungen bis zur Unterzeichnung der Schlußakte von Helsinki 1975 – zumindest auch gegenteilige Schlußfolgerungen zu. Willy Brandt dürfte als unverdächtiger Zeitzeuge gelten. In seinen 1989 veröffentlichten Erinnerungen schreibt er rückblickend: »Im Herbst 1968 wurde in New York am Rande der UN-Vollversammlung [...] bei eben jener Sonderzusammenkunft der NATO-Außenminister die Lage nach den Prager Ereignissen erörtert. Man stellte fest, daß der schreckliche Vorgang, den wir nicht hatten verhindern können, als ein Rückfall in böse Formen von Aggressionen zu werten sei, daß aber gleichwohl am Kurs festgehalten werden müsse, und der hieß: Abbau der Ost-West-Spannungen. Daß über geringfügige Ergänzungen der militärischen Vorkehrungen gesprochen wurde, war bloße Optik, denn niemand glaubte, daß der Westen anders oder mehr bedroht sei als vor dem Einmarsch.«[16]

Die Klarstellung des damaligen internationalen Kräfteverhältnisses in der Ost-West-Auseinandersetzung hat offenbar dazu geführt, daß Illusionen in der NATO als Illusionen erkannt wurden und dies auf westlicher Seite dazu beigetragen hat, damals unerläßliche Schlußfolgerungen zu ziehen und sich friedlicher Kooperation nicht zu verschließen.

Am problematischsten war der Differenzierungsprozeß nach dem Einmarsch der verbündeten Truppen innerhalb der internationalen kommunistischen und Arbeiterbewegung. Hier spielten auch die erwiesenen Täuschungsmanöver Dubčeks durch bewußte

Desinformationen (z. B. gegenüber der KPF während des Treffens von Dubček mit Waldeck-Rochet) eine erhebliche Rolle. Der Klärungsprozeß erreichte bis zur Weltberatung der Kommunistischen und Arbeiterparteien 1970 einen Reifegrad, der das Zusammenwirken der Weltbewegung weiterhin ermöglichte.

Die sozialistischen Länder konnten sich in allen Phasen der Entwicklung des Kräfteverhältnisses im Kalten Krieg der Weltsysteme nur in einem politischen, wirtschaftlichen und militärischen Bündnis mit der Sowjetunion und untereinander gegen den Imperialismus behaupten und ihr alternatives Gesellschaftsprojekt zum kapitalistischen Modell entwickeln. Ein reformatorischer Alleingang nach tschechoslowakischem Muster hatte objektiv von Anfang an keine reale Chance. Das existentiell unverzichtbare Bündnis aller sozialistischen Länder war aufgrund der historischen Erfahrungen jedes einzelnen Landes alternativlos . Das ist nach der Destruktion der Sowjetunion inzwischen bewiesene Wirklichkeit.

Deshalb spielte seit der Herausbildung der sozialistischen Gemeinschaft und folglich auch in der tschechoslowakischen Krise der Jahre 1968/69 das Verhältnis zur Sowjetunion wie die Beziehungen der Tschechoslowakei zu den anderen sozialistischen Ländern und umgekehrt eine Schlüsselrolle. Die unbedingte Solidarität untereinander war die Existenzbedingung aller. Aus diesem Grunde waren gesellschaftliche Veränderungen in einem Land, die sich von den gemeinsamen Grundlagen entfernten, ganz und gar nicht die Angelegenheit eines einzelnen Landes allein. Dazu mußte keine Doktrin erfunden werden, das ist innerhalb enger Bündnisbeziehungen so und wird – vielleicht verbunden mit modifizierten Lösungswegen – so bleiben. Alle gesellschaftlichen Veränderungen, die sich isoliert von den Verbündeten und in ihrer Zielsetzung gegen sie richteten, hatten das reformatorische Vokabular folglich als taktischen Vorwand. Bestrebungen in dieser Richtung liefen objektiv auf grundlegende Systemveränderung und damit auf Veränderung des internationalen Kräfteverhältnisses hinaus. Dessen waren sich die treibenden Kräfte in der Tschechoslowakei – und noch viel mehr ihre ausländischen Mäzene – wohl bewußt. Auch das muß man heute nicht mehr beweisen. In den 1966 veröffentlichten Büchern von Strauß[17] und von Brzezinski[18] wurden die Weichen rechtzeitig paßgerecht gestellt.

Angesichts dieser gezielten Offensive konnten sich die sozialistischen Verbündeten der sozialistischen Tschechoslowakei nicht passiv verhalten. In einem solchen Verbund von Völkerrechtssubjekten bleiben bei weitgehender Übereinstimmung der grundlegenden Interessen und Ziele sowie vielfältiger bilateraler und multilateraler Kooperationsbeziehungen Meinungsverschiedenheiten, Interessenkollisionen, Mißverständnisse, also vielfältige Konfliktpotentiale nicht aus. Vasil Bilak läßt den Leser in seinen Erinnerungen sehr intensiv und detailliert nachempfinden, welches hohe Maß an Verständnis, an Gesprächsbereitschaft und konkreten Hilfsangeboten die fünf mit der ČSSR benachbarten sozialistischen Länder allein im Verlaufe des Jahres 1968 aufgebracht haben, um eine gemeinsame Sprache zu finden.

Die Zielstellung von 1968/69 mußte aus bekannten Gründen vertagt werden, es brauchte zwei Jahrzehnte dazu. Die konterrevolutionäre Entwicklung im Jahre 1989 in der damaligen Tschechoslowakischen Sozialistischen Republik wie auch in anderen osteuropäischen Ländern wurde – das ist heute ebenfalls unbestritten – erst durch die Politik Gorbatschows ermöglicht und befördert und gewann durch die Signal- und Sogwirkung, die von den Entwicklungen des Herbstes 1989 in Polen und der DDR ausgingen, an Dynamik. (Die KP Böhmens und Mährens scheut sich nicht, konterrevolutionäre Entwicklungen als solche zu benennen, obwohl das Tschechische auch den griffigeren Begriff »Wende« kennt).

Die Charta 77 diente als Sammelbecken und organisatorischer Zusammenschluß jener Kräfte, die schon als Akteure oder stille Sympathisanten hinter der berüchtigten Rede Ludvík Vaculíks auf dem Schriftstellerkongreß von 1967 und den von ihm verfaßten *2000 Worten* aus dem Jahre 1968 standen. Aus ihrer Niederlage in den 60er Jahren schlußfolgernd, formulierten sie durch Korb 3 der Schlußakte von Helsinki gefilterte Postulate und Vorstellungen moderater, um angeblich ein Angebot zum Dialog zu unterbreiten, vor allem aber neue Verbündete im Inland und Unterstützung im Ausland zu gewinnen, was ihnen auch gelang. Es gibt keinen Grund, an einer Information im britischen *Guardian* vom Dezember 2004 zu zweifeln, in der der seinerzeit dafür zuständige britische Geldkurier mitteilt, daß auch die tschechoslowakischen Dissidenten in den 80er Jahren ein monatliches Salär von 600 Dollar empfingen.[19] Und das Geld hat auch einen Absender: die Stiftung *Open Society Fund* von George Soros.[20]

In dem von Anbeginn politisch heterogenen Charta-Konglomerat, unter dessen Message schließlich an die 2.000 Unterschriften standen, vollzog sich in den 80er Jahren ein Differenzierungsprozeß, der aus divergierenden strategischen Grundlinien folgte, welche von reformistischen bis rechtskonservativen Dissidenten polarisierend vertreten wurden. Die Solidarität der Dissidenten reichte bis zum November 1989. Als es um die Macht ging, setzte ein gnadenloser Verdrängungswettbewerb ein, aus dem sich die um Václav Havel einerseits und Václav Klaus andererseits gescharten konservativen Kräfte als »neue politische Klasse« formierten. Die 1968/69 hochgelobten »sozialistischen Reformer« waren 1989/90 nicht mehr gefragt. Sie wurden kaltgestellt, wieder ins Exil getrieben (Mlynář) oder kamen gewendet in den neuen Parteien oder den auch in der Tschechoslowakei existierenden Blockparteien unter. Nur ein Mann wie Dubček wurde geduldet. Es wurde aber peinlich darauf geachtet, daß er keine Laternen anzünden oder einwerfen konnte. Er hat sich bis an sein tragisches Lebensende daran gehalten.

Die sogenannte »Samtene Revolution« vom November 1989 – von Havel & Co. übernommene zynische Begrifflichkeit der *velvet revolution* für Restauration des Kapitalismus in der damaligen Tschechoslowakei – war die Fortsetzung der konterrevolutionären Komponenten des »Prager Frühlings« – darüber bestehen im Kern kaum Meinungsverschiedenheiten unter tschechischen Politologen und Politikern. Inzwischen gibt es Unmengen von Studien zur Geschichte der letzten 50 Jahre der Tschechoslowakei bzw. Tschechiens. Erstaunlicherweise finden sich kaum Arbeiten marxistisch orientierter tschechischer Zeithistoriker darunter und auch wenige Aussagen von Zeitzeugen linker Orientierung, mögen sie sich selbst zu den Dissidenten gerechnet haben oder nicht.

Im Nachbarland konnten sich die treibenden oppositionellen Akteure Ende der 80er Jahre auf eine erhebliche Zahl bekannter oppositioneller Kräfte von beträchtlicher politischer Bandbreite mit Namen und Adresse stützen, die zunächst von sozialistischer Opposition bis zu bewußt antisozialistischen, konterrevolutionär-restaurativen Kräften reichte. Signifikant für diese Leute – stellvertretend seien Namen wie Goldstücker, Havel, Mlynář, Pelikán und Vaculík erwähnt – war ein militanter Antisowjetismus, den sie allerdings aus nachvollziehbaren Gründen erst im Exil expressis verbis erkennen ließen.

Der Initiator der legendären Kafka-Konferenz von 1963 und spätere Vorsitzende des tschechoslowakischen Schriftstellerverbandes, der Germanistikprofessor Eduard Goldstücker, hat im *ND* am 20. August 1998 daran erinnert, daß er es war, der jene Etikettierung von »progressiv« und »konservativ« in die politische Lexik jener Zeit einbrachte. Und er stellt dann mit Verbitterung fest: »Die neue Machtelite will den Prager Frühling vergessen machen bzw. ihn in sein Gegenteil verkehren. Die Reformkommunisten haben das Schwarz-Weiß-Denken überwunden (?!), die sogenannten Befreier von 1989 (mit Vaclav Havel an der Spitze) pflegen es.«[21]

Vasil Bilaks authentische Zeugnisse schließen erhebliche Wissenslücken. Darin liegt ihr hoher Wert.

1 Ludvík Vaculík war auch der Autor des Aufrufs »2000 Worte« vom Juni 1968, vgl. Neues Deutschland, 20.8.2003.

2 Fojtík, Hartmann, Schmid: Die ČSSR 1968, Lehren der Krise, Verlag Marxistische Blätter, Frankfurt/Main, 1978, S. 113.

3 Zeitschrift »Soudobé dejiny« X (2003) Nr. 4.

4 Im CEP, Zentrum für Politik und Ökonomie der ODS, fand am 10.1.2006 ein Seminar zum Thema: »15 Jahre seit der Erneuerung des Kapitalismus in unserem Land!« mit Václav Klaus als einem der Hauptreferenten statt; vgl. CEP-Newsletter, Januar 2006.

5 F. J. Strauß, »Entwurf für Europa«, Seewald-Verlag Stuttgart, 1966, S. 44.

6 Ebenda, S.45.

7 F. J. Strauß, zitiert nach: Fojtík, Hartmann, Schmid: Die ČSSR 1968. Lehren der Krise, Verlag Marxistische Blätter, Frankfurt/M. 1978.

8 Der Spiegel: Die Revolutions-GmbH, Nr. 46/2005, S. 178 ff., Forts. Nr. 47/2005, S. 184ff.

9 Radovan Richta war als Wissenschaftler von Rang ein Mann im Hintergrund, einer der führenden Köpfe der sogenannten Progressiven, dem u. a. nachgesagt wird, den Slogan vom »Sozialismus mit menschlichem Antlitz« erfunden zu haben.

10 Radovan Richta a kolektiv: Civilizace na rozcestí, Verlag Svoboda, Praha 1969, S. 310, übersetzt vom Hrsg.

11 Zu diesem Team gehörte auch Václav Klaus, nach 1989 Finanzminister, Ministerpräsident und Präsident der Tschechischen Republik, der sich 2005 in einem Interview dazu bekannte: »Ich arbeitete in dieser Zeit als junger wissenschaftlicher Mitarbeiter im Ökonomischen Institut der Tschechoslowakischen Akademie der Wissenschaften, wo jene berühmte tschechoslowakischen Wirtschaftsreform geboren wurde. Anders gesagt, ich war schon damals dabei.« Mladá fronta dnes, 22.8.2005.

12 Interview mit Ota Šik, »Wer will denn heute den Mischmasch aus Plan und Markt?«, in: Die Welt, 5.11.1990.

13 Zdeněk Mlynář: Krisen und Krisenbewältigung im Sowjetblock, Österreichisches Institut für Internationale Politik, Monographien 1, Köln 1983, S. 59.

14 Interview mit Ota Šik, »Der Weg zur Einsicht« in: Mladá fronta, 2.8.1990: »Wir konnten damals nicht alle unsere Absichten voll präsentieren [...] in meinen Erinnerungen beschreibe ich unsere Kulissenkämpfe mit Antonín Novotný. Auch für manche Reformkommunisten war nur der Gedanke an die Einführung des Privateigentums oder Gemeinschaftsbetriebe mit kapitalistischen Firmen eine Todsünde. Somit war auch der Dritte Weg ein Täuschungsmanöver. Schon damals war ich überzeugt, daß die einzige Lösung für uns der vollblütige kapitalistische Markt darstellt.«

15 Zdeněk Mlynář, Nachtfrost, Athenäum-Verlag 1988, 3. Auflage, S. 60.

16 Willy Brandt, Erinnerungen, Berlin 1989, Seite 180f.

17 F. J. Strauß, Entwurf für Europa, Stuttgart, 1966.

18 Z. Brzezinski, Alternative zur Teilung, Köln-Berlin 1966.

19 Mark Almond, »The price of People Power«, The Guardian, 7.12.2004.

20 »Im Jahre 1980 begann diese Stiftung die polnische Solidarnoscs-Bewegung und über die Stiftung Charta 77 in Stockholm auch die Opponenten des kommunistischen Regimes in der damaligen Tschechoslowakei zu unterstützen.« Quelle: Homepage der Stiftung Open Society Fund Praha, www.osf.cz.

21 Neues Deutschland vom 20.8.1998, Interview mit Eduard Goldstücker.

Biographien

Bilak, Vasil Dr. rer. pol., geboren am 11. August 1917 in Krajná Bystrá, Kreis Svidnik – Kommunistischer Politiker und Staatsmann, Held der sozialistischen Arbeit, Träger des Leninordens und des Klement-Gottwald-Ordens für den Aufbau der sozialistischen Heimat.

Sohn eines Kleinbauern. Nach Beendigung der Grundschule arbeitete er in der Landwirtschaft als Diener, 1931-1935 als Schneiderlehrling und Arbeiter in Hradec Králové, 1936-1949 als Schneidergeselle in Bratislava. Seit dem Jahr 1936 wirkte er in den Roten Gewerkschaften mit. In der revolutionären Bewegung war er auch in der Zeit der Illegalität aktiv und kämpfte im Slowakischen Nationalaufstand. Im Jahre 1945 trat er in die KPTsch ein. Ab 1949 wirkte er als politischer Funktionär.

1951-1952 war er Mitarbeiter des Bezirksleitung der KPS in Bratislava. Nach Abschluß der Parteihochschule der KPTsch 1953 übte er bedeutende Partei- und Staatsfunktionen aus. 1953 Leiter der Abteilung Agitation und Propaganda des ZK der KPS, 1953 Sekretär, 1956-1959 erster Sekretär der Bezirksleitung der KPS in Presov, 1959-1962 Beauftragter (im Range eines Ministers) für Schulwesen und Kultur, 1962-1968 Sekretär des ZK der KPS, 1968 Erster Sekretär des ZK der KPS, seit 1968 Sekretär des ZK der KPTsch.

In den 60er Jahren spielte er eine bedeutsame Rolle bei der Entwicklung der Ideologie, des Schulwesens und der Kultur in der Slowakei. Von besonderer Bedeutung ist sein Anteil am Kampf gegen die Konterrevolution und gegen den Antisowjetismus, bei der Entlarvung der Schädlichkeit der parteifeindlichen Politik der rechtsopportunistischen Kräfte in der KPTsch 1968/69.

In der Funktion eines Sekretärs des ZK der KPTsch widmet er sich besonders ideologischen Fragen und den Auslandsbeziehungen der Partei. Im Jahre 1987 schied er aus dem Apparat des Zentralkomitee der KPTsch aus.

Er ist Träger zahlreicher hoher in- und ausländischer staatlicher Auszeichnungen.

Barbírek, František, Dipl.Ing., geb, 1927 – Mitglied des ZK der KPS 1963, seit 1966 ZK KPTsch. Bis 1969 Mitglied des Präsidiums des ZK der KPTsch

Chnoupek, Bohuslav, Journalist, Publizist, geb. 1925, gest. 2004, von 1948 bis 1950 Hochschule für Wirtschaftswissenschaften Bratislava, 1950-1960 Journalist in der Slowakei, 1960-1965 Auslandskorrespondent in Moskau, 1965-1967 Chefredakteur von *Predvoj* in Bratislava, 1967-1968 Stellvertreter des Ministers für Kultur und Information der ČSSR, 1967 Kandidat des ZK der KPTsch, 1969 ZK-Mitglied, später Außenminister der ČSSR

Chudík, Michal, geb. 1914, seit 1946 Abgeordneter des Slowakischen Nationalrates (SNR), 1948-1955 Vorsitzender des Rates des Bezirkes Kosice, 1950-1968 Mitglied des Präsidiums des ZK der KPS, 1958-1968 Mitglied des Präsidiums des ZK der KPTsch, 1965-1968 Vorsitzender des Slowakischen Nationalrates, Stellvertreter des Präsidenten der Nationalversammlung der ČSSR

Císař, Cestmír, PhDr., Journalist, Publizist, geb. 1920; 1963 bis 1965 Mitglied der ideologischen Kommission des ZK d. KPTsch, 1965-68 Botschafter in Bukarest, 1968 Sekretär des ZK der KPTsch, 1968 Vorsitzender des Tschechischen Nationalrates

Colotka, Peter, JUDr.CSc., Professor, geb. 1925, 1966 – Mitglied des ZK der KPS und des ZK der KPTsch, nach August 1968 Beauftragter des Regierungskomitees für Presse und Information, Vorsitzender der Föderativen Versammlung der ČSSR, seit April 1969 Vorsitzender der Regierung der SSR

Černík, Oldřich, Dipl.Ing., geb. 1921, 1956-1960 Sekretär des ZK der KPTsch, 1958 Mitglied des ZK der KPTsch, 1966-1969 Mitglied des Präsidiums des ZK der KPTsch, 1968-1969 Vorsitzender der Regierung der ČSSR

Dobias, Václav, Komponist, geb. 1909, seit 1958 Mitglied des ZK der KPTsch, 1963-1966 Mitglied der ideologischen Kommission des ZK der KPTsch, Professor an der Kunstakademie AMU Prag

Dolansky, Jaromír, JUDr., geb. 1895, seit 1922 KPTsch, ab 1929 ZK-Mitglied, 1940-45 Mitglied der illegalen kommunistischen Leitung im KZ Sachsenhausen, 1946-1968 Mitglied des Präsidiums des ZK der KPTsch

Dubček, Alexander, RSDr., geb. 1921, gest. 1992. Von 1925 bis 1938 in der UdSSR, seit 1938 Metallarbeiter in der Slowakei, seit

1939 Mitglied der KPS, 1944 Teilnehmer am Slowakischen Nationalaufstand, seit 1949 hauptamtlicher Parteiarbeiter, 1953-1955 Kandidat des Präsidiums des ZK der KPS, 1955-1958 Parteihochschule beim ZK der KPdSU Moskau, 1958-1969 Mitglied des ZK der KPTsch, 1958-1960 1. Sekretär der Stadtleitung Bratislava der KPS, 1960-1962 Sekretär des ZK der KPTsch, 1962-1963 Sekretär des ZK der KPS, 1963-1968 1. Sekretär des ZK der KPS, 1963 bis 1969 Mitglied des Präsidiums des ZK der KPTsch, 1968-1969 1. Sekretär des ZK der KPTsch, 1969-1970 Botschafter in der Türkei, 1970 Parteiausschluß, 1989-1992 Mitglied der Partei Öffentlichkeit gegen Gewalt, 1990-1992 Vorsitzender der Föderativen Versammlung der ČSSR, 1992 Vorsitzender der Slowakischen Sozialdemokratischen Partei und Abgeordneter

Dzúr, Martin, Ing.Generalleutnant, geb. 1919, von1943 bis 1945 Freiwilliger in der Sowjetarmee, Angehöriger der 1. selbständigen ČSR-Brigade, 1945-1949 Vorstand der 5. Abteilung der Division und Adjudant des Staatssekretärs, 1949-1952 Studium an der Militärakademie, 1966 Absolvent der Militärakademie des Generalstabes der bewaffneten Kräfte der UdSSR, 1961-1968 Stellvertreter des Ministers für Nationale Verteidigung, 1968 Minister für Nationale Verteidigung der ČSSR, Mitglied des ZK der KPTsch

Fojtík, Jan, PhDr.CSc., Journalist, geb. 1928, seit 1951 Redakteur der *Rudé právo*,1957-1961 Studium Akademie für Gesellschaftswissenschaften beim ZK der KPdSU in Moskau, seit 1966 Kandidat und Mitglied des ZK der KPTsch, nach August 1968 Sekretär des ZK der KPTsch

Goldstücker, Eduard, PhDr. Professor d.Germanistik, geb. 1913, 1936-1938 Sekretär der Liga für Menschenrechte, Prag, 1939-1945 Emigration in Großbritannien, 1943-1944 Mitarbeiter des ČSR-Außenministeriums in London, bis 1951 Diplomat, zuletzt 1950 bis 1951 Gesandter in Tel Aviv, 1951-1955 im Slánský-Prozeß zu lebenslanger Haft verurteilt, 1956 rehabilitiert, Leiter des Lehrstuhls für Germanistik, Karls-Universität Prag, 1963 Initiator der Kafka-Konferenz in Liblice, 1968 Vorsitzender des Tschechoslowakischen Schriftstellerverbandes

Gottwald, Klement, Tischler, tschechischer Politiker, geb. 1896, gest. 1953. Von 1929 bis 1945 Generalsekretär, von 1945 bis 1953 Vorsitzender der KP, 1928-33 Mitglied des Exekutivkomitees der Komintern, einer der Hauptorganisatoren des antinazistischen

Widerstandes. 1945/46 Stellvertretender, 1946-48 Ministerpräsident, danach, bis zu seinem Tode, Staatspräsident

Gregor, Antonín, JUDr. Diplomat, geb. 1908, seit 1954 im Außenministerium, 1955-1957 Botschafter in Peking, 1957-1967 1. Stellvertreter des Außenministers, 1967 Botschafter in Warschau

Hájek, Jiří, JUDr. DrSc. Professor, geb. 1913, von 1939 bis 1945 Haft aus politischen Gründen, 1948-1968 Mitglied des ZK der KPTsch, 1948-1954 Dozent und Professor an der Hochschule für Politik und Wirtschaft, 1955-1958 Boschafter in London, 1958 bis 1962 Stellvertretender Außenminister, 1962-1965 Ständiger Vertreter der ČSSR bei der UNO, 1965-1967 Minister für Volksbildung und Kultur, 1967-1968 Minister für Schulwesen, 1968 bis 1969 Außenminister

Hamouz, František, Ökonom, geb. 1919, von 1954 bis 1958 Stellvertreter des Sekretärs des RGW in Moskau, 1959-1963 1. Stellvertreter des Ministers für Außenwirtschaft, 1963-1968 Minister für Außenwirtschaft, 1968 Stellvertreter des Vorsitzenden der Regierung und Ständiger Vertreter der ČSSR beim RGW, 1969 Stellvertreter des Vorsitzenden der Regierung der ČSSR, in den 70er Jahren Botschafter der ČSSR in der DDR

Hendrych, Jiří, Parteiarbeiter, geb. 1913, seit 1934 KPTsch, 1934-1937 Mitarbeiter im Parteiapparat Teplice, 1937-1939 Redakteur in Presseorganen der KPTsch, 1939-1941 Hilfsarbeiter im Stahlwerk Kladno, 1941-1945 KZ Mauthausen, Mitglied des illegalen Lagerkomitees für die KPTsch, 1946-1969 Mitglied des ZK der KPTsch, 1954-1968 Sekretär des ZK der KPTsch, Vorsitzender der ideologischen Kommssion des ZK, 1958-1968 Mitglied des Präsidiums des ZK der KPTsch

Hoffmann, Karel, Dipl.Ing, geb. 1924, von 1949 bis 1959 Mitarbeiter ZK des KPTsch, seit 1966 Mitglied des ZK der KPTsch, 1959-1967 Generaldirektor des ČSSR-Rundfunks, 1967-1968 Minister für Kultur und Information und Vorsitzender des Komitees für Kultur und Information, 1968-1969 Generaldirektor Zentralverwaltung für Fernmeldewesen, 1969 Vorsitzender des Zentralrates der Gewerkschaften, Mitglied des Präsidiums des ZK der KPTsch

Hrdinová, Libuse, Technikerin, geb. 1929, von 1950 bis 1951 Mitarbeiterin im ZK der KPTsch, 1951-1953 Abteilungsleiterin Skoda Plzen, 1962-1968 Kaderreferentin Skoda Plzen,1966-1969

Mitglied des ZK der KPTsch, 1968-1969 Mitglied des Präsidiums des ZK der KPTsch

Husák, Gustáv, JUDr. CSc. geb. 1913, gest. 1991; 1933-1937 Jurastudium und Promotion, 1938-1944 Justitiar, 1943-1944 Mitglied des illegalen ZK der KPS, 1944-1945 Führungsmitglied im Slowakischen Nationalaufstand (SNP), 1945-1950 Mitglied des ZK und des Präsidiums des ZK der KPS, 1950-1960 Anklage im Slánský-Prozess, Verurteilung zu lebenslanger Haft, Rehabilitierung, 1960-1963 Mitarbeiter im Tiefbau Bratislava, 1963-1968 Wiss. Mitarbeiter am Institut für Staat und Recht der Slowakischen AdW, 1968 Stellvertreter des Vorsitzenden der Regierung der ČSSR, Vorsitzender der Regierungskommission für die Föderalisierung, Erster Sekretär des ZK der KPS, Mitglied des Präsidiums des ZK der KPTsch, seit 1969 Erster Sekretär des ZK der KPTsch, Präsident der ČSSR

Hübl, Milan, Dozent PhDr.CSc., geb. 1927, von 1947 bis 1950 Hochschule für Sozialwissenschaften Brno, 1950-1964 Politische Hochschule des ZK der KPTsch, 1964-1968 Institut für die Geschichte der sozialistischen Länder der AdW, 1968-1969 Rektor der Politischen Hochschule des ZK der KPTsch, 1968-1969 kooptiertes Mitglied des ZK der KPTsch

Indra, Alois, Parteiarbeiter, geb. 1921, 1948-1962 politischer Mitarbeiter, Abteilungsleiter, 1. Sekretär der Bezirksleitung der KPTsch Gottwaldov (seit 1989 wieder Zlin), Abteilungsleiter ZK des KPTsch, seit 1958 Kandindat, seit 1962 Mitglied des ZK, 1962-1963 Minister, Vorsitzender der SPK, 1963-1968 Minister für Verkehrswesen, 1968 Sekretär des ZK, Mitglied des Sekretariats des ZK der KPTsch, 1969 Vorsitzender der Föderativen Versammlung der ČSSR

Jakeš, Miloš, RSDr. Konstrukteur, Jugend- und Parteifunktionär, geb. 1922, von 1952 bis 1955 Sekretär des ZK des Jugendverbandes CSM, 1955-1958 Studium an der Parteihochschule des ZK der KPdSU in Moskau, 1958-1961 Abteilungsleiter im ZK der KPTsch, 1961-1963 Leiter des Zentralamtes für Kommunalverwaltung, 1963-1966 1. Stellvertreter des Leiters der Zentralverwaltung für örtliche Wirtschaft, 1966-1968 Stellvertreter des Ministers des Inneren der ČSSR, 1968 Vorsitzender der Zentralen Kontroll- und Revisionskommission des ZK der KPTsch, Erster Sekretär des ZK der KPTsch

Klokoč, Ondrej, Lehrer, geb. 1911, gest. 1975, 1944-1945 Teilnehmer am Slowakischen Nationalaufstand (SNP), seit 1945 Mitglied des ZK der KPS, 1945-1946 und 1948-1954 Abgeordneter der Nationalversammlung, seit 1954 Abgeordneter des Slowakischen Nationalrates (SNR), Beauftragter (Minister) für Information, für Schulwesen, für Kultur, 1956-1958 Abteilungsleiter im ZK der KPS, 1958-1968 Chefredakteur der *Pravda* , Organ des ZK der KPS, seit 1968 Vorsitzender des Slowakischen Nationalrates, seit 1969 Mitglied des Präsidiums der Föderativen Versammlung der ČSSR

Kolder, Drahomír, Bergmann, geb. 1925, gest. 1972, seit 1946 Parteiarbeiter der KPTsch, 1954-1958 Abteilungsleiter im ZK der KPTsch, 1958-1962 1.Sekretär der Bezirksleitung Nordmähren der KPTsch, 1962-1968 Sekretär des ZK der KPTsch und Mitglied des Präsidiums des ZK der KPTsch, 1963 Vorsitzender der Rehabilitierungskommission, 1960-1969 Abgeordneter der Nationalversammlung, 1968-1969 Botschaftsrat in Bulgarien, 1969-1971 Vorsitzender der Kommission für Volkskontrolle, seit 1971 Vorsitzender Minister des Ausschusses für Volkskontrolle der ČSSR

Kosik, Karel, Philosoph, geb. 1926, 1939-1944 Teilnehmer am antifaschistischen Widerstand, 1944-1945 Gestapohaft, 1945-1947 Studium an der Philosophischen Fakultät der Karls-Universität Prag, 1947-1949 Studium Philosophischen Fakultät der Universität Leningrad, 1949-1968 wissenschaftlicher Mitarb. an der AdW, 1968-1971 Professor für Philosophie, Karls-Universität Prag, Forschungsgegenstand: Krise der Gegenwart, Krise der 60er Jahre

Kriegel, František, Dr. med., geb. 1908, gest. 1979, 1936-1939 Arzt in der republikanischen Armee in Spanien, 1939-1940 in Frankreich interniert, 1940-1945 Arzt in der Roten Armee in China, 1945-1949 Sekretär der Stadtleitung der KPTsch in Prag, 1948 Stellvertreter des Kommandeurs des Hauptstabes der Volksmilizen, 1949-1952 Stellvertreter des Ministers für Gesundheitswesen, 1960-1963 Berater für Gesundheitswesen in Kuba, 1966 bis 1969 ZK, vom 4. Juni bis 31. August Mitglied des Präsidiums des ZK der KPTsch, 1977 Signatar der *Charta 77,* einer 1976/77 von ČSSR-Intellektuellen formulierten Dissidentenplattform für eine »Menschen- und Bürgerrechtsbewegung«, die formell bis 1992 bestand und das Etikett trägt, die bedeutendste Opposition im ganzen Ostblock gewesen zu sein.

Kucera, Bohuslav, Jurist, geb. 1923, von 1945 bis 1948 aktiv in der sozialistischen Studentenbewegung, 1948-1990 aktiv in der Tschechoslowakischen Sozialistischen Partei (CSS), 1954-1968 Sekretär des Präsidiums der CSS, 1968-1990 Vorsitzender der CSS, 1968 Mitglied der Begleitung von Präsident Svoboda bei Moskauer Verhandlungen, 1968-1990 Vorsitzender der Regierungskommission zur Verfolgung von Nazikriegsverbrechen, 1984-1990 Vorsitzender des Rechts- und Parlamentsausschusses der IPU

Lenárt, Jozef, Chemiker, geb. 1923, von 1939 bis 1944 Mitarbeiter in Schuhfabriken Bata in Zlín, 1944-1945 Teilnehmer am Slowakischen Nationalaufstand, seit 1946 Parteiarbeiter der KPS, 1953 Parteihochschule der KPdSU, 1957-1966 Mitglied des ZK der KPS, 1970-1988 Mitglied des ZK der KPS, 1956-1958 Sekretär des ZK der KPS, 1958-1989 Mitglied des ZK der KPTsch, 1968 bis 1969 Kandidat des Präsidiums des ZK der KPTsch, 1970-1989 Mitglied des Präsidiums, 1962-1963 Vorsitzender des Slowakischen Nationalrates (SNR), 1963-1968 Vorsitzender der Regierung der ČSSR, 1968-1969 Sekrerär des ZK der KPTsch, 1970-1988 Erster Sekretär des ZK der KPS

Löbl, Eugen, Ökonom, geb. 1907, gest. 1987, kommunistische Jugendbewegung, 1939 Emigration nach Großbritannien, 1941 bis 1945 Sekretär des Klubs der tschechoslowakisch-britischen Freundschaft, 1944-1945 leitender Mitarbeiter im Exilministerium für Wirtschaft in London, 1945-1949 Abteilungsleiter und Stellvertreter des Ministers im Außenhandelsministerium, 1949 verhaftet, im Slánský-Prozeß 1952 zu lebenslanger Haft verurteilt,1960 amnestiert, 1963 rehabilitiert, 1963-1968 Direktor der Staatsbank in Bratislava, 1968 einer der Aktivisten im »Erneuerungsprozeß«, Emigration nach Österreich und USA

Lustig, Arnost, Journalist und Schriftsteller, geb. 1926, inhaftiert in KZ Terezin, Buchenwald und Auschwitz, Flucht aus Transport, 1945 Teilnahme an Prager Aufstand, 1945-1949 Studium an Hochschule für politische und soziale Wissenschaften Prag, Tätigkeit als Reporter und Schriftsteller, einer der Aktivisten im »Erneuerungsprozeß«, 1968 Emigration in die USA, Literaturprofessor

Mlynář, Zdeněk, JUDr. CSc. Jurist, Staatsrechtler, geb. 1930, 1950-1955 Jurastudium Lomonossow-Universität Moskau, 1956 bis 1964 Institut für Staat und Recht der CSAV, 1963 Dozent an Juristischen Fakultät der Karls- Universität Prag, 1964-1968

Sekretär der Rechtskommission des ZK der KPTsch, 1968-1969 Mitglied des ZK der KPTsch, Autor des politischen Teils des Aktionsprogramms der KPTsch, vom 1. Juni 1968 bis 16. November 1968 Sekretär des ZK der KPTsch, 1970 Ausschluß aus der KPTsch, 1976 einer der Initiatoren und Signatare der *Charta 77*, 1977 Emigration nach Österreich, 1978 Memoiren »Der Frost kommt aus dem Kreml« im Selbstverlag (Samisdat), 1978 Memoiren »Nachtfrost« (»Das Ende des Prager Frühlings«, Europäische Verlagsanstalt Köln-Frankfurt/Main), 1982-1989 wissenschaftlicher Mitarbeiter am Österreichischen Institut für internationale Politik in Laxenburg, seit 1989 Professor für Politologie Universität Innsbruck, gilt in Westeuropa als »anerkannter Experte für Krisen in politischen Systemen sowjetischen Typs und der sogenannnten Perestrojka«

Novotný, Antonín, Politiker, geb. 1904, gest. 1975, seit 1918 Schlosser, seit 1921 Mitglied der KPTsch, seit 1937 Parteiarbeiter, 1941-1945 inhaftiert im KZ Mauthausen, seit 1946 Mitglied des ZK der KPTsch, 1. Sekretär der Stadtleitung Prag der KPTsch, 1953-1968 Erster Sekretär des ZK der KPTsch, von 1957 bis 1968 auch Präsident der ČSSR

Jan Procházka, Schriftsteller, geb. 1929, gest. 1971, von 1945 bis 1949 Studium Landwirtschaftshochschule Olomouc, 1950 bis 1959 Tätigkeit im Jugendverband CSM, 1959-1969 Dramaturg, Drehbuchautor, 1962-1967 Kandidat des ZK der KPTsch, 1963 bis 1966 Mitglied der ideoloischen Kommission des ZK der KPTsch, einer der Berater Novotnýs, 1968-1969 Stellvertreter des Vorsitzenden des tschechoslowakischen Schriftstellerverbandes

Smrkovský, Josef, Politiker, geb. 1911, gest. 1974, in den 30er Jahren Funktionär in den Roten Gewerkschaften und der Jugendbewegung, seit 1933 Mitglied der KPTsch, 1939-1945 Teilnehmer am antifaschistischen Widerstand, 1944-1945 Mitglied der illegalen Leitung der KPTsch, während des Prager Aufstandes Stellvertretender Vorsitzender des Tschechischen Nationalrates (CNR), 1945 bis 1948 Vorsitzender des Nationalen Bodenfonds, 1949-1951 Stellvertreter des Ministers für Landwirtschaft, 1945-1951 Mitglied des ZK der KPTsch, 1951-1955 inhaftiert und angeklagt im Slánský-Prozeß, 1963 rehabilitiert, 1956-1963 Vorsitzender der LPG Pavlovice, 1963-1965 Stellvertreter des Ministers für Volkskontrolle, 1965-1967 Vorsitzender der Zentralverwaltung für Wasserwirtschaft, 1967-1968 Minister für Forst- und Wasserwirtschaft, 1966 bis 1969 Mitglied des ZK der KPTsch, 1968-1969 Vorsitzender der Nationalversammlung der ČSSR, 1968-1969 Mitglied des Präsidiums des ZK der KPTsch, 1969 (Januar bis Oktober) Vorsitzender der Volkskammer der Föderativen Versammlung der ČSSR, 1970 Ausschluß aus der KPTsch

Svoboda, Ludvík, geb. 1895, gest. 1979, während des Ersten Weltkrieges Mitglied der tschechoslowakischen Legionen in Rußland, ab 1922 Berufsoffizier, 1931-1934 Lehrer an der Militärakademie, 1935-1939 Kommandeur in Kromeriz (Mähren), 1939 bis 1945 Kommandeur des 1. Tschechoslowakischen Armeekorps, das an der Seite der Sowjetarmee die Tschechoslowakei von der faschistischen Okkupation befreite, 1945-1950 Verteidigungsminister, danach aller Ämter enthoben, Buchhalter, seit 1948 Mitglied der Kommunistischen Partei, 1968-1975 Präsident der ČSSR, seit November 1968 Mitglied des Präsidiums des ZK der KPTsch

Šik, Ota, Dr. rer. oec, CSc, ge. 1919, gest. 2004, von 1933 bis 1934 Studium der Malerei, ab 1939 Teilnahme am antifaschistischen Widerstand, seit 1940 Mitglied der KPTsch, 1940-1945 inhaftiert im KZ Mauthausen, 1945-1950 Studium der Wirtschaftswissenschaften und Promotion, danach Lehrer an der Parteihochschule, seit 1961 Direktor des Ökonomischen Instituts der Akademie der Wissenschaften, seit 1962 Mitglied des ZK der KPTsch, seit 1964 Leiter einer Kommission für die Wirtschaftsreform, 1968 Stellvertreter des Ministerpräsidenten, Botschaftsrat an der Botschaft der ČSSR Belgrad, Emigration in die Schweiz, 1970-1992 Professur für Wirtschafts- und Sozialwissenschaften an der Hochschule St. Gallen, seit 1983 Schweizer Staatsbürger. 1988 Erinnerungen: »Prager Frühlingserwachen«, Busse+Seewald Verlag

Salgovic, Viliam, Typograf, geb. 1919, gest. 1990, 1943 slowakischer Soldat, desertiert zu den sowjetischen Partisanen, militärische Ausbildung in der UdSSR,1944-1945 Politoffizier im 1. Tschechslowakischen Armeekorps in der UdSSR, 1945-1951 Nachrichtenoffizier in der tschechoslowakischen Volksarmee, seit 1946 Abgeordneter des Slowakischen Nationalrates (SNR), 1950 bis 1962 und 1975-1989 Mitglied des ZK der KPS, 1968 Stellvertreter des Ministers des Inneren, verantwortlich für Staatssicherheit, 1970-1975 Vorsitzender der ZPKK der KPS, 1969 Militärattaché in Ungarn, 1975-1989 Mitglied des Präsidiums des ZK der KPS,

1975-1989 Vorsitzender des Slowakischen Nationalrates, 1990 Freitod

Simon, Bohumil, Parteiarbeiter, geb. 1920, von 1951 bis 1965 Mitarbeiter der ökonomischen Abteilung des ZK der KPTsch, 1965-1968 Leiter der ökonomischen Abteilung des ZK der KPTsch, Mitautor des Aktionsprogramms der KPTsch, 1966-1969 Mitglied des ZK der KPTsch, 1969-1984 Mitarbeiter im Staatlichen Institut für Denkmalpflege, 1989-1990 Publikationen über 1968

Slánský, Rudolf, geb. 1901, hingerichtet 1952. Mitglied der KPTsch seit 1921, seit 1929 der Gottwaldschen Parteiführung, 1938-45 Mitglied der Auslandsleitung in Moskau, 1944-45 im Stab der slowakischen Partisanenbewegung. Von 1945 bis 1951 Generalsekretär der Partei, abgesetzt am 6. September, wegen Hochverrats verhaftet und zum Tode verurteilt als angeblicher »Kopf eines staatsfeindlichen Verschwörerzentrums«. 1968 rehabilitiert.

Quellen: Kdo je kdo v Ceskoslovensku, CTK, Praha 1969, Ceskoslovensky biograficky slovník, Encyklopedicky Institut CSAV, Academia Praha, 1992

Manche biografischen Daten, besonders jene nach dem Jahre 1969, sind nur schwer recherchierbar, da in den nach 1990 erschienenen tschechischen biografischen Publikationen Namen zahlreicher kommunistischer Politiker nicht mehr enthalten sind und in den zuvor erschienen offiziellen Veröffentlichungen emigrierte, mißliebige und zu Feinden gewordene Zeitgenossen ignoriert wurden.

Personenregister